新企业会计准则
详解与案例分析

屠建清 编著

人民邮电出版社
北京

图书在版编目（CIP）数据

新企业会计准则详解与案例分析 / 屠建清编著. --北京：人民邮电出版社，2021.1
ISBN 978-7-115-54845-0

Ⅰ. ①新… Ⅱ. ①屠… Ⅲ. ①企业会计－会计准则－中国 Ⅳ. ①F279.23

中国版本图书馆CIP数据核字(2020)第176354号

内 容 提 要

本书依据新《企业会计准则》编写而成，是专门为财务会计从业者量身定制的工具书。本书共18章，重点介绍了《企业会计准则》的变更、新《企业会计准则》首次执行日的会计处理以及《企业会计准则》变更对企业的影响，主要包括职工薪酬、财务报表列报、企业合营、金融工具、金融资产等的会计核算与涉税事项办理的要点与要求。

本书注重实际操作，提供详尽的案例和操作说明，并对案例进行分析，有利于财务会计从业者深刻理解新《企业会计准则》，提高处理财会问题的能力。

本书内容简洁，条理清楚，案例丰富，适合财务会计从业者学习使用。

◆ 编　　著　屠建清
　 责任编辑　李士振
　 责任印制　周昇亮

◆ 人民邮电出版社出版发行　　北京市丰台区成寿寺路 11 号
　 邮编　100164　电子邮件　315@ptpress.com.cn
　 网址　https://www.ptpress.com.cn
　 天津翔远印刷有限公司印刷

◆ 开本：787×1092　1/16
　 印张：18.25　　　　　　　　2021 年 1 月第 1 版
　 字数：432 千字　　　　　　　2021 年 1 月天津第 1 次印刷

定价：88.00 元

读者服务热线：(010)81055296　印装质量热线：(010)81055316
反盗版热线：(010)81055315
广告经营许可证：京东市监广登字 20170147 号

PREFACE 前言

《企业会计准则》是进行会计核算的依据。

《企业会计准则》是确认、计量的前提。

《企业会计准则》是编写会计分录的法则。

《企业会计准则》为编制财务报表提供了法律法规基础。

《企业会计准则》为企业相互交换会计信息提供了一个含义明晰、口径统一的标准,为企业在竞争中相互认识和了解创造了条件。

为什么编写本书

随着社会经济的发展和业务的延伸,《企业会计准则》也在不断更新。同时,《企业会计准则》的变更,给财务会计人员(以下简称"财会人员")带来了很多的困惑。本书通过对新《企业会计准则》的解析和案例分析,从多个角度阐述了会计工作的重点。

目的1:帮助财会人员了解《企业会计准则》的内容变化情况。

目的2:本书根据新《企业会计准则》编写,与时俱进地对企业税务处理、会计核算内容进行了更新,具有实用性和适时性,为财会人员不断了解新事物、学习新规定、掌握新方法提供了抓手。

目的3:帮助财会人员深刻理解新《企业会计准则》,提升在新《企业会计准则》背景下处理财会问题的能力。

目的4:帮助财会人员掌握会计科目的计量与核算方法,以及财务报表的编制方法。

本书的主要内容有哪些

本书介绍了长期股权投资、职工薪酬、财务报表列报、合并财务报表、公允价值计量、合营安排、在其他主体中权益的披露、金融工具确认和计量、金融资产转移、套期会计、金融工具列报、收入、政府补助、租赁、非货币性资产交换、债务重组等具体准则，告诉财会人员会计核算的技巧和方法。

阅读本书后，读者会获得哪些能力

能力1：对新《企业会计准则》融会贯通。

《企业会计准则》是进行财务工作的依据。掌握新《企业会计准则》的内容，了解科目核算发生的变化，并做到融会贯通、举一反三，就能攻克《企业会计准则》这座堡垒。

能力2：全面提升新《企业会计准则》下会计计量和核算的能力。本书涵盖了在新《企业会计准则》下会计科目的计量以及核算方法，对会计实务中具体业务的处理具有很强的指导意义。

能力3：迅速提升会计实务处理能力。本书对典型案例的具体分析以及对会计实务的情景再现，有助于读者验证自己对所学知识的掌握情况。

能力4：显著提升会计职业素养。本书用理论知识指导会计实务，通过实务操作加深读者对理论的理解，可以大大提升读者的综合能力和职业素养。

在本书编写过程中，编者参考了相关文献以及相关专家的观点，并加以借鉴，在此谨向这些文献的作者和专家致以诚挚的谢意。

由于编者水平有限，书中难免存在疏漏之处，恳请读者批评指正。

编者

CONTENTS 目录

第1章 《企业会计准则第2号——长期股权投资》解析

- 1.1 准则的变化 …………………………… 1
  - 1.1.1 长期股权投资核算范围发生变化 …… 1
  - 1.1.2 长期股权投资后续计量模式的成本法的适用范围发生变化 …………… 1
  - 1.1.3 长期股权投资核算权益法的核算变化 … 1
  - 1.1.4 长期股权投资会计政策转换的处理发生很大变化 ……………………… 1
- 1.2 长期股权投资的初始计量 ……………… 2
  - 1.2.1 长期股权投资的核算范围 ………… 2
  - 1.2.2 长期股权投资的初始计量 ………… 2
- 1.3 长期股权投资核算的成本法 …………… 5
- 1.4 长期股权投资核算的权益法 …………… 6
  - 1.4.1 权益法的适用范围 ………………… 6
  - 1.4.2 权益法的主要核算环节 …………… 6
  - 1.4.3 权益法下对被投资单位净利润的有关调整 …………………………………… 8
- 1.5 长期股权投资会计处理方法的转换 …… 11
  - 1.5.1 施加重大影响或实施共同控制 …… 11
  - 1.5.2 对被投资单位实施控制 …………… 11
  - 1.5.3 对被投资单位的共同控制或重大影响 ……………………………………… 12
  - 1.5.4 投资方丧失了对被投资单位的控制 … 12
- 1.6 新准则的影响与应对 ………………… 12
- 1.7 应用案例 ……………………………… 12

第2章 《企业会计准则第9号——职工薪酬》解析

- 2.1 准则的变化 …………………………… 17
  - 2.1.1 提出了职工薪酬的分类方法 ……… 17
  - 2.1.2 规定了带薪缺勤和利润分享计划的核算方法 ………………………………… 17
  - 2.1.3 引入了设定受益计划的核算方法 … 17
  - 2.1.4 提出了其他长期福利的会计处理 … 17
  - 2.1.5 完善了职工薪酬的披露方法 ……… 17
- 2.2 职工薪酬的含义及分类 ……………… 17
- 2.3 职工薪酬的类型 ……………………… 18
  - 2.3.1 短期薪酬 …………………………… 18
  - 2.3.2 离职后福利 ………………………… 18
  - 2.3.3 辞退福利 …………………………… 18
  - 2.3.4 其他长期福利 ……………………… 18
- 2.4 短期薪酬的核算 ……………………… 18
  - 2.4.1 带薪缺勤的确认 …………………… 18
  - 2.4.2 利润分享计划的确认 ……………… 18
- 2.5 离职后福利的核算 …………………… 19
  - 2.5.1 离职后福利的含义 ………………… 19
  - 2.5.2 离职后福利计划的分类 …………… 19
  - 2.5.3 设定提存计划的核算 ……………… 19
  - 2.5.4 设定受益计划的核算 ……………… 20
- 2.6 辞退福利的核算 ……………………… 22
  - 2.6.1 辞退福利的确认方法 ……………… 22
  - 2.6.2 辞退福利的计量方法 ……………… 22

2.7 其他长期福利的核算 ······ 22
　2.7.1 其他长期福利的内容 ······ 22
　2.7.2 其他长期福利的确认与计量 ······ 22
　2.7.3 长期残疾福利的确认 ······ 23
2.8 职工薪酬的披露 ······ 23
　2.8.1 短期职工薪酬的披露 ······ 23
　2.8.2 离职后福利的披露 ······ 23
　2.8.3 辞退福利的披露 ······ 23
　2.8.4 其他长期福利的披露 ······ 23
2.9 新准则的影响与应对 ······ 23
2.10 应用案例 ······ 24

第3章 《企业会计准则第30号——财务报表列报》解析

3.1 准则的变化 ······ 25
3.2 财务报表列报的基本要求 ······ 25
3.3 资产负债表的新编制要求 ······ 25
　3.3.1 流动资产与非流动资产的划分 ······ 25
　3.3.2 流动负债与非流动负债的划分 ······ 26
　3.3.3 以公允价值计量且其变动计入当期损益的金融资产 ······ 26
　3.3.4 衍生金融资产 ······ 27
　3.3.5 以公允价值计量且其变动计入当期损益的金融负债 ······ 27
　3.3.6 衍生金融负债 ······ 27
　3.3.7 持有待售资产、持有待售负债 ······ 27
　3.3.8 递延收益 ······ 28
　3.3.9 其他综合收益 ······ 28
　3.3.10 专项储备 ······ 29
3.4 利润表的新编制要求 ······ 29
　3.4.1 增加了综合收益和其他综合收益 ······ 29
　3.4.2 把其他综合收益各项目分两类列报 ······ 30
　3.4.3 公允价值变动收益（损失以"-"填列） ······ 30
　3.4.4 非流动资产处置利得 ······ 30
　3.4.5 非流动资产处置损失 ······ 30
　3.4.6 重新计算设定受益计划净负债或净资产的变动 ······ 30

3.4.7 不能重分类进损益的其他综合收益 ······ 30
3.4.8 将重分类进损益的其他综合收益 ······ 30
3.4.9 可供出售金融资产的账务处理方法 ······ 31
3.4.10 持有至到期投资重分类为可供出售金融资产 ······ 32
3.4.11 现金流量套期损益的有效部分 ······ 32
3.4.12 外币财务报表折算差额 ······ 33
3.5 所有者权益变动表的新编制要求 ······ 33
3.6 附注的新列报要求 ······ 38
3.7 新准则的影响与应对 ······ 38
　3.7.1 新准则的变动 ······ 38
　3.7.2 企业应采取的应对措施 ······ 38
3.8 应用案例 ······ 38

第4章 《企业会计准则第33号——合并财务报表》解析

4.1 准则的变化 ······ 43
　4.1.1 总则方面的变化 ······ 43
　4.1.2 合并范围部分的变化 ······ 43
　4.1.3 合并程序方面的变化 ······ 43
　4.1.4 新增加的特殊交易会计处理 ······ 43
4.2 企业中可分割的部分、结构化主体 ······ 44
　4.2.1 企业中可分割的部分 ······ 44
　4.2.2 结构化主体 ······ 44
4.3 合并范围的界定 ······ 44
　4.3.1 控制的含义 ······ 44
　4.3.2 投资性主体的合并豁免 ······ 45
4.4 合并程序方面的主要问题 ······ 45
　4.4.1 直接按成本法结果进行抵销的问题 ······ 45
　4.4.2 子公司持有母公司股权投资的抵销问题 ······ 45
　4.4.3 抵销分配问题 ······ 46
　4.4.4 递延所得税的确认问题 ······ 46
　4.4.5 子公司综合收益在合并利润表中的列报 ······ 50
4.5 特殊交易的合并处理问题 ······ 51
　4.5.1 与个别报表相关的会计处理原则 ······ 51
　4.5.2 与合并报表相关的会计处理原则 ······ 52

4.6 新准则的影响与应对 53
　4.6.1 新准则对母子公司的重新界定 53
　4.6.2 需要考虑的问题 53
4.7 应用案例 53

第5章 《企业会计准则第39号——公允价值计量》解析

5.1 准则的变化 55
　5.1.1 新准则的企业范围 55
　5.1.2 新准则调整原则 55
5.2 公允价值概述 55
　5.2.1 公允价值计量 55
　5.2.2 公允价值概念的新旧比较 55
　5.2.3 相关资产或负债 55
　5.2.4 有序交易 56
　5.2.5 市场 56
　5.2.6 市场参与者 56
5.3 公允价值的计量 56
　5.3.1 交易价格与公允价值的关系 56
　5.3.2 估值技术 56
　5.3.3 输入值 58
　5.3.4 公允价值层次 59
　5.3.5 非金融资产的公允价值计量 59
　5.3.6 负债和企业自身权益工具的公允价值计量 59
5.4 公允价值的披露 60
5.5 新准则的影响与应对 61
　5.5.1 国际趋同 61
　5.5.2 新准则的影响 61
　5.5.3 可能存在的问题 61
　5.5.4 应对措施 61
5.6 应用案例 61

第6章 《企业会计准则第40号——合营安排》解析

6.1 准则的变化 63
　6.1.1 新准则适用范围 63
　6.1.2 同原有分类的比较 64
　6.1.3 首次采用合营安排准则时的衔接办法 64
6.2 合营安排的认定与分类 66
　6.2.1 合营安排的认定 66
　6.2.2 合营安排的分类 66
6.3 合营安排的会计处理 67
　6.3.1 一般处理原则 67
　6.3.2 共同经营参与方的会计处理 67
　6.3.3 对共同经营不享有共同控制的参与方的会计处理原则 69
　6.3.4 合营企业参与方的会计处理 69
6.4 新准则的影响与应对 69
　6.4.1 新准则的影响 69
　6.4.2 应对新准则的影响 70
6.5 应用案例 70

第7章 《企业会计准则第41号——在其他主体中权益的披露》解析

7.1 准则的变化 72
　7.1.1 比较财务报表披露 72
　7.1.2 使用新准则时的注意事项 72
7.2 新规定的影响与应对 72
　7.2.1 新规定 72
　7.2.2 应对建议 72
7.3 应用案例 72

第8章 《企业会计准则解释第6号》解析

8.1 准则的衔接 74
8.2 弃置费用的新规定与实务操作 74
　8.2.1 根据弃置费用确认预计负债 74
　8.2.2 预计负债发生变动时的会计处理 75
8.3 同一控制下的企业合并的新规定与操作实务 75
　8.3.1 新规定 75
　8.3.2 实务操作 76

第 9 章 《企业会计准则第 22 号——金融工具确认和计量》解析

9.1 准则的变化 ·········· 77
9.1.1 修订了金融工具的分类与计量模式 ··· 77
9.1.2 引入了预期信用损失模型 ·········· 77
9.1.3 简化了嵌入衍生工具的处理 ·········· 77
9.1.4 调整了非交易性权益工具投资时的会计处理 ·········· 78
9.2 金融工具的确认和终止确认 ·········· 78
9.2.1 金融资产的确认与终止确认 ·········· 78
9.2.2 金融负债的确认与终止确认 ·········· 78
9.3 金融资产的分类 ·········· 79
9.4 金融负债的分类 ·········· 79
9.5 嵌入衍生工具 ·········· 80
9.6 金融工具的重分类 ·········· 81
9.7 金融工具的计量 ·········· 81
9.8 金融工具的减值 ·········· 82
9.9 利得和损失 ·········· 83
9.10 衔接规定 ·········· 83
9.11 应用案例 ·········· 83

第 10 章 《企业会计准则第 23 号——金融资产转移》解析

10.1 准则的变化 ·········· 87
10.1.1 金融资产的转移的定义 ·········· 87
10.1.2 金融资产的终止确认 ·········· 87
10.1.3 金融资产转移的计量 ·········· 88
10.2 金融资产终止确认的一般原则 ·········· 89
10.3 金融资产转移的情形及其终止的确认 ·········· 89
10.4 满足终止确认条件的金融资产转移的会计处理 ·········· 91
10.5 继续确认被转移金融资产的会计处理 ·········· 91
10.6 继续涉入被转移金融资产的会计处理 ·········· 91
10.7 向转入方提供非现金担保物的会计处理 ·········· 92
10.8 衔接规定 ·········· 92
10.9 应用案例 ·········· 92

第 11 章 《企业会计准则第 24 号——套期会计》解析

11.1 准则的变化 ·········· 95
11.1.1 明确了 10 个要点 ·········· 95
11.1.2 与国际会计准则趋同 ·········· 95
11.1.3 拓宽了套期工具和被套期项目的范围 ·········· 95
11.1.4 改进了套期有效性评估 ·········· 96
11.1.5 增加了信用风险敞口的公允价值选择权 ·········· 96
11.2 套期工具和被套期项目 ·········· 96
11.3 套期关系评估 ·········· 97
11.4 确认和计量 ·········· 99
11.5 信用风险敞口的公允价值选择权 ·········· 100
11.6 衔接规定 ·········· 100
11.7 应用案例 ·········· 101

第 12 章 《企业会计准则第 37 号——金融工具列报》解析

12.1 准则的变化 ·········· 104
12.1.1 权益工具及所有者权益 ·········· 104
12.1.2 金融资产和金融负债互相抵销的条件 ·········· 105
12.2 金融负债和权益工具的区分 ·········· 106
12.2.1 什么是金融负债 ·········· 106
12.2.2 符合条件的权益工具 ·········· 106
12.3 特殊金融工具的区分 ·········· 106
12.4 收益的库存股 ·········· 107
12.5 金融资产和金融负债的抵销 ·········· 107
12.6 金融工具对财务状况和经营成果影响的列报 ·········· 108

12.6.1 一般性规定 108
12.6.2 资产负债表中的列示及相关披露 108
12.6.3 利润表中的列示及相关披露 108
12.6.4 套期会计相关披露 109
12.6.5 公允价值披露 109
12.7 与金融工具相关的风险披露 109
12.7.1 定性和定量信息 109
12.7.2 信用风险披露 110
12.7.3 流动性风险披露 110
12.7.4 市场风险披露 110
12.8 金融资产转移的披露 111
12.8.1 金融资产转移的情形 111
12.8.2 金融资产披露 111
12.9 衔接规定 111
12.10 应用案例 112

第13章 《企业会计准则第14号——收入》解析

13.1 准则的适用范围 114
13.2 准则的变化 114
13.2.1 统一的收入确认模型 114
13.2.2 以控制权转移替代风险报酬转移作为收入确认时点判断标准 114
13.2.3 对于包含多重交易安排的合同的会计处理提供更明确的指引 114
13.2.4 对于某些特定交易收入确认和计量给出了明确规定 115
13.2.5 "五步法"核心要求 115
13.3 确认收入和合同变更时的会计处理 116
13.4 计量 116
13.5 合同成本 116
13.6 特定交易的会计处理 117
13.7 列报 117
13.8 衔接规定 117
13.9 应用案例 118

第14章 《企业会计准则第16号——政府补助》解析

14.1 准则的变化 123
14.1.1 政府补助的范围 123
14.1.2 政府补助相关会计科目的使用 125
14.1.3 财政贴息的会计处理 125
14.2 政府补助的确认和计量 125
14.2.1 与资产相关的政府补助 125
14.2.2 与收益相关的政府补助 127
14.3 政府补助的列报与衔接规定 127
14.3.1 列报 127
14.3.2 衔接规定 128
14.4 应用案例 128

第15章 《企业会计准则第21号——租赁》解析

15.1 新租赁准则的适用范围与实施时间 130
15.1.1 新租赁准则的适用范围 130
15.1.2 新租赁准则的实施时间 130
15.2 新租赁准则的变化点 131
15.2.1 新租赁准则出台的背景 131
15.2.2 租赁的识别 131
15.2.3 租赁的分拆 132
15.2.4 租赁的合并 133
15.2.5 承租人的会计处理 134
15.2.6 特殊交易会计处理的核心变化 135
15.2.7 财务指标的变化 135
15.3 新租赁准则对财务报表的影响 135
15.3.1 对承租人财务报表的影响 135
15.3.2 对出租人财务报表的影响 136
15.4 承租人对租赁的确认和计量 136
15.4.1 承租人对租赁的确认 136
15.4.2 承租人对租赁的初始计量 137
15.4.3 承租人对租赁的后续计量 137
15.5 新租赁准则下出租人的会计核算与账务处理 137

15.5.1 出租人对租赁的分类 ……………… 137
15.5.2 出租人对融资租赁的会计核算与账务处理 ……………… 138
15.5.3 出租人对经营租赁的会计核算与账务处理 ……………… 139
15.5.4 售后租回交易的会计核算与账务处理 ……………… 139

15.6 承租人、出租人的列报 ……………… 142
15.6.1 承租人的列报 ……………… 142
15.6.2 出租人的列报 ……………… 143

15.7 衔接规定 ……………… 144
15.8 对财务比率和相关指标的影响 ……… 144
15.9 新租赁准则中重要概念的把握与应用 ……………… 146
15.9.1 服务与租赁的区别 ……………… 146
15.9.2 续约选择权 ……………… 146
15.9.3 购买选择权 ……………… 146
15.9.4 已识别资产 ……………… 147
15.9.5 何时对租赁负债进行重新评估 … 148
15.9.6 如何对租赁负债进行重新评估 … 148
15.9.7 对租赁的修改 ……………… 148
15.9.8 租赁范围缩小 ……………… 148
15.9.9 租赁对价的变更 ……………… 149
15.9.10 售后租回 ……………… 149

15.10 应用案例 ……………… 149

第 16 章 《企业会计准则第 7 号——非货币性资产交换》解读

16.1 概述 ……………… 153
16.2 修订背景 ……………… 153
16.3 定义与适用范围 ……………… 153
16.4 确认 ……………… 154
16.4.1 换入资产与换出资产的确认原则 … 154
16.4.2 换入资产的确认时点与换出资产的终止确认时点不一致时，在资产负债表日的处理 ……………… 154

16.5 计量 ……………… 155
16.5.1 区分"以公允价值为基础计量"与"以账面价值为基础计量" ……………… 155
16.5.2 计量原则 ……………… 156
16.5.3 以公允价值为基础计量的会计处理 ……………… 156
16.5.4 以账面价值为基础计量的会计处理 ……………… 156

16.6 披露 ……………… 157
16.7 衔接规定 ……………… 157
16.8 应用案例 ……………… 157

第 17 章 《企业会计准则第 12 号——债务重组》解读

17.1 概述 ……………… 159
17.2 修订背景 ……………… 159
17.3 债务重组的定义与适用范围 ……… 159
17.4 债权人的会计处理 ……………… 160
17.5 债务人的会计处理 ……………… 161
17.6 披露 ……………… 161
17.7 应用案例 ……………… 161

第 18 章 新旧会计科目的变化与应用

18.1 债权投资（新）、持有至到期投资（旧） ……………… 170
18.1.1 债权投资的重分类 ……………… 170
18.1.2 其他债权投资的重分类 ……… 170
18.1.3 债权投资（持有至到期投资）的初始计量 ……………… 171
18.1.4 债权投资（持有至到期投资）的后续计量 ……………… 171
18.1.5 债权投资（持有至到期投资）的减值 ……………… 171
18.1.6 债权投资（持有至到期投资）的处置 ……………… 171

18.2 其他债权投资（新）、可供出售金融资产（旧） ……………… 172

18.2.1 其他债权投资的计量 …………… 172
  18.2.2 其他债权投资的会计处理 ………… 173
 18.3 其他权益工具投资（新）、可供出售金融资产（旧） …………………………… 173
  18.3.1 其他权益工具投资的计量 ………… 173
  18.3.2 其他权益工具投资的会计处理 …… 173
 18.4 持有待售资产减值准备 …………… 174
 18.5 合同资产 …………………………… 174
 18.6 合同资产减值准备 ………………… 175
 18.7 合同履约成本 ……………………… 175
 18.8 合同履约成本减值准备 …………… 176
 18.9 合同取得成本 ……………………… 176
 18.10 合同取得成本减值准备 …………… 176
 18.11 应收退货成本 ……………………… 177
 18.12 合同负债 …………………………… 178
 18.13 持有待售负债 ……………………… 179
 18.14 其他权益工具 ……………………… 179
 18.15 其他综合收益 ……………………… 181
 18.16 其他收益 …………………………… 182
 18.17 资产处置损益 ……………………… 182
 18.18 税金及附加（新）、营业税金及附加（旧） ………………………………… 182

附注1 财政部关于修订印发《企业会计准则第14号——收入》的通知

附注2 财政部关于印发《企业会计准则第21号——租赁》的通知

附注3 《企业会计准则第7号——非货币性资产交换》

附注4 《企业会计准则第12号——债务重组》

附注5 财务法律法规应用与财务会计合规处理

附注6 工程项目成本与物资管理和财务核算与结算

第1章
《企业会计准则第2号——长期股权投资》解析

1.1 准则的变化

1.1.1 长期股权投资核算范围发生变化

新准则中,长期股权投资是指投资方对被投资单位实施控制、施加重大影响的权益性投资,以及对合营企业的权益性投资。旧准则中,长期股权投资还包括企业持有的对被投资单位不具有控制、共同控制或重大影响,并且在活跃市场中没有报价、公允价值不能可靠计量的权益性工具投资。新准则中将此按金融工具核算。

1.1.2 长期股权投资后续计量模式的成本法的适用范围发生变化

新准则中长期股权投资成本法只适用于核算对子公司的投资。对子公司的投资,如果投资主体属于《企业会计准则第33号——合并财务报表》规定的投资主体,其所持有的子公司不纳入合并报表范围,即对子公司的投资也视同一般性金融资产处理,不再按成本法进行相应的会计处理。所获得利润或现金股利超过被投资单位接受投资后产生的累计净利润部分,直接作为当期的投资收益,不再冲减投资成本。

1.1.3 长期股权投资核算权益法的核算变化

首先,对于权益法的适用范围更加具体。第一,对投资方直接持有的那部分股权,作为一个计量单元采用权益法核算;间接通过投资性主体所持有的那部分股权,则允许采用公允价值计量,公允价值变动计入当期损益,也允许采用权益法核算。第二,对于被划分为持有待售的那部分股权,作为一个投资单元,按照《企业会计准则第4号——固定资产》中有关持有待售资产的规定进行相应的会计处理,而未被划分为持有待售的那部分股权,则继续采用权益法进行后续计量。

其次,新准则规定,对于主体采用权益法核算的长期股权投资,针对被投资单位除了净利润、其他综合收益以及利润分配以外的所有者权益在其他方面的变动,不管投资方的持股比例是否发生变化,投资方都要根据持股比例调整自身的所有者权益,也计入所有者权益其他变动。

1.1.4 长期股权投资会计政策转换的处理发生很大变化

由于新准则中有三类长期股权投资(实施控制、重大影响、对合营企业投资),旧准则中有四类长期股权投资(另有不具有控制、共同控制或重大影响,并在活跃市场中没有报价、公允价值不能可靠计量的权益性工具投资这一类),从而长期股权投资会计政策转换的处理发生了很大的变化。

另外，信息披露要求的有关规定也发生了调整。

1.2 长期股权投资的初始计量

1.2.1 长期股权投资的核算范围

（1）能够对被投资单位实施控制的权益性投资。

（2）能够对被投资单位施加重大影响的权益性投资。

（3）对合营企业的权益性投资。

1.2.2 长期股权投资的初始计量

1. 同一控制下企业合并形成的长期股权投资

根据新准则，合并方以支付现金、转让非现金资产或承担债务方式为合并对价的，合并方应当在合并日按照被合并方的所有者权益在受控制方合并财务报表中的账面价值的份额作为长期股权投资的初始投资成本。合并方应按照长期股权投资初始投资成本与支付的现金、转让的非现金资产以及所承担债务账面价值之间的差额，调整资本公积；资本公积（溢价）不足冲减的，调整留存收益。

【案例1-1】 假如甲公司拥有两家子公司A公司和B公司。甲公司在2009年通过正当的市场交易并购了之前不存在关联方关系的A公司，A公司成为当时甲公司唯一的一家子公司。10年后，即2019年1月1日，甲公司又出资8 000万元购买另一家之前不存在关联方关系的B公司80%的股份。该日，B公司可辨认净资产账面价值为9 000万元，公允价值为10 200万元，差额系无形资产（采用直线法摊销，剩余摊销期限为10年，无残值）评估增值1 200万元所致。2019年度B公司实现账面净利润2 000万元，对投资者分配现金股利500万元。当年B公司所持有的可供出售金融资产的公允价值增加300万元。对此，B公司确认其他综合收益300万元。假定除上述内容之外，当年B公司不存在所有者权益其他方面的变动。

2020年年初，甲公司将持有B公司的全部股权都转让给了A公司，从而把B公司变成了A公司的子公司。A公司将所拥有的一套设备和2 000万元现金作为对价支付给甲公司。合并日，A公司账面上该设备原值为8 000万元，已提折旧1 500万元，设备公允价值为7 000万元。从目前的迹象表明，甲公司还将继续长期控制这两家子公司。

A公司对B公司的股权投资属于同一控制下的企业合并。

解析：计算过程与结果如下。

（1）2019年1月1日，B公司所有者权益在最终控制方甲公司合并财务报表中的账面价值为10 200万元。

（2）2019年度，B公司实现账面净利润2 000万元，而立足于甲公司所编制的合并报表，B公司无形资产应当加计摊销额120（1 200÷10）万元，即B公司的净利润应当调整为：2 000-（1 200÷10）=1 880（万元）。

（3）B公司经调整后的所有者权益（不考虑所有税的影响）总额为：1 880−500+300=1 680（万元）。

（4）2020年年初，即A公司并购B公司的合并日，B公司所有者权益在最终控制方甲公司合并财务报表中的账面价值为：10 200+1 680=11 880（万元）。

（5）A公司对于B公司的长期股权投资的初始投资成本，为B公司所有者权益最终控制方甲公司合并财务报表中的账面价值的份额，即：11 880×80%=9 504（万元）。

（6）与A公司投资B公司有关的账务处理如下。（单位：万元）（注：若无特殊说明本书中的分录单位为"元"）

将固定资产转入"固定资产清理"科目。

借：固定资产清理　　　　　　　　　　　　　　　　　　　　6 500
　　累计折旧　　　　　　　　　　　　　　　　　　　　　　1 500
　　贷：固定资产　　　　　　　　　　　　　　　　　　　　　　　　8 000

取得B公司80%的股权。

借：长期股权投资　　　　　　　　　　　　　　　　　　　　9 504
　　贷：固定资产清理　　　　　　　　　　　　　　　　　　　　　　6 500
　　　　银行存款　　　　　　　　　　　　　　　　　　　　　　　　2 000
　　　　资本公积——股本溢价　　　　　　　　　　　　　　　　　　1 004

2. 非同一控制下企业合并形成的长期股权投资

非同一控制下的企业合并，购买方在购买日应当将按照《企业会计准则第20号——企业合并》的有关规定确定的合并成本作为长期股权投资的初始投资成本。根据企业合并准则的有关规定，该合并成本通常为所付对价的公允价值。

【案例1-2】 承案例1-1中B公司的经营数据。2020年年初，A公司通过公平交易购买了B公司80%的股权，A公司将所拥有的一套设备和2 000万元现金作为对价支付给原投资者。假定这属于非同一控制下的企业合并。购买日，A公司账面上该设备原值8 000万元，已提折旧1 500万元，设备公允价值为7 000万元。

解析：A公司对B公司的长期股权投资按照所支付对价的公允价值入账。该公允价值为9 000（2 000+7 000）万元。

相关账务处理如下。（单位：万元）

将固定资产转入"固定资产清理"。

借：固定资产清理　　　　　　　　　　　　　　　　　　　　6 500
　　累计折旧　　　　　　　　　　　　　　　　　　　　　　1 500
　　贷：固定资产　　　　　　　　　　　　　　　　　　　　　　　　8 000

取得B公司80%的股权。

借：长期股权投资　　　　　　　　　　　　　　　　　　　　9 000
　　贷：固定资产清理　　　　　　　　　　　　　　　　　　　　　　6 500
　　　　营业外收入——非货币性资产交换损益　　　　　　　　　　　　500
　　　　银行存款　　　　　　　　　　　　　　　　　　　　　　　　2 000

3. 除企业合并以外的其他方式取得的长期股权投资

新准则中，这类长期股权投资主要是指对联营企业与合营企业的投资，应当按照下列规定确定其初始投资成本。

（1）以支付现金取得的长期股权投资，应当按照实际支付的购买价款作为初始投资成本。初始投资成本包括与取得长期股权投资直接相关的费用、税金及其他必要支出。

【案例1-3】 2020年2月20日，甲公司支付现金3 700万元购买了乙公司30%的股权，支付价款中包括已经宣告发放但尚未发放的现金股利600万元。投资后甲公司能够对乙公司施加重大影响。

解析：不考虑其他影响，该投资的初始投资成本为3 100万元。

甲公司的相关会计处理如下。（单位：万元）

借：长期股权投资　　　　　　　　　　　　　　　　3 100
　　应收股利　　　　　　　　　　　　　　　　　　　600
　　贷：银行存款　　　　　　　　　　　　　　　　　3 700

（2）以发行权益性证券方式取得的长期股权投资，应当按照发行权益性证券的公允价值作为初始投资成本。与发行权益性证券直接相关的费用，应当按照《企业会计准则第37号——金融工具列报》的有关规定确定。

企业发行或者取得自身权益工具时发生的交易费用（如登记费，承销费，法律、会计、评估及其他专业服务费用，印刷成本和印花税等），可直接归属于权益性交易的，应当从权益中扣除。

【案例1-4】 2020年7月1日，甲公司通过发行自身普通股300万股换取乙公司20%的股权，能够对乙公司施加重大影响。甲公司普通股的面值为每股1元，公允价值为每股7元。甲公司在发行股票过程中支付发行费用50万元。

解析：甲公司为取得乙公司股权所付出的成本为2 100万元，发行费用从股本溢价中扣除。相关会计处理如下。（单位：万元）

借：长期股权投资　　　　　　　　　　　　　　　　2 100
　　贷：股本　　　　　　　　　　　　　　　　　　　300
　　　　资本公积——股本溢价　　　　　　　　　　1 750
　　　　银行存款　　　　　　　　　　　　　　　　　50

（3）通过非货币性资产交换取得的长期股权投资，其初始投资成本应当按照《企业会计准则第7号——非货币性资产交换》的有关规定确定。如果交换具有商业实质，而且换入或者换出资产的公允价值能够可靠计量，则通过非货币性资产交换取得的长期股权投资的初始投资成本一般为换出资产公允价值与换入资产的相关税费之和。如果换出资产公允价值不能可靠计量，或者有确凿证据表明换入资产的公允价值比换出资产公允价值更为可靠，则以换入资产的公允价值为依据计算长期股权投资的初始投资成本。如果交换不具有商业实质，或者换入、换出资产的公允价值不能可靠计量，那么通过非货币性资产交换取得的长期股权投资，则将换出资产的账面价值与相关税费之和作为长期股权投资的初始入账价值。

【案例1-5】 假如甲公司和乙公司都属于增值税一般纳税人，适用的增值税税率为13%。2019年12月20日，甲公司利用自身所生产的一批产品换入乙公司30%的股权，乙公司成为甲公司的联营企业，该交换具有商业实质。该批商品的成本为5 000万元，公允价值（等同于计税价格）为6 000万元，商品已经交付，并开具增值税专用发票，同时办妥股权转让手续。甲公司采用公允价值模式计量所取得的投资成本。

解析：甲公司的相关会计处理如下。（单位：万元）

① 确认投资。

借：长期股权投资　　　　　　　　　　　　　　　　　　　　　6 780
　　贷：主营业务收入　　　　　　　　　　　　　　　　　　　6 000
　　　　应交税费——应交增值税（销项税额）　　　　　　　　　780

② 结转商品成本。

借：主营业务成本　　　　　　　　　　　　　　　　　　　　　5 000
　　贷：库存商品　　　　　　　　　　　　　　　　　　　　　5 000

（4）通过债务重组取得的长期股权投资，其初始投资成本应当按照《企业会计准则第12号——债务重组》的有关规定确定。一般按照所取得投资的公允价值进行计量。

【案例1-6】 2019年5月，甲公司应收乙公司的销货款共计3 600万元到期，乙公司因资金周转困难而无力足额支付。甲公司已经在上年年末计提坏账准备720万元。经调解，双方达成债务重组协议，由乙公司通过向甲公司定向增发500万股普通股抵销所欠全部债务。乙公司股票面值为每股1元，公允价值为每股6元。甲公司收取的乙公司股份作为长期股权投资加以确认和计量。

解析：甲公司获取的长期股权投资按照该投资的公允价值3 000万元入账。相关会计处理如下。（单位：万元）

借：长期股权投资　　　　　　　　　　　　　　　　　　　　　3 000
　　坏账准备　　　　　　　　　　　　　　　　　　　　　　　720
　　贷：应收账款　　　　　　　　　　　　　　　　　　　　　3 600
　　　　资产减值损失　　　　　　　　　　　　　　　　　　　120

1.3　长期股权投资核算的成本法

采用成本法核算的长期股权投资应当按照初始投资成本计价。追加或收回投资应当调整长期股权投资的成本。被投资单位宣告分派的现金股利或利润，应当确认为当期投资收益。

【案例1-7】 2019年3月20日，甲公司将库存商品200万件作为对价换取乙公司70%的股权。该交易属于非同一控制下企业合并。该批商品的账面成本为3 000万元，公允价值（等同于计税价格）为5 000万元，适用的增值税税率为13%。甲公司另支付评估、审计费用160万元。2019年4月25日，乙公司宣告发放2018年度的现金股利共计1 200万元。

解析：甲公司相应的会计处理如下。（单位：万元）

（1）投资时，按照初始成本（合并成本）入账。

借：长期股权投资　　　　　　　　　　　　　　　　　　5 650
　　贷：主营业务收入　　　　　　　　　　　　　　　　　　5 000
　　　　应交税费——应交增值税（销项税额）　　　　　　　650

同时结转销售成本。

借：主营业务成本　　　　　　　　　　　　　　　　　　3 000
　　贷：库存商品　　　　　　　　　　　　　　　　　　　　3 000

（2）支付评估、审计费用。

借：管理费用　　　　　　　　　　　　　　　　　　　　　160
　　贷：银行存款　　　　　　　　　　　　　　　　　　　　 160

（3）乙公司宣告发放现金股利时。

借：应收股利　　　　　　　　　　　　　　　　　　　　　840
　　贷：投资收益　　　　　　　　　　　　　　　　　　　　 840

（4）收取现金股利时。

借：银行存款　　　　　　　　　　　　　　　　　　　　　840
　　贷：应收股利　　　　　　　　　　　　　　　　　　　　 840

1.4　长期股权投资核算的权益法

1.4.1　权益法的适用范围

根据新准则，投资方对联营企业和合营企业的长期股权投资，应当采用权益法进行核算。另外，投资方对联营企业的权益性投资，其中一部分通过风险投资机构、共同基金、信托公司或包括投资基金在内的类似主体间接持有的，无论以上主体是否对这部分投资具有重大影响，投资方都可以按照《企业会计准则第22号——金融工具确认和计量》的有关规定，对间接持有的该部分投资以公允价值计量且将其变动计入当期损益，并对其余部分采用权益法核算。

1.4.2　权益法的主要核算环节

1. 初始取得投资

（1）长期股权投资的初始成本大于投资时应享有被投资单位可辨认净资产公允价值份额的，不调整长期股权投资的初始投资成本。

（2）长期股权投资的初始投资成本小于投资时应享有被投资单位可辨认净资产公允价值份额的，其差额应当计入当期损益（营业外收入），同时调整长期股权投资的成本。

【案例1-8】　甲公司在2019年7月初支付现金4 200万元，购入B公司30%的股权，能够对B公司施加重大影响。甲公司采用权益法对该投资进行后续计量。该日B公司净资产（全部可辨认）的账面金额为1.5亿元（假定与公允价值相同）。

解析：甲公司进行如下会计处理。（单位：万元）

借：长期股权投资——投资成本　　　　　　　　　　　　4 200
　　贷：银行存款　　　　　　　　　　　　　　　　　　　　　4 200
借：长期股权投资——投资成本　　　　　　　　　　　　　300
　　贷：营业外收入　　　　　　　　　　　　　　　　　　　　　300

2. 被投资单位实现净利润

投资方在取得长期股权投资后，应在具体的每个会计期间，根据被投资单位的净利润确认投资收益，同时增加投资账面价值。

【案例1-9】　承案例1-8，2019年度，B公司实现净利润400万元（假定全年均匀分布，而且甲公司不需要对该利润进行调整）。

解析：甲公司进行如下会计处理。（单位：万元）

借：长期股权投资——损益调整　　　　　　　　　　　　　60
　　贷：投资收益　　　　　　　　　　　　　　　　　　　　　　60

3. 被投资单位发放现金股利

在投资期间，被投资单位宣告发放现金股利时，投资方按照被投资单位宣告发放的现金股利计算应享有的部分，相应减少长期股权投资的账面价值。

【案例1-10】　承案例1-8与案例1-9，2020年3月20日，B公司宣告发放现金股利共计300万元。甲公司在4月5日收到应收股利。

解析：甲公司进行如下会计处理。（单位：万元）

借：应收股利　　　　　　　　　　　　　　　　　　　　　　90
　　贷：长期股权投资——损益调整　　　　　　　　　　　　　60
　　　　　　　　　　——投资成本　　　　　　　　　　　　　30
借：银行存款　　　　　　　　　　　　　　　　　　　　　　90
　　贷：应收股利　　　　　　　　　　　　　　　　　　　　　　90

4. 被投资单位发生亏损

投资方根据被投资单位亏损计算应承担的份额，作为投资损失，同时调减长期股权投资账面价值。

【案例1-11】　承案例1-8至案例1-10，2020年度，B公司发生亏损7 000万元。

解析：不考虑其他因素，甲公司应进行如下会计处理。（单位：万元）

借：投资收益　　　　　　　　　　　　　（7 000×30%）2 100
　　贷：长期股权投资——损益调整　　　　　　　　　　　　2 100

需要注意，投资方在确认被投资单位发生的净亏损时，应当以长期股权投资的账面价值以及其他实质上构成对被投资单位净投资的长期权益减至零为限，投资方负有承担额外损失义务的除外。对于额外的损益义务，按照最佳估计数确认应承担的义务金额，符合负债确认条件的，确认为预计负债。

【案例1-12】 承案例1-8至案例1-11，2021年度，B公司发生亏损9 000万元。假如甲公司没有其他实质上构成对被投资单位净投资的长期损益，也不负有承担额外损失义务。

解析：根据资料，甲公司应当冲减的投资账面金额为2 700（9 000×30%）万元，但长期股权投资账面价值仅有2 370（4 200+300+60-60-30-2 100）万元，因此仅能冲减投资账面价值2 370万元，不足冲减部分，即330万元应进行备查登记。

解析：不考虑其他因素，甲公司应进行如下会计处理。（单位：万元）

借：投资收益　　　　　　　　　　　　　　　　　　　　　　　　　　2 370
　　贷：长期股权投资——损益调整　　　　　　　　　　　　　　　　　　2 370

被投资单位以后实现净利润的，投资方在其收益分享额弥补未确认的亏损分担额后，恢复确认收益分享额。

【案例1-13】 承案例1-8至案例1-12，2022年度，B公司实现净利润1 200万元。

解析：正常情况下，甲公司应当确认投资收益360（1 200×30%）万元，但存有尚未确认的投资损失330万元，因此当期确认的投资收益为30（360-330）万元。

解析：不考虑其他因素，甲公司应进行如下会计处理。（单位：万元）

借：长期股权投资——损益调整　　　　　　　　　　　　　　　　　　　30
　　贷：投资收益　　　　　　　　　　　　　　　　　　　　　　　　　　30

5. 被投资单位发生净损益及利润分配之外的所有者权益其他变动

投资方取得长期股权投资后，应当按照应享有或应分担的被投资单位实现的其他综合收益的份额，一方面确认其他综合收益，另一方面调整长期股权投资的账面价值；投资方对于被投资单位除净损益、其他综合收益和利润分配以外的所有者权益的其他变动，也应当调整长期投资的账面价值，并相应计入所有者权益。

【案例1-14】 假如甲公司拥有乙公司40%的股权，甲公司将其作为长期股权投资核算，并采用权益法进行后续计量。2019年度，乙公司针对其可供出售金融资产的公允价值变动确认增加其他综合收益600万元。

解析：不考虑其他因素，甲公司应进行如下会计处理。（单位：万元）

借：长期股权投资——其他综合收益　　　　　　　　　　　　　　　　　240
　　贷：其他综合收益　　　　　　　　　　　　　　　　　　　　　　　　240

1.4.3　权益法下对被投资单位净利润的有关调整

（1）被投资单位所采用的会计政策或会计期间与投资方不一致时，应按照投资方的会计政策与会计期间对被投资单位的财务报表进行调整，其中自然可能涉及对账面净利润的调整。

（2）投资方对被投资单位进行投资时，如果被投资单位有关资产负债的账面价值不等于投资方所评估的公允价值，那么随后投资方应以投资时被投资单位净资产公允价值为基础进行损益调整，这称为基于被投资单位净资产公允价值的损益调整。

投资之初，被投资单位的公允价值等同于当时的账面价值，于是投资方应当以这个公允价值进行登记，随后期间就应该以其为依据进行持续计量，得出所谓投资方认定的被投资单位净利润。

【案例 1-15】 甲公司 2019 年 6 月 30 日支付现金 6 000 万元购入乙公司 25%的股权，能够对乙公司施加重大影响，甲公司将其作为长期股权投资核算，并采用权益法进行后续计量。投资时，乙公司可辨认净资产的账面价值为 17 600 万元，公允价值为 20 000 万元，两者之间的差额如表 1-1 所示。

表 1-1 乙公司资产的账面价值、公允价值

单位：万元

项目	账面原值	累计折旧或累计摊销	公允价值	乙公司预计使用年限	甲公司投资时的后续使用年限
商品存货	2 000	—	3 000	—	—
固定资产	3 600	1 800	1 400	20	10
无形资产	1 500	600	2 700	15	9

假定乙公司在 2019 年后半年实现净利润 3 000 万元。在甲公司进行投资时已有的商品存货有 60%已对外销售出去。固定资产、无形资产均采用直线法计提折旧或摊销，预计净残值为 0，并假定甲公司与乙公司的会计政策与会计期间保持一致。甲公司在根据被投资单位净资产公允价值调整折旧或摊销额时均从 2013 年 7 月 1 日开始计算，不存在其他需要调整的事项，并且不考虑所得税方面的影响。

解析：甲公司确定其应享有的收益份额时，应当以投资时被投资单位净资产的公允价值为依据进行计量，进而对被投资单位账面净利润进行调整。有关调整金额如下。

（1）因存货的公允价值大于其账面价值，所以应增加销售成本。

（3 000-2 000）×60%=600（万元）。

（2）因固定资产的公允价值小于其账面价值，所以应调整减少折旧费。

（1 400÷10-3 600÷20）÷2=20（万元）。

（3）因无形资产的公允价值大于其账面价值，所以应调整增加摊销费。

（2 700÷9-1 500÷15）÷2=100（万元）。

（4）调整后的净利润=3 000-600+20-100=2 320（万元）。

（5）甲公司应确认的投资收益=2 320×25%=580（万元）。

甲公司的会计处理如下。（单位：万元）

借：长期股权投资——损益调整　　　　　　　　　　　　　　580

　　贷：投资收益　　　　　　　　　　　　　　　　　　　　　　580

（3）基于联营企业、合营企业之间发生的未实现内部交易损益的调整新准则规定，投资方计算确认应享有或应分担的被投资单位的净损益时，与联营企业、合营企业之间发生的未实现内部交易损益按照应享有的比例计算归属于投资方的部分。

无论对于顺流交易还是逆流交易，只要是未实现的内部交易损益，投资方在计算投资损益时，都需要将投资损益从被投资单位账面净利润中予以扣除。

【案例 1-16】 假如 A 公司拥有 B 公司 30%的股权，即 B 公司是 A 公司的联营企业。2019 年度 B 公司实现净利润 900 万元。不考虑税收问题。

第一种情形：当年A公司向B公司销售一批商品存货，其成本为800万元，销售价格为1 000万元，当年B公司未将该商品存货对外出售。不考虑其他因素。

第二种情形：B公司向A公司销售商品存货，其成本为800万元，销售价格为1 000万元，当年A公司未将该商品存货对外出售。不考虑其他因素。

（1）第一种情形（顺流交易）。

A公司向B公司销售一批商品存货，获取营业利润200万元，即A公司从B公司那里赚取200万元。A公司因拥有B公司30%的股权而应分得60万元，而这60万元的营业利润属于虚增，应予冲减。从被投资单位赚取的这60万元，如同变相抽走投资，所以应冲减相应的投资金额。但考虑到由于该笔款项在A公司账面上已作为营业利润存在，不能随意冲减，因此A公司可从营业利润与费用损失保持配比考虑，编制如下会计分录。（单位：万元）

借：长期股权投资　　　　　　　　　　　　　　　　　　　　　　270
　　贷：投资收益　　　　　　　　　　　　　　　　　　　　　　　　270

同时将未实现内部交易损益的影响予以调整。

借：投资收益　　　　　　　　　　　　　　　　　　　　　　　　60
　　贷：长期股权投资　　　　　　　　　　　　　　　　　　　　　　60

由于合并财务报表上，更加重视实质重于形式，A公司应在工作底稿上编制如下更正分录。（单位：万元）

借：营业收入　　　　　　　　　　　　　　（1 000×30%）　300
　　贷：营业成本　　　　　　　　　　　　　　（800×30%）　240
　　　　投资收益　　　　　　　　　　　　　　　　　　　　　　　60

（2）第二种情形（逆流交易）。

B公司向A公司销售一批商品存货，其成本为800万元，销售价格为1 000万元，不考虑其他因素。B公司当年实现的净利润（900万元）已经包含该笔销售形成的利润200万元（不考虑所得税）。A公司向B公司支付的200万元中，归属于其自身的份额60万元已在投资方账上作为"存货"的一部分被记录。把存货作为投资的替代，A公司在个别报表上进行如下会计处理。（单位：万元）

借：长期股权投资　　　　　　　　　　　［（900-200）×30%］　210
　　贷：投资收益　　　　　　　　　　　　　　　　　　　　　　　　210

（3）合并报表编制问题。

A公司通过顺流交易向B公司输送的利益200万元中，有60万元属于A公司的权益。这60万元本质上是变相的"投资"，但在个别报表上成了"存货"。于是，A公司应在合并报表上纠正，编制如下调整分录。（单位：万元）

借：长期股权投资　　　　　　　　　　　　　　　　　　　　　　60
　　贷：存货　　　　　　　　　　　　　　　　　　　　　　　　　　60

1.5 长期股权投资会计处理方法的转换

1.5.1 施加重大影响或实施共同控制

追加投资，导致投资企业能够对被投资单位施加重大影响或实施共同控制。

【案例1-17】 甲公司在2017年年初在活跃市场中购买了乙公司公开发行的和流通转让的股票1 200万股，支付价款4 800万元，占乙公司全部表决权股份的6%。甲公司将该投资作为"可供出售金融资产"核算。截至2018年12月31日，该项金融资产的账面价值为5 760万元，其中公允价值变动净额为960万元。2019年3月10日，甲公司又在公开市场上购买乙公司股票3 600万股，并按其当时的公允价值即每股5元的价格支付全部股款。至此，甲公司持有乙公司发行在外的具有表决权的权益份额为24%，并能够对乙公司施加重大影响。甲公司自此之后开始采用权益法核算该笔投资。

解析：追加投资仍按照直接支付的公允价值入账。甲公司的会计处理如下。（单位：万元）

借：长期股权投资——投资成本　　　　　　　　　　　　18 000
　　贷：银行存款　　　　　　　　　　　　　　　　　　18 000

对于原股权，甲公司按照追加投资时的公允价值将其转换为"长期股权投资"。

借：长期股权投资——投资成本　　　　　　　　　　　　6 000
　　其他综合收益　　　　　　　　　　　　　　　　　　960
　　贷：可供出售金融资产——投资成本　　　　　　　　4 800
　　　　　　　　　　　　——公允价值变动　　　　　　960
　　　　投资收益　　　　　　　　　　　　　　　　　　1 200

改按权益法核算时的长期股权投资的初始投资成本为24 000万元。

由于追加投资后，长期股权投资开始采用权益法进行后续计量，因此，对于上述由原投资与追加投资共同确定的初始投资成本，随后应当将初始投资成本与按照追加投资后的整个投资持股比例计算确定的应享有被投资企业可辨认净资产公允价值的金额相比较，如果前者大于后者，则投资成本保持该初始投资成本不变；如果前者小于后者，则投资方应将后者的差额调整整个长期股权投资的账面价值，同时计入当期损益（营业外收入）。

1.5.2 对被投资单位实施控制

追加投资，导致投资方能够对被投资单位实施控制。

（1）购买日之前持有的股权作为长期股权投资，并采用权益法核算的，投资方应将新增投资仍然按照通过除了企业合并之外的其他方式取得的长期股权投资的方法进行处理。

（2）对于购买日之前持有的股权投资，投资方应按照《企业会计准则第22号——金融工具确认和计量》的有关规定进行会计处理的，将原计入其他综合收益的累计公允价值变动在改按成本法核算时转入当期损益。

（3）在编制合并财务报表时，投资方应当按照《企业会计准则第33号——合并财务报表》的有关规定进行会计处理。

1.5.3 对被投资单位的共同控制或重大影响

处置部分股权,导致投资方丧失了对被投资单位的共同控制权或重大影响力。

根据新准则的有关规定,投资方因处置部分股权投资等原因丧失了对被投资单位的共同控制或重大影响的,处置后的剩余股权应当改按《企业会计准则第22号——金融工具确认和计量》核算,其在丧失共同控制或重大影响之日的公允价值与账面价值之间的差额计入当期损益。原股权投资因采用权益法核算而确认的其他综合收益,应当在终止采用权益法核算时采用与被投资单位直接处置相关资产或负债相同的基础进行会计处理。

1.5.4 投资方丧失了对被投资单位的控制

处置部分股权,导致投资方丧失了对被投资单位的控制。

新准则规定,投资方因处置部分权益性投资等原因丧失了对被投资单位的控制的,在编制个别财务报表时,处置后的剩余股权能够对被投资单位实施共同控制或施加重大影响的,应当改按权益法核算,并对剩余股权视同自取得时即采用权益法核算;处置后的剩余股权不能对被投资单位实施共同控制或施加重大影响的,应当改按《企业会计准则第22号——金融工具确认和计量》的有关规定进行会计处理,其在丧失控制之日的公允价值与账面价值间的差额计入当期损益。

1.6 新准则的影响与应对

原公司持有的不具有控制、共同控制和重大影响的,而且在活跃市场上没有报价、公允价值不能可靠计量的权益性投资将执行《企业会计准则第22号——金融工具确认和计量》,即作为一般性金融工具进行确认和计量,其计量属性将发生改变。这就可能在后续计量过程中对公司资产状况与各期损益计算产生影响,进而可能影响到公司的资本结构设计和绩效评价过程。建议公司应本着实质重于形式原则,严格按照新准则进行核算,同时能够合理预期采用新准则对公司资产状况和各期损益指标的影响,以及由此引发的资本市场效应,并在利用这些指标的时候能够进行符合政策与评价设计初衷的调整和判断。

1.7 应用案例

【案例1-18】 2018年1月初,甲公司斥资8 000万元购买乙公司40%的股权,能够和其他方共同控制乙公司,即乙公司是甲公司的合营企业。甲公司将该投资作为长期股权投资核算,并采用权益法进行后续计量。该日乙公司可辨认净资产的公允价值为18 000万元。截至2019年12月31日,甲公司针对乙公司实现的净利润而调增长期股权投资账面价值(计入"长期股权投资——损益调整"科目借方)1 200万元,针对乙公司可供出售金融资产公允价值上升而调增投资份额(计入"长期股权投资——其他综合收益"科目借方)300万元。2020年3月1日,甲公司将所持有乙公司股份的80%转让,股权转让所得为9 600万元。甲公司尚保留乙公司8%的股权,不再对乙公司实施共同控制,也不存在重大影响,甲公司按规定将剩余股权转换为"可供出售金融资产"加以核算。该剩余股权在转换日的公允价值为2 400万元。

解析：甲公司在丧失对乙公司的共同控制和重大影响时应进行如下会计处理。（单位：万元）
（1）出售大部分股权。

借：银行存款　　　　　　　　　　　　　　　　　　　　　　　　　9 600
　　贷：长期股权投资——投资成本　　　　　　　　　　　　　　　　6 400
　　　　　　　　　　——损益调整　　　　　　　　　　　　　　　　　960
　　　　　　　　　　——其他综合收益　　　　　　　　　　　　　　　240
　　　　投资收益　　　　　　　　　　　　　　　　　　　　　　　　2 000

（2）剩余股权作为可供出售金融资产核算。

借：可供出售金融资产　　　　　　　　　　　　　　　　　　　　　2 400
　　贷：长期股权投资——投资成本　　　　　　　　　　　　　　　　1 600
　　　　　　　　　　——损益调整　　　　　　　　　　　　　　　　　240
　　　　　　　　　　——其他权益变动　　　　　　　　　　　　　　　 60
　　　　投资收益　　　　　　　　　　　　　　　　　　　　　　　　　500

（3）原股权投资因采用权益法核算而确认的其他综合收益予以转销，计入当期损益。

借：其他综合收益　　　　　　　　　　　　　　　　　　　　　　　　300
　　贷：投资收益　　　　　　　　　　　　　　　　　　　　　　　　　300

【案例1-19】 P公司和S公司均为甲公司的子公司。P公司于2019年4月1日以银行存款1 500万元购入了S公司80％的股份。当日S公司的净权益为1 000万元。

解析：购买日，P公司应编制如下会计分录（假设P公司有足够的资本公积可供冲减）。

借：长期股权投资　　　　　　　　　　　　　　　　　　　　　 8 000 000
　　资本公积　　　　　　　　　　　　　　　　　　　　　　　 7 000 000
　　贷：银行存款　　　　　　　　　　　　　　　　　　　　　15 000 000

【案例1-20】 丁公司与A公司（A公司原投资者为丙公司）属于不同的企业集团，两者之间不存在关联方关系。2019年12月31日，丁公司以固定资产作为对价取得A公司的全部股权（保留A公司法人资格）。该项固定资产原值3 000万元，已提折旧500万元，公允价值为2 800万元。J公司支付固定资产清理费用10万元。

解析：购买日，J公司应编制如下会计分录。

借：长期股权投资　　　　　　　　　　　　　　　　　　　　　28 000 000
　　贷：固定资产清理　　　　　　　　　　　　　　　　　　　28 000 000
借：固定资产清理　　　　　　　　　　　　　　　　　　　　　25 100 000
　　累计折旧　　　　　　　　　　　　　　　　　　　　　　　 5 000 000
　　贷：固定资产　　　　　　　　　　　　　　　　　　　　　30 000 000
　　　　银行存款　　　　　　　　　　　　　　　　　　　　　　　100 000

借：固定资产清理　　　　　　　　　　　　　　　　　　　　　　　2 900 000
　　贷：营业外收入　　　　　　　　　　　　　　　　　　　　　　　　2 900 000

【案例1-21】　2019年1月1日，A公司支付2 000万元取得B公司30%的股权，取得投资时B公司可辨认净资产的公允价值为6 000万元。假设A公司能够对B公司施加重大影响。

解析：A公司应编制的会计分录如下。

借：长期股权投资——B公司（投资成本）　　　　　　　　　　　　20 000 000
　　贷：银行存款　　　　　　　　　　　　　　　　　　　　　　　　20 000 000

注：A公司取得的可辨认净资产的公允价值为1 800（6 000×30%）万元，支付的代价为2 000万元，多付的200万元为商誉，仍保留在长期股权投资的余额中。

假设投资时，B公司可辨认净资产的公允价值为7 000万元，则A公司应编制如下会计分录。

借：长期股权投资——B公司（投资成本）　　　　　　　　　　　　20 000 000
　　贷：银行存款　　　　　　　　　　　　　　　　　　　　　　　　20 000 000
借：长期股权投资——B公司（投资成本）　　　　　　　　　　　　1 000 000
　　贷：营业外收入　　　　　　　　　　　　　　　　　　　　　　　　1 000 000

注：A公司取得的可辨认净资产的公允价值为2 100（7 000×30%）万元，支付的代价为2 000万元，将少付的100万元视同接受捐赠，计入营业外收入。

【案例1-22】　甲公司于2019年1月1日以银行存款1 000万元取得了乙公司25%股权，能够对乙公司的财务和经营政策施加重大影响。当日乙公司净资产的公允价值为3 000万元。除表1-2中两项资产外，其他资产、负债的公允价值与账面价值相同。乙公司当年实现净利润1 000万元。

表1-2　乙公司资产的账面价值、公允价值

单位：元

项　目	账面原价	已提折旧	公允价值	备　注
存　货	8 000 000	—	11 000 000	先进先出法计价，均在本年出售
固定资产	21 000 000	4 000 000	24 000 000	尚余折旧年限期10年，直线法计提折旧

解析：根据上述业务，甲公司应编制如下会计分录。

（1）取得投资时。

借：长期股权投资——投资成本　　　　　　　　　　　　　　　　　10 000 000
　　贷：银行存款　　　　　　　　　　　　　　　　　　　　　　　　10 000 000

若初始投资成本大于取得投资时应享有的被投资单位可辨认净资产的公允价值，则投资方可将两者的分差额视为商誉，不对长期股权投资的成本进行调整。

（2）根据乙公司账面净利润按权益法确认投资收益。

借：长期股权投资——损益调整　　　　　　　　　　　　　　　　　2 500 000
　　贷：投资收益　　　　　　　　　　　　　　　　　　　　　　　　2 500 000

（3）按公允价值基础调整投资收益。

| 借：投资收益　　　　　　　　［(30 000 000+7 000 000÷10)×25%］925 000
| 　　贷：长期股权投资——损益调整　　　　　　　　　　　　　　　　925 000

其中第(3)笔会计分录的本质是：如果乙公司以公允价值为基础编制利润表，那么乙公司的当年净利润应当为630(1 000-300-700÷10)万元，甲公司确认的投资收益应当为157.5(630×25%)万元。上述第(2)、第(3)笔会计分录也可以合并为一个会计分录。

【案例1-23】 甲企业持有乙企业20%的股份，能够对乙企业施加重大影响。当期乙企业因持有的可供出售金额资产公允价值的变动计入其他综合收益的金额为1 000万元。除该事项外，乙企业当期实现的净利润为5 000万元。假定甲企业与乙企业适用的会计政策、会计期间相同，投资时乙企业有关资产、负债的公允价值与其账面价值亦相同。

解析：甲企业在确认应享有的乙企业的所有者权益的变动时，应编制如下会计分录。

借：长期股权投资——损益调整　　　　　　　　　　　　　　10 000 000
　　　　　　　　——其他综合收益　　　　　　　　　　　　　 2 000 000
　　贷：投资收益　　　　　　　　　　　　　　　　　　　　　10 000 000

【案例1-24】 A公司的股本总额为1 000 000元。B公司于2017年年初以300 000元投资于A公司，取得A公司30%的股份，投资成本与应享有A公司所有者权益(以公允价值计量)份额相等。按投资比例，B公司对A公司的财务和经营政策有重要的影响力。此外，B公司对A公司不负额外的担保责任和其他的财务承诺。2017年至2019年，A公司实现的净利润(净亏损)与分派的现金股利如表1-3。

表1-3　A公司各年净损益及分派股利情况

单位：元

年份	净利润(净亏损)	分派现金股利
2017	200 000	—
2018	(1 200 000)	120 000(2018年4月宣告分派)
2019	600 000	—

解析：B公司购入A公司30%的普通股，并且对A公司有重要的影响力，则按权益法核算该长期股权投资，B公司各年应编制的会计分录如下。

(1)2017年，初始投资。

借：长期股权投资——A公司(投资成本)　　　　　　　　　　300 000
　　贷：银行存款　　　　　　　　　　　　　　　　　　　　 300 000

(2)2017年，确认应分享的利润。

借：长期股权投资——A公司(损益调整)　　　　　　　　　　 60 000
　　贷：投资收益　　　　　　　　　　　　　　　　　　　　　60 000

(3)2018年，分得现金股利及确认应分担的净亏损。

借：应收股利　　　　　　　　　　　　　　　　　　　　　　 36 000
　　贷：长期股权投资——A公司(损益调整)　　　　　(120 000×30%)36 000

借：投资收益　　　　　　　　　　　　　　　　　　　　　　324 000
　　贷：长期股权投资——A公司（损益调整）　　　　　　　　　324 000

2018年应承担的亏损额为360 000（1 200 000×30%）元，但冲减投资账面价值时，应以账面金额324 000（300 000+60 000-36 000）元为限，未减计长期股权投资的金额为36 000（360 000-324 000）元。

（4）2019年，确认应分享的利润。

借：长期股权投资——A公司（损益调整）　　　　　　　　　144 000
　　贷：投资收益　　　　　　　　　　　　　　　　　　　　　144 000

2019年可恢复金额144 000（600 000×30%-36 000）元是当年应分享利润大于未确认亏损数后的差额。

第 2 章
《企业会计准则第 9 号——职工薪酬》解析

2.1 准则的变化

2.1.1 提出了职工薪酬的分类方法

新准则将职工薪酬划分为短期薪酬、离职后福利、辞退福利和其他长期福利 4 种类型。

2.1.2 规定了带薪缺勤和利润分享计划的核算方法

新准则规定了实务中比较普遍的带薪缺勤和利润分享计划的确认和计量方法。

2.1.3 引入了设定受益计划的核算方法

新准则首次引入了设定受益计划的确认和计量方法,从而恰当地体现了不同性质离职后福利对企业承担负债金额的影响,与国际会计准则趋同。

2.1.4 提出了其他长期福利的会计处理

新准则考虑到实务中企业对职工提供的薪酬种类繁多,因而在列举常见的短期薪酬、离职后福利和辞退福利的基础上,增加其他长期福利的核算方法,从而有助于核算实务中可能遇到的其他职工薪酬。

2.1.5 完善了职工薪酬的披露方法

新准则强化了对各种类型职工薪酬的披露方法,要求企业对各类职工薪酬的性质、金额和计算依据进行充分披露。特别是对设定受益计划,企业应当披露该计划的特征、风险、精算假设、金额变动、敏感性分析等重要信息。

2.2 职工薪酬的含义及分类

职工薪酬,是指企业为获得职工提供的服务或解除劳动关系给予的各种形式的报酬或补偿。

职工薪酬既包括提供给职工本人的各种报酬和补偿,还包括企业提供给职工配偶、子女、受赡养人、已故员工遗属及其他受益人的福利。

2.3 职工薪酬的类型

2.3.1 短期薪酬

短期薪酬是指企业在职工提供相关服务的年度报告期间结束后 12 个月内需要全部予以支付的职工薪酬，因解除与职工的劳动关系给予的补偿除外。

2.3.2 离职后福利

离职后福利是指企业为获得职工提供的服务而在职工退休或与企业解除劳动关系后，提供的各种形式的报酬和福利，短期薪酬和辞退福利除外。

2.3.3 辞退福利

辞退福利是指企业在职工劳动合同到期之前解除与职工的劳动关系，或者为鼓励职工自愿接受裁减而给予职工的补偿。

2.3.4 其他长期福利

其他长期福利是指除上述以外的所有福利，包括长期带薪缺勤、长期残疾福利、长期利润分享计划等。

2.4 短期薪酬的核算

2.4.1 带薪缺勤的确认

累积带薪缺勤，是指带薪缺勤的权利可以结转，可在未来期间使用的带薪缺勤。

非累积带薪缺勤，是指带薪缺勤权利不能结转下期，本期尚未用完的带薪缺勤权利将予以取消的带薪缺勤。

2.4.2 利润分享计划的确认

利润分享计划，是企业为了鼓励职工长远地为企业服务，允许职工享有按照净利润一定比例计算的奖金。

利润分享计划同时满足下列条件的，企业应当确认相关的应付职工薪酬。

（1）企业因过去事项导致现在具有支付职工薪酬的法定义务或推定义务。

（2）因利润分享计划所产生的应付职工薪酬义务金额能够可靠估计。

当利润分享计划属于下列三种情形之一的，利润分享计划产生的义务金额能够可靠估计。

（1）在财务报告批准报出之前企业已经确定应支付的薪酬金额。

（2）该短期利润分享计划的正式条款中包括推定薪酬的方式。

（3）过去的惯例为企业确定推定义务金额提供了明显证据。

由于利润分享计划的本质是由于职工向企业提供服务而支付的奖金，不是企业与其投资者之间发生的交易，因而不能将其视为利润分配行为。

【案例2-1】 甲公司为了激励管理层，于2019年开始实施一项利润分享计划。该计划规定：如果公司当期的净利润超过100万元，则超出部分的10%将支付给管理层作为额外报酬。

2019年甲公司实际实现净利润160万元。

解析：由于甲公司实施的利润分享计划产生了一项现实义务，并且金额能够可靠地计量，因而应当在期末确定为一项负债。

利润分享计划的金额＝（160-100）×10%=6（万元）

2019年12月31日，甲公司确认利润分享计划时应当编制的会计分录如下。

借：管理费用　　　　　　　　　　　　　　　　　　　　　　　　60 000
　　贷：应付职工薪酬——利润分享计划　　　　　　　　　　　　60 000

如果企业在职工为其提供相关服务的年度报告期间结束后12个月内不需要全部支付利润分享计划产生的应付职工福利，则该利润分享计划应当划分为其他长期福利。

2.5 离职后福利的核算

2.5.1 离职后福利的含义

离职后福利是指企业为获得职工提供的服务而在职工退休或与企业解除劳动关系后，提供的各种形式的报酬和福利。

2.5.2 离职后福利计划的分类

离职后福利计划，是指企业与职工就离职后福利达成的协议，或企业为职工提供离职后福利制定的规章或办法等。离职后福利计划根据缴费模式的不同分为设定提存计划和设定受益计划。

设定提存计划也称缴费确定型计划，是指向独立的基金缴存固定费用后，企业不再承担进一步支付义务的离职后福利计划。在设定提存计划中，由于并不确定未来对职工实际支付福利的水平，也不提供最低保证，因而职工在退休时每期所能获得的福利水平，主要取决于企业和职工的缴费金额以及投资运营产生的投资收益，投资风险完全由职工承担。

设定受益计划，也称待遇确定型计划，是指除设定提存计划以外的离职后福利计划。在设定受益计划中，由于职工在离职后每期所能获得的福利是事先确定的，因而投资运营的风险由企业承担。

2.5.3 设定提存计划的核算

企业应当在职工为其提供服务的会计期间，将根据设定提存计划计算的应缴存金额确认为负债，并计入当期损益或相关资产成本。

【案例2-2】 2019年1月1日，甲公司经过与职工协商建立了企业年金计划，其类型为设定提存计划。

企业和职工将分别按照职工工资的5%向养老金管理公司缴纳年金。甲公司2019年1月份的工资明细如下：管理人员工资200 000元，生产人员工资100 000元，车间管理人员工资 20 000 元，销售人员工资 60 000 元。

  解析：甲公司应付工资总额 =200 000+100 000+20 000+60 000=380 000（元）

  应付离职后福利金额 =380 000×5%=19 000（元）

  管理人员的离职后福利 =200 000×5%=10 000（元）

  生产人员的离职后福利 =100 000×5%=5 000（元）

  车间管理人员的离职后福利 =20 000×5%=1 000（元）

  销售人员的离职后福利 =60 000×5%=3 000（元）

  应由职工负担的离职后福利 =380 000×5%=19 000（元）

2019 年 1 月 31 日，企业确认应付职工离职后福利时应当编制的会计分录如下。

  借：管理费用   10 000

    生产成本   5 000

    制造费用   1 000

    销售费用   3 000

    贷：应付职工薪酬——设定提存计划   19 000

甲公司向企业年金计划缴费时应当编制的会计分录如下。

  借：应付职工薪酬——设定提存计划   19 000

    其他应收款   19 000

    贷：银行存款   38 000

2.5.4 设定受益计划的核算

1. 设定受益计划的核算特点

（1）在设定受益计划里，企业需要通过精算假设来计量每期的负债金额和年金费用。统计假设主要包括死亡率、职工离职率以及职工寿命等，财务假设主要包括折现率、未来的工资水平以及年金基金的投资回报率等。

（2）在设定受益计划中确认的应付职工薪酬是一项非流动负债，反映企业根据年金计划确定的期末对职工未来应付年金的现值，因而要选择一定的折现率进行折现。

（3）企业年金费用的确定需要考虑的因素较多，既包括当期的服务成本，还包括过去的服务成本，还要考虑负债利息、精算损益等因素的影响。

2. 设定受益计划年金基金的影响因素

（1）当期服务成本，是指职工当期向企业提供服务所导致的应付年金义务现值的增加额。

（2）过去服务成本，是指企业首次建立设定受益计划或修改已有的年金计划所导致的以前期间服务相关的应付年金义务的现值。

（3）设定受益计划净负债或净资产的利息净额。

（4）精算损益。

（5）企业年金资产实际回报与预期回报的差额。

（6）资产上限的影响。资产上限，是指因为年金计划退款或未缴费金额减少产生的经济利益的现值。

（7）年金计划缩减或结算的影响。

3. 直接确认为损益的年金费用项目

（1）当期服务成本。

（2）过去服务成本。企业应当将过去服务成本在下列两个时间段中的较早时间确认为当期损益：设定受益计划修改或缩减发生时；企业确认相关的重组义务成本或辞退福利时。

（3）设定受益计划净负债或净资产的利息总额，应当在资产负债表日直接计入当期财务费用。

【案例2-3】 2019年1月1日，甲公司为职工离职后福利建立的设定受益计划产生的应付年金义务的期初余额为8 000 000元，年金资产的期初公允价值为6 500 000元。公司选择的折现率为高质量公司债券的市场平均利率8%。

解析：应付年金义务期初余额与年金资产期初的公允价值之差为净负债，利息=（8 000 000－6 500 000）×8%=120 000（元）。

借：财务费用　　　　　　　　　　　　　　　　　　　　　　　120 000
　　贷：应付职工薪酬——设定受益计划　　　　　　　　　　　　　120 000

（4）年金计划缩减或结算产生的影响。年金计划缩减或结算产生的利得或损失，应当在当期直接计入损益。

4. 直接确认为其他综合收益的年金成本项目

下列企业年金成本项目发生时应当直接计入其他综合收益，并且在后续会计期间不允许转回至损益，但企业可以在权益范围内转移这些在其他综合收益中确认的金额。

（1）精算利得或损失。

【案例2-4】 甲公司对企业年金采用设定受益计划。2019年12月31日，精算师确定由于职工离职率低于预期导致当期产生精算损失50 000元。

解析：甲公司应编制如下会计分录。

借：其他综合收益——设定受益计划　　　　　　　　　　　　　　50 000
　　贷：应付职工薪酬——设定受益计划　　　　　　　　　　　　　50 000

（2）企业年金资产直接回报与预期回报的差额。

【案例2-5】 甲公司对企业年金采用设定受益计划。2019年1月1日，甲公司企业年金资产的期初余额为900 000元，精算师的预期收益率为8%。2019年甲公司年金资产的实际回报金额为75 000元。

解析：年金资产预期回报=900 000×8%=72 000（元）

年金资产实际回报与预期回报的差额=75 000－72 000=3 000（元）

借：应付职工薪酬——设定受益计划　　　　　　　　　　　　　　3 000
　　贷：其他综合收益——设定受益计划　　　　　　　　　　　　　3 000

（3）资产上限的影响。

【案例2-6】 甲公司对企业年金采用设定受益计划。2019年12月31日，甲公司年金资产超过年金负债的金额为 60 000 元。根据计划规定，该超出金额将返还给企业。

解析：甲公司应编制如下会计分录。

借：其他综合收益——设定受益计划　　　　　　　　　　　　60 000
　　贷：应付职工薪酬——设定受益计划　　　　　　　　　　60 000

2.6　辞退福利的核算

2.6.1　辞退福利的确认方法

企业发生的辞退福利应当在同时满足下列条件时确认为一项负债，同时计入当期管理费用。

（1）企业已经制订正式的解除劳动关系计划或提出自愿裁减建议，经过董事会或类似权力机构的批准，并在一年内即将实施。

（2）企业不能单方面撤回解除劳动关系计划或裁减建议。

2.6.2　辞退福利的计量方法

企业应当区分辞退福利的具体类型，从而确定辞退福利的计量方法。

（1）对于职工没有选择权的辞退计划，企业应当根据辞退计划中规定的拟解除劳动关系的职工数量乘以每一职位的辞退补偿确定应付职工薪酬的金额。

（2）自愿接受裁减建议的职工数量不确定，因而企业应根据《企业会计准则第13号——或有事项》的规定，合理预计将会接受裁减建议的职工数量，根据预计接受建议的职工数量乘以每一职位的辞退补偿确定应付职工薪酬的金额。

（3）辞退福利支付的时间将在一年以上完成的，企业应当选择恰当的折现率，以折现后的金额计量当期辞退福利金额。折现率应当选取同期国债利率或替代利率。辞退福利现值与实际支付金额之间的差额，应当在实际支付辞退福利的期间采用实际利率法计算确认各期的财务费用。

2.7　其他长期福利的核算

2.7.1　其他长期福利的内容

其他长期福利是指支付期限在一年以上的职工薪酬，具体包括：（1）长期带薪缺勤；（2）长期辞退福利；（3）长期残疾福利；（4）长期利润分享计划。

2.7.2　其他长期福利的确认与计量

企业应当根据设定受益计划的方法，确认和计量其他长期福利净负债或净资产。在财务报表日，企业应当将其他长期福利产生的职工薪酬成本确认为下列组成部分，直接计入当期损益或资产成本：（1）服务成本；（2）其他长期福利净负债或净资产的利息净额；（3）重新计量其他长期福利净负债或净资产所产生的变动。

2.7.3 长期残疾福利的确认

（1）长期残疾福利水平取决于职工提供服务期间长短的，企业应当在职工提供服务的期间确认应付长期残疾福利义务，计量时应当考虑长期残疾福利支付的可能性和预期支付的期限。

（2）长期残疾福利与职工提供服务时间长短无关的，企业应当在导致职工长期残疾事件发生的当期确认应付长期残疾福利义务。

2.8 职工薪酬的披露

2.8.1 短期职工薪酬的披露

企业应当披露以下信息。

（1）应当支付给职工的工资、奖金、津贴和补贴及其期末应付未付金额。

（2）应当为职工缴纳的医疗保险费、工伤保险费和生育保险费等社会保险费及期末应付未付金额。

（3）应当为职工缴存的住房公积金及其期末应付未付金额。

（4）为职工提供的非货币性福利及其计算依据。

（5）按照短期利润分享计划提供的职工薪酬金额及其计算依据。

（6）其他短期薪酬项目及具体情况。

2.8.2 离职后福利的披露

企业应当披露以下信息。

（1）设立或参与的设定提存计划的性质、计算缴费金额的公式或依据，当期缴费金额以及应付未付金额。

（2）设定受益计划的特征及与之相关的风险。

（3）设定受益计划在财务报表中确认的金额及其变动。

（4）设定受益计划对企业未来现金流量金额、时间和不确定性的影响。

（5）设定受益计划义务现值所依赖的重大精算假设及有关敏感性分析的结果。

2.8.3 辞退福利的披露

企业应当披露因解除劳动合同关系而提供的辞退福利及期末应付未付金额。

2.8.4 其他长期福利的披露

企业应当披露其他长期福利的性质、金额及其计算依据。

2.9 新准则的影响与应对

实施新的职工薪酬会计准则，所有执行《企业会计准则》的企业均会受到影响。企业需按照修订后的准则判断职工薪酬的分类及适用的会计处理方法，特别是对于存在设定受益计划（如部分补充养老计划等）而以前未对其进行会计处理的企业。以前会计准则没有明确设定受益计划的会计处理，在实务中仅在国有企业改制等特定情况下，按照财务和国有资产管理方面的规定对统筹外离退休福利等予以预提，并未建立起确认此类职工福利的常态化机制。新准则将这些内容纳入其中，建立了确认和计划这些事项的常态化机制，因此原来很多没有予以确认和计划的表外职工福利负债将纳入表内。

建议企业尽早开始对各项福利进行梳理和评价，进行相应的会计处理。

2.10　应用案例

【**案例 2-7**】 2019年，甲公司业绩下降，2019年年末甲公司董事会通过一项裁员计划。企业将提前与30名管理人员和80名一线生产职工解除劳动关系。企业将支付给每位管理人员100 000元补偿，支付给每位生产职工120 000元补偿。

解析：辞退福利的金额 =30×100 000+80×120 000=12 600 000（元）

借：管理费用　　　　　　　　　　　　　　　　　　　　　　　12 600 000
　　贷：应付职工薪酬——辞退福利　　　　　　　　　　　　　　　　12 600 000

第3章
《企业会计准则第30号——财务报表列报》解析

3.1 准则的变化

修订后的《企业会计准则第30号——财务报表列报》与旧准则相比,新增、补充了一部分内容,同时对个别内容的位置进行了调整,比如,旧准则的"第六章 附注"中第三十五条内容被放在新准则的"第六章 附注"中的第三十九条中。

3.2 财务报表列报的基本要求

（1）坚持列报基础。
（2）依据各项会计准则确认和计量的结果编制财务报表。
修订后的准则不仅指出企业进行会计确认和计量时的依据,同时也明确规定了确认和计量与披露的关系。
（3）坚持权责发生制原则。
（4）坚持列报的一致性与可比信息的列报。
（5）根据重要性原则进行项目的列报。
（6）财务报表项目应当以总额列报,财务报表项目金额之间通常不能相互抵销。
（7）明确报告期间与财务报表表首的列报。

3.3 资产负债表的新编制要求

3.3.1 流动资产与非流动资产的划分

1. 资产满足下列条件之一的,应当归类为流动资产

（1）预计在一个正常营业周期中变现、出售或耗用。这类流动资产主要有应收账款、产成品、在产品和原材料等。正常营业周期,是指企业从购买用于加工的资产起至实现现金或现金等价物的时间。①短于一年,如10个月。许多制造业企业从购买用于加工的材料起至实现现金或现金等价物,通常不超过一年,因此其正常营业周期短于一年。②某些企业因生产周期较长等导致正常营业周期长于一年的,尽管相关资产往往超过一年才变现、出售或耗用,仍应当将其划分为流动资产,予以列报。③正常营业周期不能确定的,应当以一年（12个月）作为正常营业周期。

（2）主要为交易目的而持有。满足此条件的资产主要是指按照《企业会计准则第22号——

金融工具确认和计量》划分的交易性金融资产。但是，自资产负债表日起超过12个月到期且预期持有超过12个月的衍生工具应当划分为非流动资产或非流动负债。

（3）预计在资产负债表日起一年内变现。比如，长期应收款中将在资产负债表日起一年内收回的部分等。

（4）自资产负债表日起一年内，交换其他资产或清偿负债的能力不受限制的现金或现金等价物。

2. 非流动资产

非流动资产包括可供出售金融资产、持有至到期投资、长期股权投资、投资性房地产、固定资产、生产性生物资产、无形资产和递延所得税资产等。

3.3.2 流动负债与非流动负债的划分

1. 满足下列条件之一的，应当划分为流动负债

（1）预计在一个正常营业周期中清偿。

（2）主要为交易目的而持有。

（3）自资产负债表日起一年内到期应予以清偿。

（4）企业无权自主地将清偿推迟至资产负债表日后一年以上。

2. 资产负债表日后事项对流动负债与非流动负债划分的影响

（1）资产负债表日起一年内到期的负债。

对于在资产负债表日起一年内到期的负债，企业有意图且有能力自主地将清偿义务展期至资产负债表日后一年以上的，应当归类为非流动负债；不能自主地将清偿义务展期的，即使在资产负债表日后、财务报告批准报出日前签订了重新安排清偿计划协议，该项负债在资产负债表日仍应当归类为流动负债。

（2）违约长期负债。

企业在资产负债表日之前违反了长期借款协议，导致贷款人可随时要求清偿的负债，应当归类为流动负债。

3. 非流动负债

非流动负债包括长期借款、应付债券、长期应付款、专项应付款、预计负债和递延所得税负债等项目。被划分为持有待售的非流动负债应当归类为流动负债，并在资产负债表中单独列示。

3.3.3 以公允价值计量且其变动计入当期损益的金融资产

以公允价值计量且其变动计入当期损益的金融资产包括交易性金融资产和指定为以公允价值计量且其变动计入当期损益的金融资产。

金融资产是指企业的下列资产。

（1）现金。

（2）持有的其他单位的权益工具。

（3）从其他单位收取现金或其他金融资产的合同权利。

（4）在潜在有利条件下，与其他单位交换金融资产或金融负债的合同权利。

（5）将来须用或可用企业自身权益工具进行结算的非衍生工具的合同权利，企业根据该合同将收到非固定数量的自身权益工具。

（6）将来须用或可用企业自身权益工具进行结算的非衍生工具的合同权利，但企业以固定金额的现金或其他金融资产换取固定数量的自身权益工具的衍生工具合同权利除外。其中，企业自身权益工具不包括本身就在将来收取或支付企业自身权益工具的合同。

权益工具，是指能证明拥有某个企业在扣除所有负债后的资产中的剩余权益的合同。

3.3.4 衍生金融资产

衍生金融资产也称衍生金融工具，包括远期合同、期货合同、互换期权，以及具有远期合同、期货合同、互换期权中一种或一种以上特征的工具。

同一个衍生金融工具，资产负债表日公允价值是正的，就是衍生金融资产。

衍生金融工具的主要特征如下。

（1）其价值随特定利率、金融工具价格、商品价格、汇率、价格指数、费率指数、信用等级、信用指数或其他类似变量的变动而变动。

（2）不要求初始投资，或与对市场情况变化有类似反映的其他类型合同相比，要求更少的初始投资。

（3）在未来某一日期结算。

3.3.5 以公允价值计量且其变动计入当期损益的金融负债

以公允价值计量且其变动计入当期损益的金融负债包括交易性金融负债和指定为以公允价值计量且其变动计入当期损益的金融负债。

金融负债，是指企业的下列负债。

（1）向其他单位支付现金或金融资产的合同义务。

（2）在潜在不利条件下，与其他单位交换金融资产或金融负债的合同义务。

（3）将来须用或可用企业自身权益工具进行结算的非衍生工具的合同义务，企业根据该合同将交付非固定数量的自身权益工具。

（4）将来须用或可用企业自身权益工具进行结算的非衍生工具的合同义务，但企业以固定金额的现金或其他金融资产换取固定数量的自身权益工具的衍生工具合同义务除外。其中，企业自身权益工具不包括本身就是在将来收取或支付企业自身权益工具的合同。

3.3.6 衍生金融负债

衍生金融负债是指应用衍生金融工具所产生的金融负债。同一个衍生金融工具，资产负债表日公允价值是负的，就是衍生金融负债。

3.3.7 持有待售资产、持有待售负债

同时满足下列条件的非流动资产应当划分为持有待售资产。

（1）企业已经就处置该非流动资产做出决议。在此处，"企业"应指企业章程规定的有

做出相应资产处置决议权限的企业经理或董事会、股东会、股东大会或相似机构。

（2）企业已与受让方签订了不可撤销的转让协议。不可撤销的转让协议，是指除遇到不可抗力等情况外，双方当事人都必须按照协议履行义务，否则将承担违约责任的协议。

（3）该转让将在一年内完成。此规范的含义和用途：一是转让协议约定相关资产转让行为应在一年内履行完毕，二是在会计上应将相关资产归类为流动资产列报。

相关负债随之转让的，应按协议转让，但尚未移交的负债确认为持有待售的负债。

被划分为持有待售的非流动资产应当归类为流动资产，包括被划分为持有待售的非流动资产及被划分为持有待售的处置组中的资产。

被划分为持有待售的非流动负债应当归类为流动负债，包括被划分为持有待售的非流动负债及划分为持有待售的处置组中的负债。

处置组是指在一项交易中作为整体通过出售或其他方式一并处置的一组资产以及在该交易中转让的与这些资产直接相关的负债。处置组通常是一组资产组、一个资产组或某个资产组中的一部分。如果处置组是一个资产组并包含相关商誉，或者该处置组是这种资产组中的一项经营，则该处置组应当包括企业合并中取得的商誉。

符合持有待售条件的无形资产等其他非流动资产，以及被划分为持有待售的处置组中的所有资产和负债，应比照以上原则和方法进行处理和列报。

但持有待售资产不包括递延所得税资产、《企业会计准则第 22 号——金融工具确认和计量》规定的金融资产、以公允价值计量的投资性房地产和生物资产、保险合同中产生的合同权利。

3.3.8 递延收益

递延收益是指企业尚待确认的收入或收益，也即暂时未确认的收益，包括尚待确认的劳务收入和未实现融资收益等。

企业取得的政府补助为非货币性资产的，应首先确认一项资产和递延收益，然后在相关资产的使用寿命内平均分摊递延收益。需要注意的是，递延收益分摊的起点是"相关资产可供使用"时，递延收益分摊的终点是"资产使用寿命结束或资产被处置时（孰早）"。相关资产在使用寿命结束时或结束前被处置（出售、报废、转让等），尚未摊销的递延收益应当一次性转入资产处置当期的收益，不再予以递延。

3.3.9 其他综合收益

资产负债表中的"其他综合收益"一项，简单讲就是把之前放在"资本公积"中的有关数据填入"其他综合收益"。这与利润表中的"其他综合收益"的数据不一致，但同样具有以下勾稽关系。

资产负债表其他综合收益期初数＋利润表其他综合收益税后净额中归属于母公司的部分＝资产负债表其他综合收益期末数

利润表其他综合收益税后净额＝其他综合收益税后净额中归属于母公司的部分＋其他综合收益税后净额中归属于少数股东的部分

企业在计算利润表中的其他综合收益时，应当扣除所得税影响；在计算合并利润表中的其他综合收益时，除了扣除所得税影响以外，还需要分别计算归属于母公司所有者的其他综合收益和归属于少数股东的其他综合收益。

（1）可供出售金融资产公允价值变动形成的利得和损失。可供出售金融资产公允价值变动形成的利得或损失（除减值损失和外币货币性金融资产形成的汇兑差额外）。

（2）可供出售外币非货币性项目的汇兑差额形成的利得和损失。对于以公允价值计量的可供出售外币非货币性项目，如果期末的公允价值以外币反映，则应将折算后的记账本位币金额与原记账本位币金额间的差额计入资本公积。

（3）权益法下被投资单位可供出售金融资产公允价值变动形成的利得和损失。长期股权投资采用权益法核算时，在持股比例不变的情况下，对于被投资单位可供出售金融资产公允价值变动，投资单位按其持股比例计算应享有的份额。

（4）存货或自用房地产转换为采用公允价值模式计量的投资性房地产形成的利得和损失。企业将作为存货或自用的房地产转换为采用公允价值模式计量的投资性房地产时。

（5）金融资产重分类形成的利得和损失。企业因持有意图或能力发生改变，使某项投资不再适合划分为持有至到期投资的，应当将其重分类为可供出售金融资产，并以公允价值进行后续计量。

（6）套期保值（现金流量套期和境外经营净投资套期）形成的利得和损失。

（7）与计入所有者权益项目相关的所得税影响所形成的利得和损失。

3.3.10 专项储备

专项储备用于核算高危行业企业按照规定提取的安全生产费以及维持简单再生产费用等具有类似性质的费用。

高危行业企业按照国家规定提取的安全生产费，应当计入相关产品的成本或当期损益，同时记入"专项储备"科目。提取安全生产费时，借记"生产成本""制造费用"等科目，贷记"专项储备"科目。

企业使用提取的安全生产费时，属于费用性支出的，直接冲减专项储备，即借记"专项储备"科目，贷记"银行存款"科目。

企业使用提取的安全生产费形成固定资产的，应当通过"在建工程"科目归集所发生的支出，待安全项目完工达到预定可使用状态时确认为固定资产；同时，按照形成固定资产的成本冲减专项储备，并确认相同金额的累计折旧，即借记"专项储备"科目，贷记"累计折旧"科目。该固定资产在以后期间不再计提折旧。

3.4 利润表的新编制要求

3.4.1 增加了综合收益和其他综合收益

综合收益，是指企业在某一期间除了与所有者以其所有者身份进行的交易之外的其他交易所引起的所有者权益变动。

其他综合收益,是指企业根据其他会计准则规定未在当期损益中确认的各项利得和损失。

3.4.2 把其他综合收益各项目分两类列报

一类是以后会计期间不能重分类进损益的其他综合收益，另一类是以后会计期间将重分类进损益的其他综合收益。

3.4.3 公允价值变动收益（损失以"-"填列）

由于市场因素（如需求）变化，商品自身价值的变化使买卖双方对价格重新评估，商品前后的公允价值变动产生公允价值变动损益。该项目根据"公允价值变动损益"科目填列。

3.4.4 非流动资产处置利得

非流动资产处置利得包括固定资产处置利得和无形资产出售利得。固定资产处置利得，指企业出售固定资产所取得的价款、报废固定资产的残料价值和变价收入等，扣除固定资产的账面价值、清理费用和相关税费后的净收益。无形资产出售利得，指企业出售无形资产所取得的价款扣除出售无形资产的账面价值、相关税费后的净收益。

3.4.5 非流动资产处置损失

非流动资产处置损失包括固定资产处置损失和无形资产出售损失。固定资产处置损失，指企业出售固定资产所取得的价款、报废固定资产的残料价值和变价收入等，扣除固定资产的账面价值、清理费用和相关税费后的净损失。无形资产出售损失，指企业出售无形资产所取得的价款扣除出售无形资产的账面价值、相关税费后的净损失。

3.4.6 重新计算设定受益计划净负债或净资产的变动

（1）精算利得或损失，即通过精算假设和经验调整导致之前所计量的设定受益计划义务现值的增加或减少。

（2）计划资产回报，扣除包括在设定受益计划净负债或净资产的利息净额中的金额。

（3）资产上限影响的变动，扣除包括在设定受益计划净负债或净资产的利息净额中的金额。

3.4.7 不能重分类进损益的其他综合收益

以后会计期间不能重分类进损益的其他综合收益的项目如下。

（1）重新计量设定受益计划净负债或净资产导致的变动的税后净额项目。

（2）按照权益法核算的在被投资单位以后会计期间不能重分类进损益的其他综合收益中所享有份额的税后净额项目。

3.4.8 将重分类进损益的其他综合收益

以后会计期间在满足规定条件时将重分类进损益的其他综合收益项目如下。

（1）按照权益法核算的在被投资单位以后会计期间在满足规定条件时将重分类进损益的其他综合收益中所享有份额的税后净额项目。

（2）可供出售金融资产公允价值变动形成利得（损失以"-"填列）的税后净额。

（3）持有至到期投资重分类为可供出售金融资产形成的利得（损失以"-"填列）的税后净额。

（4）现金流量套期工具产生的利得或损失中属于有效套期的部分（损失以"-"填列）的税后净额。

3.4.9 可供出售金融资产的账务处理方法

可供出售金融资产是指交易性金融资产和持有至到期投资以外的债权证券和权益证券。企业购入可供出售金融资产的目的是获取利息、股利或市价增值。对于可供出售金融资产，也不会像对交易性金融资产那样积极管理。如果企业打算在一年内或超过一年的一个营业周期内卖出可供出售金融资产，那么就应该将这些可供出售金融资产归为短期投资；如果企业不打算在一年内或超过一年的一个营业周期内卖出可供出售金融资产，那么就应该将它们归为长期投资。

本科目核算企业持有的可供出售金融资产的价值，包括划分为可供出售的股票投资、债券投资等金融资产。

可供出售金融资产发生减值的，应在本科目设置"减值准备"明细科目进行核算，也可以单独设置"可供出售金融资产减值准备"科目进行核算。

（1）日常核算科目。

本科目应当按照可供出售金融资产类别或品种进行明细核算。

（2）可供出售金融资产的主要账务处理。

可供出售金融资产的会计处理，与以公允价值计量且其变动计入当期损益的金融资产的会计处理有类似之处，但也有不同。

第一，初始确认时，都应按公允价值计量，但对于可供出售金融资产，相关交易费用应计入初始入账金额。

第二，资产负债表日，都应按公允价值计量，但对于可供出售金融资产，公允价值变动不是计入当期损益，而通常应计入其他综合收益。

企业在对可供出售金融资产进行会计处理时，还应注意以下方面。

① 企业取得可供出售金融资产支付的价款中包含的已到付息期但尚未领取的债券利息或已宣告但尚未发放的现金股利，应单独确认为应收项目。

② 可供出售金融资产持有期间取得的利息或现金股利，应当计入投资收益。资产负债表日，可供出售金融资产应当以公允价值计量，且公允价值变动计入其他综合收益。

③ 可供出售金融资产发生的减值损失，应计入当期损益；如果可供出售金融资产是外币货币性金融资产，则其形成的汇兑差额也应计入当期损益。采用实际利率法计算的可供出售金融资产的利息，应当计入当期损益；可出售权益工具投资的现金股利，应当在被投资单位宣告发放股利时计入当期损益。

④ 处置可供出售金融资产时，应将取得的价款与该金融资产账面价值之间的差额，计入投资损益；同时，将原直接计入所有者权益的公允价值变动累计额对应处置部分的金额转出，计入投资损益。

（3）一般会计分录。

取得可供出售金融资产时，如果是股权投资则分录如下。

借：可供出售金融资产——成本（买价－已宣告未发放的股利＋交易费用）
　　贷：银行存款

如果是债券投资，则此分录调整如下。

借：可供出售金融资产——成本（面值）
　　　　　　　　　　　——应计利息
　　　　　　　　　　　——利息调整（溢价时）
　　　　应收利息
　　贷：银行存款
　　　　可供出售金融资产——利息调整（折价时）

可供出售债券的利息计提，同持有至到期投资的核算，只需替换总账科目为"可供出售金融资产"。

资产负债表日，按公允价值调整可供出售金融资产的价值。

如果是股权投资，则期末公允价值高于此时的账面价值时的会计分录如下。

借：可供出售金融资产——公允价值变动
　　贷：其他综合收益

期末公允价值低于此时的账面价值时，反之即可。

如果是债券投资，则期末公允价值高于摊余成本时的会计分录如下。

借：可供出售金融资产——公允价值变动
　　贷：其他综合收益

如果是低于则反之。

需特别注意的是，此公允价值的调整不影响每期利息收益的计算，即每期利息收益始终用期初摊余成本乘以当初的内含报酬率来测算。

3.4.10　持有至到期投资重分类为可供出售金融资产

（1）企业因持有意图或能力发生改变，使某项投资不再适合划分为持有至到期投资的，应当将其重分类为可供出售金融资产。

（2）企业将持有至到期投资在到期前处置或重分类，通常表明其违背了将投资持有至到期的最初意图。

企业因持有至到期投资部分出售或重分类的金额较大时，且属于《企业会计准则》所允许的例外情况，使该投资的剩余部分不再适合划分为持有至到期投资的，企业应当将该投资的剩余部分重分类为可供出售金融资产，并以公允价值进行后续计量。在重分类日，该投资剩余部分的账面价值与其公允价值之间的差额计入所有者权益，在该可供出售金融资产发生减值或终止确认时转出计入当期损益。

3.4.11　现金流量套期损益的有效部分

（1）现金流量套期是对现金流动性风险的套期，即规避的是未来现金流量风险。该类现金流量变动源于与已确认资产或负债（如浮动利率债务的全部或部分未来利息支付）、很可能发生的预期交易（如预期的购买或出售）有关的特定风险，且将影响企业的损益。

（2）套期有效性评价方法应当与企业的风险管理策略相吻合，并在套期开始时就在风险管理有关的正式文件中详细加以说明。

在这些正式文件中，企业应当就套期有效性评价的程序和方法、评价时是否包括套期工具的全部利得或损失、是否包括套期工具的时间价值等做出说明。常见的套期有效性评价方法有3种：① 主要条款比较法；② 比率分析法；③ 回归分析法。

当对套期的评价符合这3种方法之一的评价标准时，即为现金流量中的有效套期，否则为无效套期。

3.4.12 外币财务报表折算差额

（1）外币财务报表折算差额，是指在编制合并财务报表时，把境外子公司或分支机构以所在国家（或地区）货币编制的财务报表折算成以记账本位币表达的财务报表时，由于报表项目采用不同汇率折算而形成的汇兑损益。

（2）外币财务报表折算损益是一种未实现损益，一般不在账簿中反映，只反映在报表中。

（3）外币报表折算差额会计处理大致有两种方法。

第一种，递延处理。在递延法下，将折算差额列入所有者权益，并单列项目反映。递延处理有利于保持会计报表有关项目原有的比例关系，便于进行财务比率分析。

第二种，计入当期损益。将折算差额计入损益，列入利润表。这样做的优点是能真实反映企业所承受的汇率风险，但是将未实现的损益计入当期损益，有可能引起对会计报表的误解。

除以上两种方法外，还有一些方法，比如：将折算差额借方发生额，即折算损失，计入损益；将折算差额贷方发生额，即折算收益，加入递延，计入所有者权益。

采用现行汇率法（我国）时，外币报表折算差额作递延处理；采用时态法时，外币报表折算差额列为当期损益。

3.5 所有者权益变动表的新编制要求

所有者权益变动表是反映构成所有者权益各组成部分当期增减变动情况的报表。修订后的准则要求单独列示"综合收益总额"。在合并所有者权益变动表中，还应单独列示归属于母公司所有者的综合收益总额和归属于少数股东的综合收益总额。

一般企业所有者权益变动表的具体结构如表 3-1 所示。

所有者权益变动表应当以矩阵的形式列示：一方面列示导致所有者权益变动的交易或事项，改变了以往仅按照所有者权益的各组成部分反映所有者权益变动情况，而是从所有者权益变动的来源对一定时期所有者权益变动情况进行全面反映；另一方面，按照所有者权益各组成部分及其总额列示交易或事项对所有者权益的影响。

高危行业企业如果按照国家规定提取安全生产费，则应当在该表的"其他综合收益"栏和"盈余公积"栏之间增设"专项储备"栏。

表 3-1 所有者权益变动表

编制单位：　　　　　　　　　　　　　　年度　　　　　　　　　　　　　　　　　　会企 04 表
单位：元

项目	本年金额									上年金额								
	实收资本（或股本）	其他权益工具			资本公积	减:库存股	其他综合收益	专项储备	盈余公积	未分配利润	所有者权益合计	实收资本（或股本）	其他权益工具			资本公积	减:库存股	其他综合收益	专项储备	盈余公积	未分配利润	所有者权益合计
		优先股	永续债	其他									优先股	永续债	其他							
一、上年年末余额																						
加：会计政策变更																						
前期差错更正																						
其他																						
二、本年初余额																						
三、本年增减变动金额（减少以"-"填列）																						

(续表)

项目	本年金额											上年金额										
	实收资本（或股本）	其他权益工具			资本公积	减：库存股	其他综合收益	专项储备	盈余公积	未分配利润	所有者权益合计	实收资本（或股本）	其他权益工具			资本公积	减：库存股	其他综合收益	专项储备	盈余公积	未分配利润	所有者权益合计
		优先股	永续债	其他									优先股	永续债	其他							
（一）综合收益总额																						
（二）所有者投入和减少资本																						
1.所有者投入的普通股																						
2.其他权益工具持有者投入资本																						
3.股份支付计入所有者权益的金额																						
4.其他																						
（三）利润分配																						

(续表)

项目	本年金额											上年金额										
	实收资本（或股本）	其他权益工具			资本公积	减：库存股	其他综合收益	专项储备	盈余公积	未分配利润	所有者权益合计	实收资本（或股本）	其他权益工具			资本公积	减：库存股	其他综合收益	专项储备	盈余公积	未分配利润	所有者权益合计
		优先股	永续债	其他									优先股	永续债	其他							
1.提取盈余公积																						
2.对所有者（或股东）的分配																						
3.其他																						
(四)所有者权益内部结转																						
1.资本公积转增资本（或股本）																						
2.盈余公积转增资本（或股本）																						

（续表）

项目	本年金额											上年金额										
	实收资本（或股本）	其他权益工具			资本公积	减：库存股	其他综合收益	专项储备	盈余公积	未分配利润	所有者权益合计	实收资本（或股本）	其他权益工具			资本公积	减：库存股	其他综合收益	专项储备	盈余公积	未分配利润	所有者权益合计
		优先股	永续债	其他									优先股	永续债	其他							
3.盈余公积弥补亏损																						
4.设定受益计划变动额结转留存收益																						
5.其他综合收益结转留存收益																						
6.其他																						
四、本年年末余额																						

3.6　附注的新列报要求

附注应当披露下列内容。
（1）企业的基本情况。
（2）财务报表的编制基础。
（3）遵循《企业会计准则》的声明。
（4）重要会计政策和会计估计。
① 重要会计政策的说明包括财务报表项目的计量基础和会计政策的确定依据等。
② 重要会计估计的说明。
（5）会计政策和会计估计变更以及差错更正的说明。
（6）报表重要项目的说明。
① 费用按照性质分类的利润表补充资料。
② 关于其他综合收益各项目的信息。
（7）其他需要说明的重要事项。
（8）有助于财务报表使用者评价企业管理资本的目标、政策及程序的信息。

3.7　新准则的影响与应对

3.7.1　新准则的变动

新准则将综合收益相关的内容补充纳入准则正文，在利润表中增加了"其他综合收益的税后净额"和"综合收益总额"项目并进行了定义，同时将"其他综合收益的税后净额"划分为以后会计期间"不能重分类进损益的其他综合收益"项目和以后会计期间在满足规定条件时"将重分类进损益的其他综合收益"项目两类区别列报等。

3.7.2　企业应采取的应对措施

（1）积极组织财务人员进行新颁布或修订准则的学习，熟悉各准则的规定及其对财务报表的影响。
（2）改进其他综合收益的核算。存在其他综合收益的企业应当将其他综合收益从"资本公积——其他资本公积"明细科目分离出来，单独设置"其他综合收益"科目，并针对其他综合收益各项目及其所得税影响等设置相应的二级或三级明细科目进行明细核算。
（3）改进持有待售资产的核算。将持有待售非流动资产从相应的非流动资产中分离出来，单独设置"持有待售资产"科目予以核算。如有划分为持有待售的处置组中的负债的，则可以单独设置"持有待售负债"科目进行会计核算。

3.8　应用案例

【案例3-1】　甲公司2019年之前不存在与其他综合收益有关的业务。2019年3月10

日，甲公司购入乙公司股票，将其划分为可供出售金融资产，其成本为 300 000 元，年末其公允价值为 340 000 元。另外，甲公司持有乙公司 30% 的股份，能够对乙公司施加重大影响，采用权益法核算。甲公司 2019 年实现利润 5 000 000 元。2019 年乙公司确认可供出售金融资产公允价值变动损失 90 000 元。假设甲公司和乙公司适用的所得税税率均为 25%，假设不考虑其他因素的影响。

解析：甲公司的相关会计处理如下。

（1）2019 年，甲公司对其持有的乙公司股票的相关账务处理如下。

① 3 月 10 日购入乙公司股票。

借：可供出售金融资产——乙公司股票（成本）　　　　300 000
　　贷：银行存款　　　　　　　　　　　　　　　　　　　300 000

② 年末，确认可供出售金融资产公允价值变动。

借：可供出售金融资产——乙公司股票（公允价值变动）　40 000
　　贷：其他综合收益——公允价值变动　　　　　　　　　 40 000

③ 年末，确认该可供出售金融资产有关的所得税影响。

可供出售金融资产的账面价值 340 000 元，计税基础为 300 000 元，因此，产生的应纳税暂时性差异为 40 000 元，应当确认递延所得税负债 10 000（40 000×25%）元，同时将其计入"其他综合收益"科目。

借：其他综合收益　　　　　　　　　　　　　　　　　 10 000
　　贷：递延所得税负债　　　　　　　　　　　　　　　　 10 000

可见，甲公司可供出售金融资产公允价值变动形成的利得为 40 000 元，其所得税影响为 10 000 元，税后净额为 30 000 元。

（2）按照权益法核算的在被投资单位（乙公司）的其他综合收益中所享有的份额的计算及账务处理如下。

在乙公司的"其他综合收益"科目中核算的可供出售金融资产公允价值变动损失为 90 000 元。因此，甲公司按照核算的被投资单位的其他综合收益中所享有的份额为：（-90 000）×30%=-27 000（元）。

甲公司的账务处理如下。

借：其他综合收益　　　　　　　　　　　　　　　　　 27 000
　　贷：长期股权投资——乙公司（其他综合收益）　　　　 27 000

根据上述计算及相关账务处理，甲公司 2019 年度利润表中有关项目如下。

利润表中，其他综合收益本期税后金额应当列示 3 000 元。

此外，甲公司还应当在 2019 年度财务报表附注中披露其他综合收益各项目的信息，具体如表 3-2 和表 3-3 所示。

表 3-2 其他综合收益各项目及其所得税影响和转入损益情况

项目	本期发生额			上期发生额		
	税前金额	所得税	税后金额	税前金额	所得税	税后金额
一、以后不能重分类进损益的其他综合收益						
二、以后将重分类进损益的其他综合收益	13 000	10 000	3 000			
1.权益法下在被投资单位以后将重分类进损益的其他综收益中享有的份额	-27 000					
减：前期计入其他综合收益当期转入损益	0					
小计	-27 000	0	-27 000			
2.可供出售金融资产公允价值变动损益	40 000					
减：前期计入其他综合收益当期转入损益	0					
小计	40 000	10 000	30 000			
三、其他综合收益合计	130 000	10 000	3 000			

表 3-3 其他综合收益各项目的调节情况

项目	重新计量设定受益计划净负债或净资产的变动	权益法下在被投资单位不能重分类进损益的其他综合收益中享有的份额	权益法下在被投资单位以后将重分类进损益的其他综合收益中享有的份额	可供出售金融资产公允价值变动损益	持有至到期投资重分类为可供出售金融资产损益	现金流量套期损益的有效部分	外币财务报表折算差额	……	其他综合收益合计
一、上年年初余额									
二、上年增减变动金额									
三、本年年初余额									
四、本年增减变动金额			-27 000	30 000					3 000
五、本年年末余额			-27 000	30 000					3 000

【案例 3-2】 承案例 3-1，2019 年 12 月 31 日，甲公司将其持有的可供出售金融资产全部出售，实际取得价款 358 000 元；甲公司仍然持有乙公司 30% 的股份，能够对其施加重大影响。假设 2019 年乙公司未确认可供出售金融资产公允价值变动利得或损失，且不考虑其他因素的影响。

解析：甲公司2019年有关该可供出售金融资产的账务处理如下。

借：银行存款　　　　　　　　　　　　　　　　　　　358 000
　　贷：可供出售金融资产——乙公司股票（成本）　　　300 000
　　　　　　　　　　　　——乙公司股票（公允价值变动）　40 000
　　　　投资收益　　　　　　　　　　　　　　　　　　 18 000
借：其他综合收益　　　　　　　　　　　　　　　　　　40 000
　　贷：投资收益　　　　　　　　　　　　　　　　　　40 000
借：递延所得税负债　　　　　　　　　　　　　　　　　10 000
　　贷：其他综合收益　　　　　　　　　　　　　　　　10 000

在财务报表披露如表3-4和表3-5所示。

表3-4　其他综合收益各项目及其所得税影响和转入损益情况

单位：元

项目	本期发生额			上期发生额		
	税前金额	所得税	税后金额	税前金额	所得税	税后金额
一、以后不能重分类进损益的其他综合收益						
二、以后将重分类进损益的其他综合收益	−40 000	−10 000	−30 000	13 000	10 000	3 000
1.权益法下在被投资单位以后将重分类进损益的其他综合收益中享有的份额				−27 000		
减：前期计入其他综合收益				0		
小计				−27 000	0	−27 000
2.可供出售金融资产公允价值变动损益	0			40 000		
减：前期计入其他综合收益当期转入损益	40 000			0		
小计	−40 000	−10 000	−30 000	40 000	10 000	30 000
三、其他综合收益合计	−40 000	−10 000	−30 000	13 000	10 000	3 000

表 3-5　其他综合收益各项目的调节情况

单位：元

项目	重新计量设定受益计划净负债或净资产的变动	权益法下在被投资单位不能重分类进损益的其他综合收益中享有的份额	权益法下在被投资单位以后将重分类进损益的其他综合收益中享有的份额	可供出售金融资产公允价值变动损益	持有至到期投资重分类为可供出售金融资产损益	现金流量套期损益的有效部分	外币财务报表折算差额	……	其他综合收益合计
一、上年年初余额									
二、上年增减变动金额									
三、本年年初余额			−27 000	30 000					3 000
四、本年增减变动金额				−30 000					−30 000
五、本年年末余额			−27 000						−27 000

第4章
《企业会计准则第33号——合并财务报表》解析

4.1 准则的变化

4.1.1 总则方面的变化

母公司是指控制一个或一个以上主体（含企业、被投资单位中可分割的部分，以及企业所控制的结构化主体等）的主体。

企业集团中期期末编制合并财务报表的，至少应当包括合并资产负债表、合并利润表、合并现金流量表和附注。

关于公司权益的披露，适用《企业会计准则第41号——在其他主体中权益的披露》。

4.1.2 合并范围部分的变化

（1）如果母公司是投资性主体，且不存在为其投资活动提供相关服务的子公司，则不应当编制合并财务报表。

（2）控制，是指投资方拥有对被投资方的权力，通过参与被投资方的相关活动而享有可变回报，并且有能力运用被投资方的权力影响其回报金额。

4.1.3 合并程序方面的变化

（1）取消了"按权益法调整对子公司长期股权投资"的规定。

（2）增加了"站在企业集团立场对待特殊交易事项予以调整"的规定。

（3）增加了将子公司持有母公司长期股权投资列示为企业集团的库存股的规定。

（4）增加了与抵销内部交易未实现损益有关的递延所得税的确认内容。

（5）增加了报告期内增加同一控制下企业合并取得子公司，对比较报表有关项目进行调整的规定。

（6）增加了综合收益在"归属于母公司所有者的净利润"和"少数股东损益"之间的分配问题的规定。

（7）细化了未实现内部交易损益在"归属于母公司所有者权益的净利润"和"少数股东损益"之间进行抵销分配的处理规定。

4.1.4 新增加的特殊交易会计处理

增加了某些特殊交易的会计处理规范，主要有以下几点。

（1）购买少数股权。

（2）多次交易分步实现合并。

（3）丧失控制权情况下的部分处置子公司股权。

（4）多次交易分步处置子公司。

4.2 企业中可分割的部分、结构化主体

4.2.1 企业中可分割的部分

当有确凿证据表明同时满足下列条件并符合相关法律法规规定的，投资方应当将被投资方的一部分视为被投资方可分割的部分（单独主体），进而判断是否控制该部分（单独主体）：（1）该部分的资产是偿付该部分负债或该部分其他权益的唯一来源，不能用于偿还该部分以外的被投资方的其他负债；（2）除与该部分相关的各方外，其他方不享有与该部分资产相关的权利。

4.2.2 结构化主体

结构化主体，是指被设计为表决权或类似权力并非决定该主体控制方的主导因素的主体。常见的结构化主体有证券化载体、资产抵押融资、某些投资基金等。

4.3 合并范围的界定

投资单位判断一个被投资单位是否纳入合并范围的依据是投资单位是否"控制"该被投资单位。

4.3.1 控制的含义

本书所称控制是指投资方拥有主导被投资方的权力，通过参与被投资方的相关活动而享有可变回报，并且有能力运用其对被投资方的权力影响其回报金额。

1. "控制"的三要素

一是主导被投资方的权力；二是通过与被投资方的相关活动取得可变回报；三是有能力利用对被投资方的权力影响其可变回报。

2. 投资方对被投资方拥有"权力"的一般标志

（1）投资方持有被投资方半数以上的表决权。

（2）投资方持有被投资方半数或以下的表决权，但通过与其他表决权持有人之间的协议能够控制半数以上表决权。

（3）投资方持有半数或以下表决权，但综合考虑下列事实和情况后，判断投资方持有的表决权足以使其目前有能力主导被投资方相关活动的，视为对投资方拥有"权力"：投资方持股份额大小和其他投资方特权的分散程度,投资方和其他投资方持有被投资方潜在表决权，其他合营安排产生的权力，以及被投资方以往的表决权行使情况等。

4.3.2 投资性主体的合并豁免

（1）母公司属于投资性主体时，应当纳入其合并范围的仅是为其投资活动提供相关服务的子公司。

（2）投资性主体的母公司本身不是投资性主体的，该母公司应当将其控制的全部主体（包括那些通过投资性主体所间接控制的主体）纳入合并范围。

（3）母公司由投资性主体转变为非投资性主体时，应将原未纳入合并范围的子公司于转变日纳入合并范围。

4.4 合并程序方面的主要问题

4.4.1 直接按成本法结果进行抵销的问题

以下讲解母公司对子公司股权投资直接按成本法结果进行抵销的问题。

新准则取消了在对内部股权投资进行相关抵销处理之前，将母公司对子公司股权投资成本法结果按权益法进行调整的规定。

4.4.2 子公司持有母公司股权投资的抵销问题

企业集团内部子公司相互之间的长期股权投资、企业集团成员企业之间股权投资确认为以公允价值计量的金融投资的，在编制合并报表时，与这些权益性投资相关的影响同样应予以抵销，基本原理可以比照以上所介绍的母公司对子公司股权投资的抵销处理。根据《企业会计准则第33号——合并财务报表》，子公司持有母公司的长期股权投资，应当视为企业集团的库存股，在合并资产负债表中作为所有者权益的减项。

【案例4-1】 甲公司是乙公司的母公司，持有乙公司80%的表决权股份。2019年年末，甲公司对乙公司的长期股权投资的账面价值为8 000万元，乙公司的股本等股东权益为10 000万元；乙公司持有的对甲公司的权益性投资作为可供出售金融资产核算，账面价值为3 000万元（等于投资股本）。假定不考虑其他因素。

解析：甲公司2019年年末编制财务报表时，在合并财务报表工作底稿中应编制的抵销分录如下。（单位：万元）

将甲公司对乙公司的股份投资与乙公司持有的对甲公司的权益性投资相抵销，并确认少数股东权益。

借：股本等子公司的股东项目　　　　　　　　　　　　　　　　　10 000
　　贷：长期股权投资　　　　　　　　　　　　　　　　　　　　　8 000
　　　　少数股东权益　　　　　　　　　　　　　　　　　　　　　2 000

将子公司对母公司的股权投资进行抵销，并确认为企业集团的库存股。

借：库存股　　　　　　　　　　　　　　　　　　　　　　　　　3 000
　　贷：可供出售金融资产　　　　　　　　　　　　　　　　　　　3 000

将上述合并分录置于合并财务报表工作底稿中，合并财务报表中相关信息的生成过程如

表 4-1 所示。

表 4-1 合并财务报表工作底稿（简表）

单位：万元

项目	个别报表		调整与抵销分录		合并数
	母公司	子公司	借	贷	
资产负债表有关项目：					
可供出售金融资产	5 000	3 000		②3 000	5 000
长期股权投资	18 000			①8 000	10 000
股本等	40 000	10 000	①10 000		40 000
减：库存股			②3 000		3 000
归属于母公司股东的权益				37 000	
少数股东权益			①2 000		
股东权益合计	40 000	10 000	13 000	2 000	39 000

4.4.3 抵销分配问题

以下讲解未实现内部交易损益在归属于母公司股东的净利润和少数股东损益之间的抵销分配问题。

母公司在编制合并财务报表的过程中，对未实现内部交易损益进行相关抵销处理之后，还要将相关抵销处理的影响在归属于母公司所有者的净利润和少数股东损益之间进行分配。具体处理原则如下。

（1）母公司因向子公司出售资产而发生的未实现内部交易损益，应当全额抵销"归属于母公司所有者的净利润"。

（2）子公司因向母公司出售资产而发生的未实现内部交易损益，应当按照母公司对该子公司的分配比例在"归属于母公司所有者的净利润"和"少数股东损益"之间进行分配。

（3）子公司之间因出售资产而发生的未实现内部交易损益，应当按照母公司对出售方子公司的分配比例在"归属于母公司所有者的净利润"和"少数股东损益"之间进行分配。

4.4.4 递延所得税的确认问题

以下讲解未实现内部交易损益导致的递延所得税的确认问题。

内部交易存货未实现利润的抵销，调低了该存货在合并资产负债表中的报告价值。从合并报表的角度来看，该存货的账面价值低于其计税基础，由此产生的可抵扣暂时性差异对未来的纳税影响应在合并财务报表中予以确认。相关的调整分录如下。

借：递延所得税资产（抵销的内部存货交易未实现利润 × 所得税税率）
　　借或贷：所得税费用（本期应调整递延所得税）
　　贷：未分配利润（期初）（前期已调整所得税）

【案例 4-2】 2019 年 9 月，某母公司将成本为 2 000 万元的存货按 2 400 万元的价格出售给子公司，子公司将该购入存货也作为存货核算。2019 年年末，子公司未将该存货售给企业集团。子公司于2020年将该存货中的30%另加10%的毛利售给企业集团。所得税税率为25%。

解析：母公司报告期末编制合并财务报表工作底稿时应编制的调整与抵销分录如下。（单位：万元）

（1）2019年相关抵销处理。

① 抵销期末存货价值中包含的未实现内部交易利润。

借：营业收入　　　　　　　　　　　　　　　　　　　　　　2 400
　　贷：营业成本　　　　　　　　　　　　　　　　　　　　　2 000
　　　　存货　　　　　　　　　　　　　　　　　　　　　　　　400

② 调整与内部交易存货相关的递延所得税。

借：递延所得税资产　　　　　　　　　　　　　　　　　　　　100
　　贷：所得税费用　　　　　　　　　　　　　　　　　　　　　100

（2）2020年相关抵销处理。

① 抵销上年内部存货交易未实现利润对期初未分配利润的影响。

借：未分配利润（期初）　　　　　　　　　　　　　　　　　　400
　　贷：营业成本　　　　　　　　　　　　　　　　　　　　　　400

② 抵销期末存货价值中包含的未实现内部交易利润。

借：营业成本　　　　　　　　　　　　　　　　　　　　　　　280
　　贷：存货　　　　　　　　　　　　　　　　　　　　　　　　280

③ 调整内部交易存货相关的递延所得税。

借：递延所得税资产　　　　　　　　　　　　　　　　　　　　 70
　　所得税费用　　　　　　　　　　　　　　　　　　　　　　　30
　　贷：未分配利润　　　　　　　　　　　　　　　　　　　　　100

将上述抵销分录与调整分录填入工作底稿，如表4-2和表4-3所示。

表4-2　合并财务报表工作底稿（2019年）

单位：万元

项目	个别报表		调整与抵销分录		合并数
	母公司	子公司	借	贷	
资产负债表有关项目：					
存货		2 400		①400	2 000
递延所得税资产			②100		100
应交税费	100				100
利润表有关项目：					
营业收入	2 400		①2 400		
营业成本	2 000			①2 000	
营业利润	400		2 400	2 000	

（续表）

项目	个别报表		调整与抵销分录		合并数
	母公司	子公司	借	贷	
减：所得税费用	100			②100	
净利润	300		2 400	2 100	
所有者权益变动表有关项目：					
未分配利润（期初）					

表 4-3 合并财务报表工作底稿（2020 年）

单位：万元

项目	个别报表		调整与抵销分录		合并数
	母公司	子公司	借	贷	
未分配利润（期末）	300		2 400	2 100	
资产负债表有关项目：					
存货		1 680		②280	1 400
递延所得税资产			③70		70
利润表有关项目：					
营业收入		792			792
营业成本		720	②280	①400	600
营业利润		72	280	400	192
减：所得税费用		18		③30	48
所有者权益变动表有关项目：					
未分配利润（期初）	300		①400	②100	
未分配利润（期末）	300	54	710	500	144

内部固定资产交易与内部存货交易一样，未实现利润（或亏损）的抵销，调低（或调高）了该固定资产在合并资产负债表中的报告价值。从合并报表的角度来看，该固定资产的账面价值与其计税基础不相等，由此产生的可抵扣（或应纳税）暂时性差异对未来的纳税影响应在合并财务报表中予以确认。

与前面所述的内部存货交易相关递延所得税的调整处理不同的是，内部固定资产交易不仅在交易当年而且在以后各使用期间，都可能涉及递延所得税的相关调整，而且固定资产的折旧因素也会对递延所得税的调整产生影响。从连续编制合并财务报表的角度来看，以内部交易存在未实现利润的情况为例，相关的调整分录如下。

借：递延所得税资产（抵销的内部交易固定资产的未实现利润 × 所得税税率）
　　借或贷：所得税费用（本期应调整递延所得税）
　　　　贷：未分配利润（期初）（前期已调整递延所得税）

【案例 4-3】 2019 年 6 月末，某企业集团的母公司将一台成本为 60 000 元的产品以 80 000 元的价格出售给子公司。子公司将其作为管理用固定资产使用，预计使用年限为 10 年，采用直线法计提折旧（假定不考虑预计残值）。假定所得税税率为25%。为了便于对比分析，假定母公司的应交所得税在2020年尚未缴费。

解析：母公司2019年、2020年在合并财务报表工作底稿中的有关调整与抵销分录如下。

（1）2019年相关抵销处理。

① 抵销期末固定资产价值中包含的未实现内部交易利润。

借：营业收入　　　　　　　　　　　　　　　　　　　　　　80 000
　　贷：营业成本　　　　　　　　　　　　　　　　　　　　60 000
　　　　固定资产——原价　　　　　　　　　　　　　　　　20 000

② 抵销当年多提折旧。

借：固定资产——累计折旧　　　　　　　　　　　　　　　　1 000
　　贷：管理费用　　　　　　　　　　　　　　　　　　　　1 000

③ 调整内部固定资产交易相关的递延所得税。

借：递延所得税资产　　[（80 000-4 000）-（60 000-3 000）]×25%　4 750
　　贷：所得税费用　　　　　　　　　　　　　　　　　　　4 750

（2）2020年相关抵销处理。

① 抵销上年内部固定资产交易未实现内部交易利润对期初未分配利润的影响。

借：未分配利润（期初）　　　　　　　　　　　　　　　　　20 000
　　贷：固定资产——原价　　　　　　　　　　　　　　　　20 000

② 抵销累计多提的折旧。

借：固定资产——累计折旧　　　　　　　　　　　　　　　　3 000
　　贷：管理费用　　　　　　　　　　　　　　　　　　　　2 000
　　　　未分配利润（期初）　　　　　　　　　　　　　　　1 000

③ 调整内部固定资产交易相关的递延所得税。

借：递延所得税资产　　[（80 000-12 000）-（60 000-9 000）]×25%　4 250
　　所得税费用　　　　　　　　　　　　　　（4 750-4 250）　500
　　贷：未分配利润（期初）　　　　　　　　　　　　　　　4 750

将上述抵销与调整分录填入工作底稿，则该内部交易对个别报表及合并信息的影响如表4-4和表4-5所示。

表4-4　合并财务报表工作底稿（2019年）

单位：万元

项目	个别报表		调整与抵销分录		合并数
	母公司	子公司	借	贷	
资产负债表有关项目：					
固定资产		76 000	②1 000	①20 000	57 000
递延所得税资产			③4 750		4 750

（续表）

项目	个别报表		调整与抵销分录		合并数
	母公司	子公司	借	贷	
应交税费	5 000				5 000
利润表有关项目：					
营业收入	80 000		①80 000		
营业成本	60 000			①60 000	
管理费用		4 000		②1 000	3 000
利润总额	20 000	−4 000	80 000	61 000	−3 000
减：所得税费用	5 000			③4 750	250
净利润	15 000	−4 000	80 000	65 750	−3 250
所有者权益变动表有关项目：					
未分配利润（期初）					
未分配利润（期末）	15 000	−4 000	80 000	65 750	−3 250

表4-5 合并财务报表工作底稿（2020年）

单位：万元

项目	个别报表		调整与抵销分录		合并数
	母公司	子公司	借	贷	
资产负债表有关项目：					
固定资产		68 000	②3 000	①20 000	51 000
递延所得税资产			③4 250		4 250
应交税费	5 000				5 000
利润表有关项目：					
管理费用		8 000		②2 000	6 000
营业利润		−8 000		2 000	−6 000
减：所得税费用				③500	500
净利润		−8 000	500	2 000	−6 500
所有者权益变动表有关项目：					
未分配利润（期初）	15 000	−4 000	①20 000	②1 000 ③4 750	−3 250
未分配利润（期末）	15 000	−12 000	20 500	7 750	−9 750

4.4.5 子公司综合收益在合并利润表中的列报

子公司当期综合收益中属于少数股东权益的份额，应当在合并利润表综合收益总额项目下以"归属于少数股东的综合收益总额"项目列报。

【案例 4-4】 甲公司是乙公司的母公司，拥有乙公司 80% 的股权。甲公司 2019 年度实现净利润 1 000 000 元；乙公司 2019 年度实现净利润 800 000 元、可供出售金融资产公允价值变动利得扣除所得税影响后的金额为 30 000 元。

解析：根据上述资料，乙公司 2019 年度利润表的有关信息如表 4-6 所示。

表 4-6　乙公司 2019 年度利润表（简表）

单位：元

项目	本年数	上年数（略）
……	……	
净利润（净亏损以"-"填列）	800 000	
其他综合收益的税后净额	30 000	
综合收益总额	1 300 000	

上述资料在甲公司 2019 年度合并报表中的列示方法如表 4-7 所示。

表 4-7　甲公司 2019 年度合并利润表（简表）

单位：元

项目	本年数	上年数（略）
……	……	
净利润（净亏损以"-"填列）	1 800 000	
其中：归属于母公司股东的净利润（净亏损以"-"填列）	1 640 000	
少数股东损益（净亏损以"-"填列）	160 000	
其他综合收益的税后净额	30 000	
综合收益总额	1 830 000	
其中：归属于母公司股东综合收益总额	1 664 000	
归属于少数股东的综合收益总额	166 000	

4.5　特殊交易的合并处理问题

新修订的《企业会计准则第 33 号——合并财务报表》中，增加了对某些特殊交易的相关会计处理规范，主要包括：购买子公司少数股权、多次交易分步实现合并、不丧失控制权情况下的部分处置子公司股权、丧失控制权情况下的部分处置子公司股权、多次交易分步处置子公司等。

4.5.1　与个别报表相关的会计处理原则

（1）属于增加投资的，按实际发生的股权投资成本确认新增长期股权投资；增加股权投资导致由以公允价值计量的金融资产转为长期股权投资的，或长期股权投资由按权益法核算转为按成本法核算的，对原有投资账面价值不进行追溯调整。

（2）属于处置投资的，将处置损益计入当期损益；处置部分投资导致长期股权投资由按成本法核算转为按权益法核算的，对剩余投资账面价值要按权益法进行追溯调整；处置部分投资导致剩余投资由长期股权投资重分类为以公允价值计量的金融资产的，对剩余投资账面价值不进行追溯调整。

（3）持股比例增减变动之前原持有投资涉及其他综合收益的，分为以下两种情况进行处理。

① 如果相关的特殊交易涉及以公允价值计量的金融资产与长期股权投资重分类的，原有投资相关的其他综合收益应转入交易当期的损益。多次交易分步实现合并、处置部分投资丧失控制权这两类交易就有可能涉及这个问题。

② 如果相关特殊交易仅涉及长期股权投资由按权益法核算向按成本法核算转换的，原有投资相关的其他综合收益应于丧失控制权时转入丧失控制权当期的损益。

4.5.2 与合并报表相关的会计处理原则

1. 收购少数股权

母公司在已经取得对子公司的控制权之后，发生收购少数股东拥有的子公司部分或全部股权交易时，应遵循以下原则处理：在合并财务报表中，子公司的资产、负债应以合并日开始持续计算的金额反映；购买子公司少数股权交易日，母公司新取得的长期股权投资与按新增持股比例计算应享有子公司自合并日开始持续计算的净资产份额之间的差额，应当调整合并财务报表中的资本公积（资本溢价或股本溢价）；资本公积（资本溢价或股本溢价）余额不足冲减的，调整留存收益。

2. 不丧失控制权情况下的部分处置子公司股权

在合并财务报表中，母公司应将处置价款与处置投资相对应的应享有该子公司自该合并日开始持续计算的净资产份额的差额，调整资本公积（资本溢价或股本溢价）；资本公积不足冲减的，调整留存收益。

3. 处置部分股权丧失控制权

在编制合并财务报表时，母公司应做到以下几点。

（1）对于剩余股权，应当按照其在丧失控制权日的公允价值重新计量。

（2）处置股权取得的对价与剩余股权公允价值之和，减去按原持股比例计算应享有原子公司自购买日或合并日持续计算的净资产的份额之间的差额，计入丧失控制权当期的投资收益，同时冲减商誉。

（3）与原子公司股权投资相关的其他综合收益等，应当在丧失控制权时转为当期投资收益。

（4）企业经过多次交易分步处置对子公司股权投资直至丧失控制权的，如果各项交易属于一揽子交易，应当将各项交易作为一项处置子公司并丧失控制权的交易进行会计处理。

4. 多步交易分步实现企业合并

（1）对于购买日以前已经持有的对被合并方的股权投资，按照其在购买日的公允价值进行重新计量，公允价值与账面价值之差，计入当期投资收益。

（2）购买日之前持有的被合并方股权于购买日的公允价值与购买日新购入股权所支付对价的公允价值之和作为购买日合并报表中的合并成本。

比较合并成本与购买日被合并方可辨认净资产公允价值中合并方应享有的份额,确定购买日应确认的合并商誉或应计入当期损益的金额(负商誉)。

(3)购买日之前持有的被合并方股权涉及权益法核算下的其他综合收益的,与其相关的其他综合收益等应转为购买日所属当期收益。

4.6 新准则的影响与应对

4.6.1 新准则对母子公司的重新界定

修订后的准则对母公司、子公司概念界定由"企业"拓宽至"主体",要求企业在确定合并范围时,不仅关注通常意义上作为"企业"的子公司,还要关注企业中可分割的部分、结构化主体等类型的主体。

对"结构化主体""投资性主体"等主体的关注,体现了会计准则变迁与会计环境的变化两者之间的相互关联。

所以,对于本身属于投资性主体的企业以及本身不属于投资性主体而其子公司中存在投资性主体的企业而言,在确定合并报表的编制与否、相关子公司纳入合并范围与否等问题时,要根据具体情况进行具体分析。

4.6.2 需要考虑的问题

(1)成本法下长期股权投资都对哪些报表项目产生了哪些影响。

(2)无论是直接按成本法核算结果进行抵销还是调整至权益法核算之后再进行抵销,抵销后的合并结果相同。

(3)企业在对子公司控制权的股权处置交易中,可以采用一次性交易处置股权还可以采用多次交易分步处置股权,由于相关的处置损益在合并报表中有计入当期损益和计入其他综合收益两种方法,就有可能影响企业对处置股权方案的设计。

所以,企业应充分理解相关业务或交易的处理原则及其对会计信息的影响。

4.7 应用案例

【案例4-5】 甲公司于2018年12月30日用银行存款20 000万元取得乙公司70%的股份。当日乙公司可辨认净资产的账面价值为19 500万元、公允价值为25 000万元,公允价值超过账面价值的5 500万元系某项固定资产评估增值所致。该资产预计使用年限为11年,按直线法计提折旧(预计净残值略)。2019年乙公司实现净利润3 000万元,在此期间,乙公司未宣告发放现金股利或利润。2019年12月30日,甲公司又支付7 500万元取得乙公司20%的股份,当日乙公司净资产的账面价值为22 500万元。

解析:甲公司的有关会计处理如下。(单位:万元)

(1)与个别报表有关的账务处理。

2018年12月30日取得70%股权时:

借：长期股权投资	20 000	
贷：银行存款		20 000

2019 年 12 月 30 日取得 20% 股权时。

借：长期股权投资	7 500	
贷：银行存款		7 500

（2）2018 年合并报表工作底稿中的有关调整与抵销处理。

调整评估增值资产价值。

借：固定资产	5 500	
贷：资本公积		5 500

抵销母公司对子公司的股权投资与子公司的股东权益，并确认少数股东权益。

借：股本	19 500	
资本公积	5 500	
商誉	2 500	
贷：长期股权投资		20 000
少数股东权益		7 500

（3）2019 年合并报表工作底稿中的有关调整与抵销处理。

调整评估增值资产价值及相关折旧费。

借：管理费用等	500	
固定资产	5 000	
贷：资本公积		5 500

抵销母公司对子公司的股权投资与子公司的股东权益，确认少数股东权益，并将收购少数股东权益的"差额"调整当期损益。

借：股本		19 500	
资本公积	（5 500+2 000）	7 500	
商誉		2 500	
少数股东权益	[（3 000−5 500÷11）×30%]	750	
贷：长期股权投资			27 500
少数股东权益	（27 500×10%）		2 750

第5章
《企业会计准则第39号——公允价值计量》解析

5.1 准则的变化

5.1.1 新准则的企业范围

新《企业会计准则第39号——公允价值计量》鼓励所有境内企业提前执行。

5.1.2 新准则调整原则

本准则施行之前的公允价值计量与本准则要求不一致的，企业不进行追溯调整。比较财务报表中披露的本准则施行之前的信息与本准则要求不一致的，企业不需要按照本准则的规定进行调整。

5.2 公允价值概述

5.2.1 公允价值计量

公允价值计量是指资产和负债按照市场参与者在计量日发生的有序交易中，出售资产所能收到或者转移负债所需支付的价格计量。公允价值计量是市场经济条件下维护产权秩序的必要手段，也是提高会计信息质量的重要途径，它代表了会计计量体系变革的总体趋势。

在公允价值计量下，资产和负债按照市场参与者在计量日发生的有序交易中，出售资产所能收到或者转移负债所需支付的价格计量。

5.2.2 公允价值概念的新旧比较

公允价值原定义：在公平交易中，熟悉情况的交易双方自愿进行资产交换或债务清偿的金额。

公允价值新定义：市场参与者在计量日发生的有序交易中，出售一项资产所能收到或者转移一项负债所需支付的价格。

5.2.3 相关资产或负债

计量单元，是指相关资产或负债以单独或组合方式进行计量的最小单位。但新准则规范的市场风险或信用风险可抵销的金融资产和金融负债的公允价值计量除外。

5.2.4 有序交易

有序交易，是指在计量日前一段时期内相关资产或负债具有惯常市场活动的交易。清算等被迫交易不属于有序交易。

下列情况通常不作为有序交易。

（1）在当前市场情况下，市场在计量日之前一段时间内不存在相关资产或负债惯常市场交易活动。

（2）资产出售方或负债转移方仅与唯一的市场参与者进行交易。

（3）资产出售方或负债转移方处于或者接近处于或者接近于破产或托管状态，即资产出售方或负债转移方已陷入财务困境。

（4）资产出售方为满足法律或者监管要求出售资产，即被迫出售。

（5）与相同或类似资产或负债近期发生的其他交易相比，资产出售或负债转移是一个异常值。

5.2.5 市场

在运用公允价值计量相关资产或负债时，企业应当识别资产或负债的定价市场。首先考虑主要市场，其次是最有利市场。

主要市场，是指相关资产或负债交易量最大和交易活跃程度最高的市场。

最有利市场，是指在考虑交易费用和运输费用后，能够以最高金额出售相关资产或者以最低金额转移相关负债的市场。

5.2.6 市场参与者

市场参与者，是指在相关资产或负债的主要市场（或最有利市场）中，相对独立的、熟悉资产或负债情况的、能够且愿意进行交易的卖方和买方。

5.3 公允价值的计量

5.3.1 交易价格与公允价值的关系

（1）交易价格代表了为取得资产所支付的价格，或者因承担负债而收到的价格，它是一种接手价格。公允价值是一种脱手价格。

（2）在很多情形下，交易价格在数量上等于脱手价格，代表了资产或负债在初始确认时的公允价值。

（3）在判断交易价格是否为该资产或负债的公允价值时，应考虑交易的具体情况和特点。

5.3.2 估值技术

估值技术主要包括市场法、收益法和成本法。企业可以根据实际情况选择一种或多种估值技术。

1. 市场法

市场法，是利用相同或类似的资产、负债或资产和负债组合的价格以及其他相关市场交易信息进行估值的技术。

市场法中常用的两种方法是参考企业比较法和案例比较法。

（1）参考企业比较法，指通过对资本市场上与被评估企业处于同一或类似行业的上市公司的经营和财务数据进行分析，计算适当的价值比率或经济指标，在与被评估企业比较分析的基础上，得出被评估企业价值的方法。

（2）案例比较法，指通过分析与被评估企业处于同一或类似行业企业的资产买卖、收购及合并案例，获取并分析这些交易案例的数据资料，计算适当的价值比率或经济指标，再在与被评估企业比较分析的基础上，得出被评估企业价值的方法。

【案例5-1】 甲、乙两个企业进行了涉及设备（该设备成新率为85%）的非货币性资产交换。根据《企业会计准则》，应当采用公允价值进行会计处理，现需要对该设备的公允价值进行确定。

根据市场资料：（1）3个月前，成新率为80%的该型号设备，市场交易价为88万元；（2）目前与该型号设备类似的一种设备（全新），市场交易价为105万元；（3）半年来，物价比较稳定。

解析：运用市场法进行估价时，应当考虑的因素之一，即选择最接近的、调整因素较少的交易案例。该例中，资料（1）发生交易的设备与待估价设备型号相同，且半年来物价稳定，因此应当选择（1）作为估价基础。该设备的公允价值 =88÷80%×85%=93.5（万元）。

2. 收益法

收益法，是企业将未来金额转换成单一现值的估值技术，包括现金流量折现法、多期超额收益折现法、包含现值技术并同时反映期权的时间价值和内在价值的期权定价模型。

【案例5-2】 甲公司采用公允价值模式对投资性房地产进行后续计量。2019年甲公司将其拥有的一幢写字楼用于出租。该写字楼共5层，总建筑面积为60 000平方米，可出租面积为35 000平方米。考虑到在计量日前一段时间内不存在相同或类似写字楼在活跃市场进行交易，但类似商业房地产租赁市场非常活跃，甲公司决定采用收益法中的现金流量折现法估计该写字楼于2019年12月31日的公允价值。

根据市场状况，甲公司采用以下假设。

（1）预测期为2019年12月31日至2024年12月31日。

（2）收益期。以计量日至土地使用权终止日之间的期间为收益期，即35年。

（3）折现率。甲公司通过市场调查，并考虑评估对象位置、交通便利性以及在营运期内的相关风险进行分析和调整，最终确定折现率为9%。

（4）租金。截至2022年12月31日，该写字楼带租赁合同运营。因此，甲公司分析租金收益时按租赁期内和租赁期外两种情况考虑，2020年至2022年租赁期内采用租赁合同规定的租金，2023年和2024年租赁期外采用市场租赁确定租金。

（5）费用支出。甲公司预计税金及附加、房产税、财产保险费、城镇土地使用税、运营费用、营销推广费等占全年租金收入的25%。

解析：甲公司根据上述信息，确定该写字楼于2019年12月31日的公允价值为91 602万元，具体计算如表5-1所示。

表5-1　写字楼公允价值计算

单位：万元

项目	2020年	2021年	2022年	2023年	2024年	合计
（1）总租金收益	12 000	14 000	16 500	17 000	17 500	
（2）总费用=（1）×25%	3 000	3 500	4 125	4 250	4 375	
（3）租金净收益=（1）－（2）	9 000	10 500	12 375	12 750	13 125	
（4）未来30年的现金流量					72 917	
（5）折现率9%	0.917 4	0.841 7	0.772 2	0.708 4	0.649 9	
（6）现金流量现值=[（3）+（4）]×（5）（计算结果保留整数）	8 257	8 838	9 556	9 032	55 919	91 602

3. 成本法

成本法，是指长期股权投资按投资的实际成本计价的估值技术。

4. 估值技术的变更

估值技术的变更包括但不限于下列情况。

（1）出现新的市场。

（2）可以取得新的信息。

（3）无法再取得以前使用的信息。

（4）改进了估值技术。

（5）市场状况发生变化。

5.3.3　输入值

输入值，是指市场参与者在给相关资产或负债定价时所使用的假设，包括有关风险的假定，如估值技术本身的内在风险和估值技术参数的风险。

（1）可观察输入值，是指能够从市场数据中取得的输入值。

（2）不可观察输入值，是指不能从市场数据中取得的输入值。

可观察输入值和不可观察输入值的区别如表5-2所示。

表5-2　可观察输入值和不可观察输入值的区别

项目	可观察输入值	不可观察输入值
主体	市场参与者	报告主体
信息来源	独立于报告主体的信息	报告主体的私人信息
可靠性	较高	较低
使用频率	尽可能多	尽可能少

5.3.4 公允价值层次

第一层次输入值,是在计量日能够取得的相同资产或负债在活跃市场上未经调整的报价。

第二层次输入值,是除第一层次输入值外相关资产或负债直接或间接可观察的输入值。

第三层次输入值,是相关资产或负债的不可观察输入值。

5.3.5 非金融资产的公允价值计量

1. 非金融资产的最佳用途

最佳用途,是指市场参与者实现一项非金融资产或其所属的资产和负债组合的价值最大化时该非金融资产的用途。

2. 非金融资产的估值前提

企业以公允价值计量金融资产,应当在最佳用途的基础上确定该非金融资产的估值前提,即单独使用该金融资产还是将其与其他资产或负债组合使用。该非金融资产的公允价值应当是将其出售给同样单独使用该资产的市场参与者的当前交易价格。

通过将一项非金融资产与其他资产(或者其他资产或负债的组合)组合使用实现最佳用途的,该非金融资产的公允价值应当是将其出售给以同样组合方式使用该资产的市场参与者的当前交易价格,并且该市场参与者可以取得组合中的其他资产和负债。

5.3.6 负债和企业自身权益工具的公允价值计量

1. 确定负债或企业自身权益工具公允价值的方法

第一,具有可观察市场报价的相同或类似负债或企业自身权益工具。如果存在相同或类似负债或企业自身权益工具可观察市场报价,则企业应当以该报价为基础确定负债或企业自身权益工具的公允价值。

第二,被其他方作为资产持有的负债或企业自身权益工具。对于不存在相同或类似负债或企业自身权益工具报价,但其他方将其作为资产持有的负债或企业自身权益工具,企业应当根据下列方法估计其公允价值。

(1)如果对应资产存在活跃市场的报价,并且企业能够获得该报价,则企业应当以对应资产的报价为基础确定该负债或企业自身权益工具的公允价值。

(2)如果对应资产不存在活跃市场的报价,或者企业无法获得该报价,则企业可使用其他可观察的输入值,例如对应资产在非活跃市场中的报价。

(2)如果(1)和(2)中的可观察价格都不存在,企业应使用收益法、市场法等估值技术。

第三,未被其他方作为资产持有的负债或企业自身权益工具。不存在相同或类似负债或企业自身权益工具报价,并且其他方未将其作为资产持有的(如弃置义务),企业应当从承担负债或者发行权益工具的市场参与者角度,采用估值技术确定该负债或企业自身权益工具的公允价值。

2. 不履约风险

企业以公允价值计量相关负债,应当考虑不履约风险,并假定不履约风险在负债转移前后保持不变。

3. 负债或企业自身权益工具转移受限

企业以公允价值计量负债或自身权益工具，并且该负债或自身权益工具存在限制转移因素的，如果企业在公允价值计量的输入值中已经考虑了这些因素，则不应再单独设置相关输入值，也不应对其他输入值进行相关调整。

4. 具有可随时要求偿还特征的金融负债

具有可随时要求偿还特征的金融负债的公允价值，不应低于债权人要求偿还时的应付金额，即从可要求偿还的第一天起折现的现值。

5.4 公允价值的披露

（1）在相关资产或负债初始确认后的每个资产负债表日，企业至少应当在附注中披露持续以公允价值计量的每组资产和负债的下列信息。

①其他相关会计准则要求或者允许企业在资产负债表日持续以公允价值计量的项目和金额。

②公允价值计量的层次。

③在各层次之间转换的金额和原因，以及确定各层次之间转换时点的政策。每一层次的转入与转出应当分别披露。

④对于第二层次公允价值的计量，企业应当披露使用的估值技术和输入值的描述性信息。当变更估值技术时，企业还应当披露这一变更以及变更的原因。

⑤对于第三层次公允价值的计量，企业应当披露使用的估值技术、输入值和估值流程的描述性信息。当变更估值技术时，企业还应当披露这一变更以及变更的原因。企业应当披露公允价值计量中使用的重要的、可合理取得的不可观察输入值的量化信息。

⑥对于第三层次公允价值的计量，企业应当披露期初余额与期末余额之间的调节信息，包括计入当期损益的已实现利得或损失总额，以及确认这些利得或损失时的损益项目；计入当期损益的未实现利得或损失总额，以及确认这些未实现利得或损失时的损益项目（如相关资产或负债的公允价值变动损益等）；计入当期其他综合收益的利得或损失总额，以及确认这些利得或损失时的其他综合收益项目；分别披露相关资产或负债购买、出售、发行及结算情况。

⑦对于第三层次公允价值的计量，当改变不可观察输入值的金额可能导致公允价值显著变化时，企业应当披露有关敏感性分析的描述性信息。

这些输入值和使用的其他不可观察输入值之间具有相关关系的，企业应当描述这种相关关系及其影响，其中不可观察输入值至少包括上述⑤中要求披露的不可观察输入值。

对于金融资产和金融负债，如果为反映合理、可能的其他假设而变更一个或多个不可观察输入值将导致公允价值的重大改变，则企业还应当披露这一事实、变更的影响金额及其计算方法。

⑧当非金融资产的最佳用途与其当前用途不同时，企业应当披露这一事实及其原因。

（2）在相关资产或负债初始确认后的资产负债表中，企业至少应当在附注中披露非持续以公允价值计量的每组资产和负债的下列信息。

① 其他相关会计准则要求或者允许企业在特定情况下非持续以公允价值计量的项目和金额，以及以公允价值计量的原因。

② 公允价值计量的层次。

③ 对于第二层次公允价值的计量，企业应当披露使用的估值技术和输入值的描述性信息。当变更估值技术时，企业还应当披露这一变更以及变更的原因。

④ 对于第三层次公允价值的计量，企业应当披露使用的估值技术、输入值和估值流程的描述性信息，当变更估值技术时，企业还应当披露这一变更以及变更的原因。企业应当披露公允价值计量中使用的重要不可观察输入值的量化信息。

⑤ 当非金融资产的最佳用途与其当前用途不同时，企业应当披露这一事实及其原因。

5.5 新准则的影响与应对

5.5.1 国际趋同

新发布的《企业会计准则第 39 号——公允价值计量》在许多方面与《国际财务报告准则第 13 号——公允价值计量》基本一致。

5.5.2 新准则的影响

（1）推动国际趋同，完善我国企业会计准则系统。

（2）增强了会计信息的可靠性与可比性，提高了会计信息质量。

（3）规范企业会计处理，提高企业的经营管理水平。

5.5.3 可能存在的问题

（1）新兴市场经济的特征以及市场环境的不成熟可能会降低公允价值的可靠性。

（2）公允价值计量和披露的过多限制，将明显提高企业经营成本。

（3）公允价值计量的可操作性与主观判断。

（4）公允价值难以公允，且极易被操纵。

5.5.4 应对措施

（1）推广资产评估行业。

（2）健全和完善我国市场经济体制。

（3）循序渐进，在实施过程中不断修订和完善相关规定。

5.6 应用案例

【案例 5-3】 甲公司于 2017 年 1 月 1 日购买了一台数控设备，其原始成本为 400 万元，预计使用寿命为 20 年。2019 年，该数控设备生产的产品的替代产品上市，导致该产品的市场份额骤降 30%。2019 年 12 月 31 日，甲公司决定对该数控设备进行减值测试。根据可获得的市场信息，甲公司决定采用重置成本法估计该数控设备的公允价值。假设自2017年至2019年，此类数控设备的价格指数按年分别上涨5%、2%、5%。此外，在考虑实体性贬值、功能性贬值和经济性贬值后，该数控设备的成新率为60%。

解析：甲公司估计该设备的公允价值约为270（400×1.05×1.02×1.05×60%）万元。

第6章
《企业会计准则第40号——合营安排》解析

6.1 准则的变化

6.1.1 新准则适用范围

本准则适用于符合合营安排定义的各项安排,包括共同经营和合营企业。

值得注意的是,《中华人民共和国中外合资经营企业法》中的"合营企业",是指在中国境内,外方投资者与中国投资者共同举办的企业。该"合营企业"与《企业会计准则第40号——合营安排》(本章简称"本准则"或"合营安排准则")中所指的"合营企业"并不是一个概念。企业在执行本准则时,应注意避免混淆。

另外,当认定风险资本组织、共同基金、信托公司或包括投连险基金在内的类似主体在合营企业中拥有权益时,考虑到对这些主体所持有的投资以公允价值计量比采用权益法核算能够为财务报表使用者提供更有用的信息,允许这些主体对持有的在合营企业中的权益,按照《企业会计准则第22号——金融工具确认和计量》(本章简称"金融工具准则")以公允价值计量,且其变动计入损益。这种例外规定是计量方面的豁免,而不是将这些主体拥有在合营企业中的权益排除在本准则的范围之外。

6.1.2 同原有分类的比较

合营安排准则与相关企业准则的关系如图6-1所示。

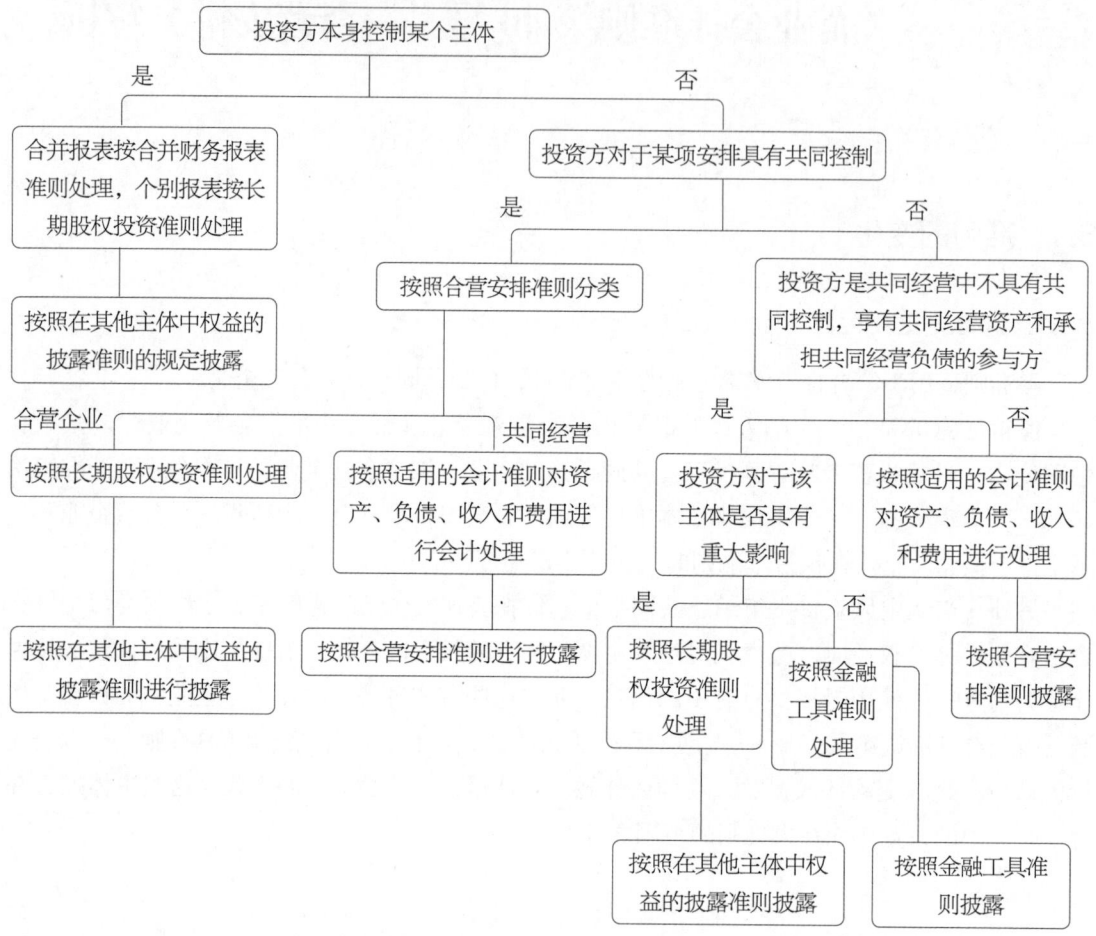

图6-1 合营安排准则与相关准则关系

6.1.3 首次采用合营安排准则时的衔接办法

依据合营安排准则第二十一条、第二十二条规定，首次采用该准则的企业，应当对其合营安排进行重新评估，确定其分类是属于共同经营还是属于合营企业。

【案例6-1】 合营企业重分类为共同经营的衔接处理。

2010年12月31日，甲公司以1 000万元的价格从乙公司购买了乙公司持有的丙公司50%的股份。至此，甲公司与乙公司对丙公司实行共同控制。甲公司将其对丙公司的长期股权投资作为合营企业，采用权益法核算。

2010年12月31日，丙公司可辨认净资产公允价值为1 400万元。甲公司的初始投资成本为1 000万元，应享有的丙公司可辨认净资产公允价值份额为700万元，在初始投资成本中包含300万元的商誉。假设丙公司的固定资产可使用寿命为20年，残值为0，甲公司投资时该固定资产使用了10年。

解析：（1）原合营企业权益法的会计处理。

从投资日至 2011 年 12 月 31 日，丙公司发生持续亏损，甲公司按照权益法累计确认了 100 万元的投资损失，未发生其他综合收益和其他所有者权益变动。在该项长期股权投资进行减值测试之后，甲公司还计提了 100 万元的长期股权投资减值准备。2012 年、2013 年以及 2014 年上半年，甲公司按照权益法分别对持有的丙公司的长期股权投资确认了 80 万元、50 万元、30 万元的投资损失，但未进一步计提减值准备。甲公司没有其他实质上构成丙公司净投资的长期权益。丙公司的相关资料如表 6–1 所示。

表 6–1 丙公司的相关资料

单位：万元

项目	2010 年 12 月 31 日		2011 年 12 月 31 日		2012 年 12 月 31 日	
	账面价值	公允价值	账面价值	公允价值持续计量	账面价值	公允价值持续计量
固定资产	700	1 100	630	990	560	880
其他资产	400	400	300	300	240	240
递延所得税负债		-100		-90		-80
净资产	1 100	1 400	930	1 200	800	1 040

（2）重分类为共同经营的会计衔接。

2014 年 7 月 1 日，甲公司开始执行合营安排准则，并对其合营安排进行了重新评估，认为其对丙公司的投资属于共同经营。甲公司对丙公司各项资产、负债、收入、成本、费用的分享比例均为 50%。

甲公司编制 2014 年财务报告时，应于比较财务报表最早期间的期初，即 2013 年 1 月 1 日，终止用权益法确认对丙公司的长期股权投资[账面余额为 820（1 000-100-80）万元]、减值准备（100）万元、长期股权投资（账面价值 720 万元）。

根据表 6–1，2013 年 1 月 1 日，采用权益法核算时使用的相关信息，确认甲公司在丙公司的利益分配净额的 50%，由此而产生固定资产 440 万元，其他资产 120 万元，递延所得税负债 40 万元。取得构成业务的共同经营中利益份额的，企业应采用未来适用法，不需要进行追溯调整，但企业应当披露相关信息。加上投资时形成的 300 万元商誉，所需确认的资产负债净额合计为 820 万元，大于因重分类而需要终止确认的商誉，故于 2013 年 1 月 1 日确认的商誉为 200 万元。具体会计处理如下。

借：固定资产　　　　　　　　　　　　　　　　　4 400 000
　　其他资产　　　　　　　　　　　　　　　　　1 200 000
　　商誉　　　　　　　　　　　　　　　　　　　2 000 000
　贷：递延所得税负债　　　　　　　　　　　　　　400 000
　　　长期股权投资　　　　　　　　　　　　　　7 200 000

6.2 合营安排的认定与分类

6.2.1 合营安排的认定

合营安排的特征如下。

（1）各参与方均受到该安排的约束。

（2）两个或两个以上的参与方对该安排实施共同控制。

除了上述特征外，合营安排也可按图6-2进行认定。

6.2.2 合营安排的分类

合营安排分为共同经营和合营企业。共同经营，是指合营方享有该安排相关资产且承担该安排相关负债的合营安排。合营企业，是指合营方仅对该安排的净资产享有权利的合营安排。

1. 共同经营和合营企业的判断因素

（1）未通过单独主体达成的合营安排，应当划分为共同经营。

（2）通过单独主体达成的合营安排，通常应划分为合营企业。

图6-2 合营安排的认定

2. 单独主体

单独主体是指具有单独可辨认的财务架构的主体，包括单独的法人主体和不具备法人主体资格但法律所认可的主体。单独主体并不一定要具备法人资格，但必须具有法律所认可的单独可辨认的财务架构，确认某主体是否属于单独主体必须考虑适用的法律法规。

3. 合营安排未通过单独主体达成

当合营安排未通过单独主体达成时，该合营安排为共同经营。

4. 合营安排通过单独主体达成

如果合营安排通过单独主体达成，该合营安排可能是共同经营也可能是合营企业。

6.3 合营安排的会计处理

6.3.1 一般处理原则

合营安排的会计处理如表6-2所示。

表6-2 合营安排的会计处理概要

项目	享有共同控制权的参与方(合营方)	不享有共同控制权的参与方(其他方)
共同经营	共同经营方确认其在安排中的直接权利和义务的份额及其在这些权利和义务产生的资产、负债和交易中的份额	遵照享有共同控制权的参与方的会计处理;如果参与方不具有直接权利或义务,则遵照其他适用的准则处理
合营企业	按照权益法进行核算	当参与方对安排具有重大影响时,按照权益法进行核算
		当参与方对安排不具有重大影响时,按照金融工具准则进行会计处理

6.3.2 共同经营参与方的会计处理

1. 共同经营参与方会计处理的一般规定

合营方应当确认其与共同经营中利益份额相关的下列项目,并按照《企业会计准则》的相关规定进行会计处理:一是确认单独所持有的资产,以及按其份额确认共同持有的资产;二是确认单独所承担的负债,以及按其份额确认共同承担的负债;三是确认出售其享有的共同经营产出份额所产生的收入;四是按其份额确认共同经营因出售产出所产生的收入;五是确认单独所发生的费用,以及按其份额确认共同经营发生的费用。

合营方可能将其自有资产用于共同经营,如果合营方保留了对这些资产的全部所有权或控制权,则这些资产的会计处理与合营方自有资产的会计处理并无差别。

合营方也可能与其他合营方共同购买资产来投入共同经营,并共同承担共同经营的负债。此时,合营方应当按照《企业会计准则》相关规定确认其在这些资产和负债中的利益份额。

2. 通过单独主体达成共同经营的会计处理

共同经营通过单独主体达成时,合营方应确认按照上述原则单独所承担的负债,并按本企业的份额确认共同承担的负债。但合营方对于因其他股东未按约定向合营安排提供资金,按照我国相关法律或相关合同约定等规定而承担连带责任的,从其规定,在会计处理上应遵循《企业会计准则第13号——或有事项》。

【案例6-2】 A公司、B公司通过单独主体的形式共同达成了一项合营安排C公司,A公司和B公司享有C公司资产的权利并承担其负债的义务,C公司属于共同经营。因此,A公司和B公司应当根据相关会计准则规定对与C公司相关的资产和负债对应的权利和义务进行会计处理。根据合营安排C公司的合同条款规定,A公司享有C公司资产中厂房相关的所有权利,并承担向第三方偿还与厂房相关负债的义务;A公司和B公司根据各自所占权益的比例(各50%)对C公司的所有其他资产享有权利,并对所有其他负债承担义务。

表 6-3 是 C 公司的简化资产负债表。

表 6-3　C 公司的简化资产负债表

单位：万元

资产：		负债和权益：	
货币资金	10	负债——与厂房相关的第三方负债	100
固定资产——厂房	100	其他负债	110
其他资产	180	权益	80
资产总额	290	负债和权益总额	290

A 公司应当在其财务报表中记录下述与 C 公司的资产和负债相关的信息，如表 6-4 所示。

表 6-4　A 公司与 C 公司的资产和负债相关的信息

单位：万元

资产：		负债和权益：	
货币资金	5	负债——与厂房相关的第三方负债	100
固定资产——厂房	100	其他负债	55
其他资产	90	权益	40
资产总额	195	负债和权益总额	195

注：（1）由于 A 公司享有与 C 公司的厂房相关的所有权利，所以 A 公司应记录该厂房的总金额；
（2）合同规定，A 公司承担向第三方偿还 C 公司与厂房相关的第三方负债的义务。

合同安排通常描述了该安排所从事活动的性质，以及各参与方打算共同开展这些活动的方式。

例如，合营安排各参与方可能同意共同生产产品，每一参与方负责特定的任务，使用各自的资产，承担各自的负债。合同安排也可能规定了各参与方分享共同收入和分担共同费用的方式。在这种情况下，每一个合营方在其资产负债表上确认其用于完成特定任务的资产和负债，并根据相关约定确认相关的收入和费用份额。

3. 参与方共同拥有和经营一项资产时的会计处理

当合营安排各参与方可能同意共同拥有和经营一项资产时，相关约定规定了各参与方对共同经营资产的权利，以及来自该项资产的收入或产出和相应的经营成本在各参与方之间分配的方式。

每一个合营方对其在共同资产中的份额、同意承担的负债份额进行会计处理，并按照相关约定确认其在产出、收入和费用中的份额。

【**案例 6-3**】 2×13 年 1 月 1 日，A 公司和 B 公司共同出资购买一栋写字楼，各自拥有该写字楼 50% 的产权，用于出租收取租金。合同约定，该写字楼相关活动的决策需要 A 公司和 B 公司一致同意方可做出；A 公司和 B 公司的出资比例、收入分享比例和费用分担比例均为各自 50%。

该写字楼的购买价款为 8 000 万元，由 A 公司和 B 公司以银行存款支付，预计使用寿命

20年，预计净残值为320万元，采用年限平均法按月计提折旧。该写字楼的租赁合同约定，租赁期限为10年，每年租金为480万元，按月交付。该写字楼每月支付维修费2万元。另外，A公司和B公司约定，该写字楼的后续维护和维修支出（包括再装修支出和任何其他的大修支出）以及与该写字楼相关的任何资金需求，均由A公司和B公司按比例承担。假设A公司和B公司均采用成本法对投资性房地产进行后续计量，不考虑税费等其他因素影响。

本例中，由于关于该写字楼相关活动的决策需要A公司和B公司一致同意方可做出，所以A公司和B公司共同控制该写字楼，购买并出租该写字楼为一项合营安排。由于该合营安排并未通过一个单独主体来架构，并明确约定了A公司和B公司享有该安排中资产的权利、获得该安排相应收入的权利、承担相应费用的责任等，因此该合营安排是共同经营。

A公司的相关会计处理如下。（单位：万元）

（1）出资购买写字楼时。

借：投资性房地产　　　　　　　　　　　　　　4 000（8 000×50%）
　　贷：银行存款　　　　　　　　　　　　　　　　　　　　　　4 000

（2）每月确认租金收入时。

借：银行存款　　　　　　　　　　　　　　　　20（480×50%÷12）
　　贷：其他业务收入　　　　　　　　　　　　　　　　　　　　　20

（3）每月计提写字楼折旧时。

借：其他业多成本　　　　　　　　　　　　　　　　　　　　　　16
　　贷：投资性房地产累计折旧　　　　16 [（8000−320）÷20÷12×50%]

（4）支付维修费时。

借：其他业务成本　　　　　　　　　　　　　1 000（20 000×50%）
　　贷：银行存款　　　　　　　　　　　　　　　　　　　　　　1 000

6.3.3　对共同经营不享有共同控制的参与方的会计处理原则

（1）比照合营方进行会计处理。

（2）按照相关准则规定进行会计处理。

6.3.4　合营企业参与方的会计处理

（1）合营企业中的合营方应按照《企业会计准则第2号——长期股权投资》的规定对合营企业的投资采用权益法进行会计处理。

（2）合营企业中不享有共同控制的参与方，即非合营方，应当根据其对该合营企业的影响程度进行相应的会计处理。

6.4　新准则的影响与应对

6.4.1　新准则的影响

（1）新准则并不会加重企业合营安排分类认定的负担。

（2）追溯调整合营企业被重分类为共同经营的，其实务操作有一定的复杂性。

6.4.2 应对新准则的影响

追溯调整时，合营方应当基于应用权益法时所使用的信息，确认与其在共同经营中的权益相关的每一项资产（包括产生的商誉）和负债的账面金额，而不是在过渡日重新计量其在资产和负债中的份额。

所确认的资产和负债净额（前者），在金额上有可能会不同于被终止确认的长期股权投资以及其他实质上构成对合营企业净投资的长期权益的账面金额（后者）。具体情形分为以下两种。

1. 前者大于后者

如果合营方以前对合营企业的长期股权投资计提了减值，则由于减值损失不会分配到任何构成长期股权投资账面金额的各项资产，所以前者就会高于后者。

2. 前者小于后者

对于某项合营安排中的某项资产如果合营方拥有的权益份额小于被投资单位净资产公允价值份额的，则前者可能就会低于后者。

对于不同情况如何进行会计处理，新准则及应用指南进行了规范。对此的相应规定是：前者大于后者的，其差额应当首先抵减与该投资相关的商誉，仍有余额的，再调减比较财务报表最早期的期初留存收益；前者小于后者的，其差额应当冲减比较财务报表最早期间的期初留存收益。

6.5 应用案例

【案例6-4】 甲企业和乙企业共同参与签订了一份战略性和经营性的框架协议，就产品共同生产和配送的相关事宜进行合营安排。协议约定了共同生产和配送A产品的条款，参与方同意通过签订合营安排进行生产和配送活动。生产活动和配送活动的具体安排如下。

（1）创造安排方面的协议。

① 参与方同意通过合营安排（即制造安排）进行生产活动。该制造安排通过一个单独主体（主体丙企业）进行构造。该主体的法律形式使其站在自身立场上考虑问题（即主体丙企业持有的资产和负债是其自身的资产和负债，不是参与方的资产和负债）。

② 根据该框架协议，参与方承诺按照其在主体丙企业中的所有者权益，购买根据制造安排生产的所有A产品。

③ 参与方随后向另一个由其共同控制的安排出售A产品，并按照配送安排对A产品进行配送。

④ 处理甲企业和乙企业之间制造活动的框架协议和合同安排都没有表明参与方拥有与制造活动相关的资产权利和负债义务。

（2）配送安排方面的协议。

① 参与方同意通过合营安排（即配送安排）进行配送活动。该配送安排通过一个单独主体（主体丁企业）进行构造。该主体的法律形式使其站在自身立场上考虑问题（即主体丁企

业持有的资产和负债是其自身的资产和负债，不是参与方的资产和负债）。

②根据框架协议，配送安排按照不同市场需求从参与方预订A产品，并在这些市场上配送及安排销售这些产品。

③处理甲企业和乙企业之间的配送活动的框架协议和合同安排都没有表明参与方拥有与配送活动相关的资产权利和负债义务。

（3）框架协议其他规定。

①制造安排将生产A产品，以满足配送安排对参与方设定的A产品的需求。

②关于制造安排向参与方销售A产品的相关商业条款。制造安排将根据甲企业同意的价格向乙企业销售A产品，以收回所有发生的生产成本。随后，参与方以甲企业和乙企业同意的价格配送及安排销售A产品。

③制造安排中可能出现的任何现金短缺，都将由参与方根据其在主体丙企业中的所有者权益进行出资。

解析：（1）制造安排分类分析。

合营安排框架协议设定了参与方甲企业与乙企业制造和配送A产品的条款。参与方通过主体丙企业执行制造安排，主体丙企业的法律形式区分了参与方和该主体。处理制造活动的框架协议和合同安排都没有表明参与方拥有与制造活动相关的资产权利和负债义务。然而，考虑以下事实，参与方的制造安排应属共同经营：参与方承诺购买根据制造安排生产的所有A产品。因此，参与方实质上拥有与该安排相关的资产的所有经济利益。

制造A产品，以满足参与方的数量和质量要求，从而实现配送安排对A产品的需求。制造安排又取决于参与方对现金流的产生及其承诺当制造安排发生任何现金短缺时所供资金，这表明参与方对制造安排的负债承担义务，因为这些负债通过参与方购买A产品进行清偿或直接由参与方提供资金。

（2）配送安排分类分析。

参与方通过主体丁企业进行配送活动。主体丁企业的法律形式区分了参与方和该主体。此外，处理配送活动的框架协议和合同安排都没有表明参与方拥有与配送活动相关的资产权利和负债义务。

没有其他事实和情形表明参与方实质上拥有与该安排相关资产的所有经济利益，参与方承担与该安排相关的负债义务。该合营安排是合营企业。

甲企业和乙企业根据其在主体丙企业中的所有者权益，各自在财务所表中确认由制造安排产生的资产（如土地、厂房、设备、现金）的份额和负债（如对第三方的应付账款）的份额。各参与方也确认由制造安排产生的生产A产品的费用份额，以及与销售A产品给配送安排相关的收入份额。

参与方将其在配送安排中对净资产的权利确认为投资，并以权益法进行会计处理。

第 7 章
《企业会计准则第 41 号——在其他主体中权益的披露》解析

7.1 准则的变化

7.1.1 比较财务报表披露

企业比较财务报表中披露的《企业会计准则第 41 号——在其他主体中权益的披露》（本章简称"本准则"）施行之前的信息与本准则要求不一致的，应当按照本准则的要求进行调整，但有关未纳入合并财务报表范围的结构化主体的披露要求除外。

7.1.2 使用新准则时的注意事项

本准则的衔接规定表明有两个过渡事项需要注意：一是比较数据的披露需要调整，二是未纳入合并财务报表范围的结构化主体可以豁免调整。

7.2 新规定的影响与应对

7.2.1 新规定

（1）增加了企业重大判断和假设的信息披露。

（2）扩展和增加了在子公司中权益的披露。

（3）扩展和增加了在合营安排的联营企业中权益的披露。

（4）新增了对在未纳入合并财务报表范围的结构化主体中权益的披露。

7.2.2 应对建议

深入学习准则，切实把握这一具体准则的含义，修订相应的企业会计政策与制度，并优化操作流程。

7.3 应用案例

【案例 7-1】 甲集团持有乙公司 17% 的股份，但甲集团认为其能够对乙公司实施重大影响。甲集团在其 2019 年度的合并财务报表附注中有如下披露。

本集团持有乙公司 17% 的股权，对乙公司的表决权比例为 17%。虽然该比例低于 20%，但由于本集团在乙公司董事会中派有代表并参与对乙公司财务和经营政策的决策，所以本集团能够对乙公司施加重大影响。

上述信息在"对联营企业的投资"这项附注中披露。

【案例 7-2】 甲公司持有乙公司 20% 的股份,但甲公司认为其能够对乙公司实施控制。甲公司在其 2019 年合并财务报表附注中应当披露控制乙公司的假设和判断如下。

本公司持有乙公司 20% 的股权,虽然该比例低于 50%,但由于本公司派出的董事在成大董事会中占大多数,能够通过参与乙公司的相关活动享有可变回报,并且有能力运用对乙公司的权利影响回报金额,所以本公司能够对乙公司实施控制。

上述信息在"对子公司的投资"这项附注中披露。

第8章
《企业会计准则解释第6号》解析

8.1 准则的衔接

企业应当进一步规范关于固定资产弃置费用的会计核算,根据《企业会计准则第4号——固定资产》的规定,对固定资产的弃置费用进行会计处理。

8.2 弃置费用的新规定与实务操作

弃置费用形成的预计负债在确认后,按照实际利率计算的利息费用应当确认为财务费用。

8.2.1 根据弃置费用确认预计负债

【案例8-1】 经国家批准,某企业计划建造一个核电站,其主体设备核反应堆将会对当地的生态环境产生一定影响。根据法律规定,企业应在该项设备使用期满后将其拆除,并对造成的污染进行整治。2019年1月1日,该项设备建造完成并交付使用,建造成本共80 000 000元。预计使用寿命10年,预计弃置费用为1 000 000元。假定折现率为10%。

解析:核反应堆属于特殊行业的特定固定资产,确定其成本时应考虑弃置费用。2019年1月1日,企业应进行如下会计处理。

(1)计算固定资产入账价值。

弃置费用的现值 =1 000 000×(P/F, 10%, 10)=1 000 000×0.385 5=385 500(元)

固定资产入账价值 =80 000 000+385 500=80 385 500(元)

借:固定资产	80 385 500
贷:在建工程	80 000 000
预计负债	385 500

(2)计算第1年应负担的利息。

第1年应负担的利息 =385 500×10%=38 500(元)

借:财务费用	38 550
贷:预计负债	38 550

(3)计算第2年应负担的利息(按实际利率法计算)。

第2年应负担的利息 =(385 500+38 550)×10%=42 405(元)

借:财务费用	42 405
贷:预计负债	42 405

8.2.2 预计负债发生变动时的会计处理

1. 预计负债发生变动时会计处理的新规定

由于技术进步、法律要求或市场环境变化等原因，特定固定资产的履行弃置义务可能因发生支出金额、预计弃置时点、折现率等变动而引起的预计负债变动，应按照以下原则调整固定资产的成本。

（1）对于预计负债的减少，以该固定资产账面价值为限扣除固定资产成本。如果预计负债的减少额超过该固定资产账面价值，超过部分确认为当期损益。

（2）对于预计负债的增加，增加固定资产的成本。

按照上述原则调整的固定资产，在资产剩余使用年限内计提折旧。一旦该固定资产的使用寿命结束，预计负债的所有后续变动应在发生时确认为损益。

2. 案例分析与实务操作

【案例8-2】 某公司某项存在弃置义务的固定资产预计使用10年，已经使用了8年，已经确认的预计负债余额为980万元，固定资产账面价值为100万元。由于环境工程技术的提高，预计2年后实际支付的弃置费用将大大减少，折现到本期末的现值为910万元。

解析：该公司应编制会计分录如下。

借：预计负债　　　　　　　　　　　　　　　　　　　　70
　　贷：固定资产　　　　　　　　　　　　　　　　　　　　70

在本期末，该公司预计负债余额为910万元，固定资产账面价值为30万元，该固定资产未来2年应当以30万元为基础计提折旧。

8.3 同一控制下的企业合并的新规定与操作实务

8.3.1 新规定

根据《企业会计准则第20号——企业合并》规定，在同一控制下的企业合并中，合并方在企业合并中取得的资产和负债，应当按照合并日在被合并方的账面价值计量。

判断某一企业合并是否属于同一控制下的企业合并，应当把握以下要点。

（1）能够对参与合并各方在合并前后均实施最终控制的一方，通常是指企业集团的母公司。

（2）能够对参与合并的企业在合并前后均实施最终控制的相同多方，是指根据合同或协议的约定，拥有最终决定参与合并企业的财务和经营决策，并从中获取利益的投资者群体。

（3）实施控制的时间性要求，是指参与合并各方在合并前后较长时间内为最终控制方所控制。

（4）企业之间的合并是否属于同一控制下的企业合并，应综合构成企业合并各方的各方面情况，按照实质重于形式的原则进行判断。

8.3.2 实务操作

【案例 8-3】 甲公司为母公司,乙公司为甲公司的子公司。2019 年 1 月 1 日,甲公司以银行存款 4 200 万元从本集团外部购入丙公司 80% 的股权(属于非同一控制下企业合并),并能够控制丙公司的财务和经营决策。购买日,丙公司可辨认净资产的公允价值为 5 000 万元,账面价值为 4 500 万元。

解析:甲公司购买日的会计处理如下。(单位:万元)

借:长期股权投资——丙公司　　　　　　　　　　　　　　　4 200
　　贷:银行存款　　　　　　　　　　　　　　　　　　　　4 200

甲公司购买日应确认的合并商誉 =4 200-5 000×80%=200(万元)

【案例 8-4】 甲公司于 2019 年 3 月取得乙公司 20% 的股权,支付价款 3 000 万元。甲公司在取得乙公司的股权后,能够对乙公司施加重大影响,对该投资采用权益法核算。

解析:(1)假定取得投资时被投资单位可辨认净资产的公允价值为 10 000 万元。长期股权投资的初始投资成本 3 000 万元大于取得投资时应享有被投资单位可辨认净资产的公允价值的份额 2 000(10 000×20%)万元,不调整长期股权投资的账面价值。甲公司的有关账务处理如下。

借:长期股权投资——投资成本　　　　　　　　　　　　　30 000 000
　　贷:银行存款　　　　　　　　　　　　　　　　　　　30 000 000

(2)假定本例中取得投资时被投资单位可辨认净资产的公允价值为 20 000 万元,甲公司按持股比例 20% 计算确定应享有 4 000 万元,则初始投资成本与享有被投资单位可辨认净资产的公允价值的份额之间的差额 1 000 万元,应计入投资当期的营业外收入。

甲公司的账务处理如下。

借:长期股权投资——投资成本　　　　　　　　　　　　　40 000 000
　　贷:银行存款　　　　　　　　　　　　　　　　　　　30 000 000
　　　　营业外收入　　　　　　　　　　　　　　　　　　10 000 000

第9章
《企业会计准则第22号——金融工具确认和计量》解析

9.1 准则的变化

9.1.1 修订了金融工具的分类与计量模式

金融资产基于其合同现金流量特征及企业管理该资产的业务模式分为以下3类。
（1）以摊余成本计量的金融资产。
（2）以公允价值计量且其变动计入其他综合收益的金融资产。
（3）以公允价值计量且其变动计入当期损益的金融资产。
取消了贷款和应收款项、持有至到期投资和可供出售金融资产等原有分类。
对于债务工具，如果只想要利息，就将其作为以摊余成本计量的金融资产核算；如果既想要利息，又可能卖掉，那就将其作为以公允价值计量且其变动计入其他综合收益的金融资产核算。
对于其余的金融工具，全部将其作为以公允价值计量且其变动计入当期损益的金融资产核算。也可以把非交易性权益工具指定为以公允价值计量且其变动计入其他综合收益的金融资产，但不再体现其利润，卖掉也只能在权益里重分类。
在金融负债方面，新准则引入了针对自身信用风险变动引起的公允价值变动的特定列报方式。除此之外，金融负债的分类和计量与旧准则保持一致。

9.1.2 引入了预期信用损失模型

引入预期信用损失模型替代旧准则中已发生损失模型。
新模型将适用于按摊余成本计量或以公允价值计量且其变动计入其他综合收益的债务工具、租赁应收款、合同资产，以及特定未提用的贷款承诺和财务担保合同。
新模型要求采用三阶段模型，依据自初始确认后信用风险是否发生显著增加，信用损失准备按12个月内预期信用损失或者整个存续期的预期信用损失予以计提。
对于应收款项、合同资产及租赁应收款的处理存在简化方法，允许始终按照整个存续期预期信用损失确认减值准备。
对初始确认时已发生信用减值的金融资产（如不良债务）则采用不同的方法。

9.1.3 简化了嵌入衍生工具的处理

混合合同包含的主合同属于金融资产的，应当将混合合同视为一个整体，基于分类标准进行分类与计量，不再分拆。

如果混合合同包含的主合同属于金融负债或者并非属于《企业会计准则第 22 号——金融工具确认和计量》（本章简称"新准则"或"本准则"）的范围，则需要评估嵌入衍生工具是否应当与主合同分拆。

总之，能不分就不分，分不出来就不分。

9.1.4 调整了非交易性权益工具投资时的会计处理

允许企业将非交易性权益工具投资指定为以公允价值计量且其变动计入其他综合收益的金融资产进行处理，但该指定不可撤销，且在处置时不得将原计入其他综合收益的累计公允价值变动额结转计入当期损益。

9.2 金融工具的确认和终止确认

企业成为金融工具合同的一方时，应确认一项金融资产或金融负债。

9.2.1 金融资产的确认与终止确认

以常规方式购买或出售金融资产的，企业应当在交易日确认收到的资产和为此将承担的负债，或者在交易日终止确认已出售的资产，同时确认处置利得或损失以及应向买方收取的应收款项。

以常规方式购买或出售金融资产，是指企业按照合同规定购买或出售金融资产，并且该合同条款规定，企业应当根据通常由法规或市场惯例所确定的时间安排来交付金融资产。

金融资产满足下列条件之一的，应当终止确认。

（1）收取该金融资产现金流量的合同权利终止。

（2）该金融资产已转移，且该转移满足《企业会计准则第 23 号——金融资产转移》关于金融资产终止确认的规定。

《企业会计准则第 22 号——金融工具确认和计量》所称金融资产或金融负债终止确认，是指企业将之前确认的金融资产或金融负债从其资产负债表中予以转出。

9.2.2 金融负债的确认与终止确认

金融负债（或其一部分）的现时义务已经解除的，企业应当终止确认该金融负债（或该部分金融负债）。

企业（借入方）与借出方之间签订协议，以承担新金融负债方式替换原金融负债，且新金融负债与原金融负债的合同条款实质上不同的，企业应当终止确认原金融负债，同时确认一项新金融负债。

企业对原金融负债（或其一部分）的合同条款做出实质性修改的，应当终止确认原金融负债，同时按照修改后的条款确认一项新金融负债。

金融负债（或其一部分）终止确认的，企业应当将其账面价值与支付的对价（包括转出的非现金资产或承担的负债）之间的差额，计入当期损益。

企业回购金融负债一部分的，应当按照继续确认部分和终止确认部分在回购日各自的公允价值占整体公允价值的比例，对该金融负债整体的账面价值进行分配。分配给终止确认部分的账面价值与支付的对价（包括转出的非现金资产或承担的负债）之间的差额，应当计入当期损益。

9.3 金融资产的分类

企业应当根据其管理金融资产的业务模式和金融资产的合同现金流量特征，将金融资产划分为以下3类。

（1）以摊余成本计量的金融资产。

（2）以公允价值计量且其变动计入其他综合收益的金融资产。

（3）以公允价值计量且其变动计入当期损益的金融资产。

企业管理金融资产的业务模式，是指企业对其金融资产的管理模式，应当以企业关键管理人员决定的对金融资产进行管理的特定业务目标为基础确定。企业确定管理金融资产的业务模式，应当以客观事实为依据，不得以按照合理预期不会发生的情形为基础确定。

金融资产同时符合下列条件的，应当分类为以摊余成本计量的金融资产。

（1）企业管理该金融资产的业务模式是以收取合同现金流量为目标。

（2）该金融资产的合同条款规定，在特定日期产生的现金流量，仅为对本金和以未偿付本金金额为基础的利息的支付。

金融资产同时符合下列条件的，应当分类为以公允价值计量且其变动计入其他综合收益的金融资产。

（1）企业管理该金融资产的业务模式既以收取合同现金流量为目标，又以出售该金融资产为目标。

（2）该金融资产的合同条款规定，在特定日期产生的现金流量，仅为对本金和以未偿付本金金额为基础的利息的支付。

9.4 金融负债的分类

除下列各项外，企业应当将金融负债分类为以摊余成本计量的金融负债。

（1）以公允价值计量且其变动计入当期损益的金融负债，包括交易性金融负债（含属于金融负债的衍生工具）和指定为以公允价值计量且其变动计入当期损益的金融负债。

（2）金融资产转移不符合终止确认条件或继续涉入被转移金融资产所形成的金融负债。对此类金融负债，企业应当按照《企业会计准则第23号——金融资产转移》相关规定进行计量。

（3）不属于（1）或（2）情形的财务担保合同，以及不属于（1）情形的以低于市场利率贷款的贷款承诺。企业作为此类金融负债发行方的，应当在初始确认后按照依据本准则第八章所确定的损失准备金额以及初始确认金额扣除依据《企业会计准则第14号——收入》相关规定所确定的累计摊销额后的余额孰高进行计量。

在非同一控制下的企业合并中，企业作为购买方确认的或有对价形成金融负债的，该金融负债应当按照以公允价值计量且其变动计入当期损益进行会计处理。

在初始确认时，为了提供更相关的会计信息，企业可以将金融负债指定为以公允价值计量且其变动计入当期损益的金融负债，但该指定应当满足下列条件之一。

（1）能够消除或显著减少会计错配。

（2）根据正式书面文件载明的企业风险管理或投资策略，以公允价值为基础对金融负债组合或金融资产和金融负债组合进行管理和业绩评价，并在企业内部以此为基础向关键管理人员报告。

该指定一经做出，不得撤销。

9.5 嵌入衍生工具

嵌入衍生工具，是指嵌入非衍生工具（即主合同）中的衍生工具。嵌入衍生工具与主合同构成混合合同。

该嵌入衍生工具对混合合同的现金流量产生影响的方式，应与单独衍生工具类似，且该混合合同的全部或部分现金流量随特定利率、金融工具价格、商品价格、汇率、价格指数、费率指数、信用等级、信用指数或其他变量变动而变动，变量为非金融变量的，该变量不应与合同的任何一方存在特定关系。

衍生工具如果附属于一项金融工具但根据合同规定可以独立于该金融工具进行转让，或者具有与该金融工具不同的交易对手方，则该衍生工具不是嵌入衍生工具，应当作为一项单独存在的衍生工具处理。

混合合同包含的主合同不属于本准则规范的资产，且同时符合下列条件，应从混合合同中分拆嵌入衍生工具，将其作为单独衍生工具处理。

（1）嵌入衍生工具的经济特征和风险与主合同的经济特征和风险不紧密相关。

（2）与嵌入衍生工具具有相同条款的单独工具符合衍生工具定义。

（3）该混合合同不是以公允价值计量且其变动计入当期损益的金融工具进行会计处理。

嵌入衍生工具从混合合同中分拆的，企业应当按照适用的会计准则规定，对混合合同的主合同进行会计处理。企业无法根据嵌入衍生工具的条款和条件对嵌入衍生工具的公允价值进行可靠计量的，该嵌入衍生工具的公允价值应当根据混合合同公允价值和主合同公允价值之间的差额确定。使用了上述方法后，该嵌入衍生工具在取得日或后续资产负债表日的公允价值仍然无法单独计量的，企业应当将该混合合同整体指定为以公允价值计量且其变动计入当期损益的金融工具。

混合合同包含一项或多项嵌入衍生工具，且其主合同不属于本准则规范的资产的，企业可以将其整体指定为以公允价值计量且其变动计入当期损益的金融工具。但下列情况除外。

（1）嵌入衍生工具不会对混合合同的现金流量产生重大改变。

（2）在初次确定类似的混合合同是否需要分拆时，几乎不需分析就能明确其包含的嵌入衍生工具不应分拆。如嵌入贷款的提前还款权，允许持有人以接近摊余成本的金额提前偿还贷款，该提前还款权不需要分拆。

9.6 金融工具的重分类

企业改变其管理金融资产的业务模式时，应当按照本准则的规定对所有受影响的相关金融资产进行重分类。企业发生下列情况的，不属于金融资产或金融负债的重分类。

（1）按照《企业会计准则第 24 号——套期会计》相关规定，某金融工具以前被指定并成为现金流量套期或境外经营净投资套期中的有效套期工具，但目前已不再满足运用该套期会计方法的条件。

（2）按照《企业会计准则第 24 号——套期会计》相关规定，某金融工具被指定并成为现金流量套期或境外经营净投资套期中的有效套期工具。

（3）按照《企业会计准则第 24 号——套期会计》相关规定，运用信用风险敞口公允价值选择权所引起的计量变动。

企业对金融资产进行重分类，应当自重分类日起采用未来适用法进行相关会计处理，不得对以前已经确认的利得、损失（包括减值损失或利得）或利息进行追溯调整。

重分类日，是指导致企业对金融资产进行重分类的业务模式发生变更后的首个报告期间的第一天。

企业将一项以摊余成本计量的金融资产重分类为以公允价值计量且其变动计入当期损益的金融资产的，应当按照该资产在重分类日的公允价值进行计量。原账面价值与公允价值之间的差额计入当期损益。

企业将一项以摊余成本计量的金融资产重分类为以公允价值计量且其变动计入其他综合收益的金融资产的，应当按照该金融资产在重分类日的公允价值进行计量。原账面价值与公允价值之间的差额计入其他综合收益。该金融资产重分类不影响其实际利率和预期信用损失的计量。

9.7 金融工具的计量

对于以公允价值计量且其变动计入当期损益的金融资产和金融负债，相关交易费用应当直接计入当期损益；对于其他类别的金融资产或金融负债，相关交易费用应当计入初始确认金额。

交易费用，是指可直接归属于购买、发行或处置金融工具的增量费用。增量费用是指企业没有发生购买、发行或处置相关金融工具的情形就不会发生的费用，包括支付给代理机构、咨询公司、券商、证券交易所、政府有关部门等的手续费、佣金、相关税费以及其他必要支出，不包括债券溢价、折价、融资费用、内部管理成本和持有成本等与交易不直接相关的费用。

金融资产或金融负债公允价值与交易价格存在差异的，企业应当区别下列情况进行处理。

（1）在初始确认时，金融资产或金融负债的公允价值依据相同资产或负债在活跃市场上的报价或者以仅使用可观察市场数据的估值技术确定的，企业应当将该公允价值与交易价格之间的差额确认为一项利得或损失。

（2）在初始确认时，金融资产或金融负债的公允价值以其他方式确定的，企业应当将该公允价值与交易价格之间的差额递延。初始确认后，企业应当根据某一因素在相应会计期间的变动程度将该递延差额确认为相应会计期间的利得或损失。

企业应当按照实际利率法确认利息收入。利息收入应当根据金融资产账面余额乘以实际利率计算确定，但下列情况除外。

（1）对于购入或源生的已发生信用减值的金融资产，企业应当自初始确认起，按照该金融资产的摊余成本和经信用调整的实际利率计算确定其利息收入。

（2）对于购入或源生的未发生信用减值但在后续期间成为已发生信用减值的金融资产，企业应当在后续期间，按照该金融资产的摊余成本和实际利率计算确定其利息收入。

9.8 金融工具的减值

金融资产已发生信用减值的证据包括下列可观察信息。

（1）发行方或债务人发生重大财务困难。

（2）债务人违反合同，如偿付利息或本金违约或逾期等。

（3）债权人出于与债务人财务困难有关的经济或合同考虑，给予债务人在任何其他情况下都不会做出的让步。

（4）债务人很可能破产或进行其他财务重组。

（5）发行方或债务人财务困难导致该金融资产的活跃市场消失。

（6）以大幅折扣购买或源生一项金融资产，该折扣反映了发生信用损失的事实。

金融资产发生信用减值，有可能是多个事件的共同作用所致，未必是可单独识别的事件所致。

存在下列情形（包含但不限于）之一的，可能表明成本不代表相关金融资产的公允价值，企业应当对其公允价值进行估值。

（1）与预算、计划或阶段性目标相比，被投资方业绩发生重大变化。

（2）对被投资方技术产品实现阶段性目标的预期发生变化。

（3）被投资方的权益、产品或潜在产品的市场发生重大变化。

（4）全球经济或被投资方经营所处的经济环境发生重大变化。

（5）被投资方可比企业的业绩或整体市场所显示的估值结果发生重大变化。

（6）被投资方的内部问题，如欺诈、商业纠纷、诉讼、管理或战略变化。

（7）被投资方权益发生了外部交易并有客观证据，包括发行新股等被投资方发生的交易和第三方之间转让被投资方权益工具的交易等。

信用损失，是指企业按照原实际利率折现的、根据合同应收的所有合同现金流量与预期收取的所有现金流量之间的差额，即全部现金短缺的现值。

由于预期信用损失考虑付款的金额和时间分布，即使企业预计可以全额收款但收款时间晚于合同规定的到期期限，也会产生信用损失。

企业应当按照下列情形分别计量金融工具损失准备、确认预期信用损失及其变动。

（1）如果该金融工具的信用风险自初始确认后已显著增加，企业应当按照相当于该金融工具整个存续期内预期信用损失的金额计量其损失准备。无论企业评估信用损失的基础是单项金融工具，还是金融工具组合，由此形成的损失准备的增加额或转回金额，都应当作为减值损失或利得计入当期损益。

（2）如果该金融工具的信用风险自初始确认后并未显著增加，则企业应当按照相当于该金融工具未来12个月内预期信用损失的金额计量其损失准备，无论企业评估信用损失的基础是单项金融工具还是金融工具组合，由此形成的损失准备的增加额或转回金额，应当作为减值损失或利得计入当期损益。

未来12个月内预期信用损失，是指因资产负债表日后12个月内（若金融工具的预计存续期少于12个月，则为预计存续期）可能发生的金融工具违约事件而导致的预期信用损失，是整个存续期预期信用损失的一部分。

9.9 利得和损失

企业只有在同时符合下列条件时，才能确认股利收入并计入当期损益。
（1）企业收取股利的权利已经确立。
（2）与股利相关的经济利益很可能流入企业。
（3）股利的金额能够可靠计量。

以公允价值计量且其变动计入当期损益的金融负债的财务担保合同和不可撤销贷款承诺所产生的全部利得或损失，应计入当期损益。

以摊余成本计量且不属于任何套期关系的一部分的金融负债所产生的利得或损失，应当在终止确认时计入当期损益或在按照实际利率法摊销时计入相关期间损益。

属于套期关系中被套期项目的金融资产或金融负债所产生的利得或损失，按照《企业会计准则第24号——套期会计》相关规定处理。

9.10 衔接规定

金融工具原账面价值和在本准则施行日的新账面价值之间的差额，应当计入本准则施行日所在年度报告期间的期初留存收益或其他综合收益。同时，企业应当按照《企业会计准则第37号——金融工具列报》的相关规定在附注中进行披露。

在本准则施行日，应以公允价值计量的混合合同但之前未以公允价值计量的，该混合合同在前期比较财务报表期末的公允价值应当等于其各组成部分在前期比较财务报表期末公允价值之和。

在本准则实行日，企业应当将整个混合合同在该日的公允价值与该混合合同各组成部分的公允价值之和之间的差额，计入本准则施行日所在报告期间的期初留存收益或其他综合收益。

9.11 应用案例

企业在取得交易性金融资产时，应当以公允价值计量。实际支付的价款中如含有已到付息期但尚未领取的利息或已宣告但尚未发放的现金股利，应单独确认为应收项目，不计入交易性金融资产初始成本。取得交易性金融资产时所发生的交易费用在发生时直接计入当期损益。

【案例9-1】 甲公司于2019年2月10日购入乙公司的流通股票10 000股，每股市价4.5元，作为交易性金融资产核算。在交易时发生相关交易费用300元。上述款项甲公司均用银行存款付讫。

解析：甲公司应编制如下会计分录。

借：交易性金融资产——成本　　　　　　　　　　　　　　　45 000
　　投资收益　　　　　　　　　　　　　　　　　　　　　　　300
　　贷：银行存款　　　　　　　　　　　　　　　　　　　　　　45 300

会计期末，企业对交易性金融资产按其公允价值计价。资产负债表日，对于交易性金融资产的公允价值高于其账面余额的差额，借记"交易性金融资产——公允价值变动"科目，贷记"公允价值变动损益"科目；对于公允价值低于其账面余额的差额，应编制相反会计分录。

【案例9-2】 承案例9-1，假定甲公司持有的乙公司股票在2019年年末的市价为每股5.2元。

解析：甲公司应编制的会计分录如下。

借：交易性金融资产——公允价值变动　　　　　　　　　　　7 000
　　贷：公允价值变动损益　　　　　　　　　　　　　　　　　　7 000

投资单位在持有交易性金融资产期间，对于被投资单位宣告发放的现金股利，或在资产负债表日按分期付息、一次还本债券投资的票面利率计算的利息，借记"应收股利"或"应收利息"科目，贷记"投资收益"科目。

企业可能因需要现金或有获利机会而将交易性金融资产抛售变现，其售出的净收入（售价减去佣金、税金等附带费用）与交易性金融资产账面价值的差额，即为出售交易性金融资产的损益。

【案例9-3】 承案例9-2，假设2020年1月15日，甲公司将所持有股票全部出售，在扣除相关费用后，甲公司收到56 000元存入银行。

解析：甲公司应编制如下会计分录。

借：银行存款　　　　　　　　　　　　　　　　　　　　　　56 000
　　贷：交易性金融资产——成本　　　　　　　　　　　　　　45 000
　　　　　　　　　　　　——公允价值变动　　　　　　　　　7 000
　　　　投资收益　　　　　　　　　　　　　　　　　　　　　4 000
借：公允价值变动损益　　　　　　　　　　　　　　　　　　　7 000
　　贷：投资收益　　　　　　　　　　　　　　　　　　　　　　7 000

持有至到期投资的初始投资成本，应当按照取得投资时的公允价值及相关交易费用计价。其中，交易费用包括支付给代理机构、咨询公司、券商等的手续费和佣金，以及其他必要支出。

【案例9-4】 2019年1月1日，甲公司以1 060 000元的价格（包括买价和交易费用）购入乙公司面值为1 000 000元、期限为3年、利率为10%的公司债券，准备持有至到期。该债券每年年末付息，到期偿还本金。

解析：投资时，甲公司应编制如下会计分录。

借：持有至到期投资——成本　　　　　　　　　　　　　　　1 000 000
　　　　　　　　　——利息调整　　　　　　　　　　　　　　　60 000
　　贷：银行存款　　　　　　　　　　　　　　　　　　　　　1 060 000

持有至到期投资的溢价或折价应当采用实际利率法进行摊销。所谓实际利率法，是指按照金融资产或负债的实际利率计算其摊余成本及各期利息收入或利息费用的方法。

【案例9-5】 承案例9-4，甲公司持有至到期投资的现值为1 060 000元，经计算确定该项投资的实际利率为7.688 9%。

解析：根据这一结果，可以为甲公司编制持有至到期投资溢价摊销表，如表9-1所示。

表9-1　持有至到期投资溢价摊销表

单位：元

项目	应收利息	利息收入	溢价摊销	摊余成本
	①＝面值×票面利率	②＝上一期④×实际利率	③＝①-②	④＝上一期④-③
2019-1-1				1 060 000
2019-12-31	100 000	81 502	18 498	1 041 502
2020-12-31	100 000	80 080	19 920	1 021 582
2021-12-31	100 000	78 418	21 582	1 000 000

可供出售金融资产的初始成本，应当按照取得投资时的公允价值及相关交易费用计价。

【案例9-6】 甲公司于2019年8月20日购入乙公司股票20 000股。甲公司将该项投资划归为可供出售金融资产。乙公司股票当日市价为每股12.6元，每股含有已宣告但尚未发放的现金股利0.2元。

解析：甲公司取得该项投资时，应编制如下会计分录。

借：可供出售金融资产——成本　　　　　　　　　　　　　　248 000
　　应收股利　　　　　　　　　　　　　　　　　　　　　　　4 000
　　贷：银行存款　　　　　　　　　　　　　　　　　　　　　252 000

【案例9-7】 承案例9-6，假设2019年12月31日，甲公司持有的乙公司股票每股市价为13元。

解析：该项可供出售金融资产公允价值变动调整的会计分录如下。

借：可供出售金融资产——公允价值变动　　　　　　　　　　　12 000
　　贷：其他综合收益　　　　　　　　　　　　　　　　　　　12 000

【案例 9-8】 承案例 9-7，假设 2020 年 3 月 20 日，甲公司将持有的乙公司股票全部出售，共收回款项 262 000 元。

解析：甲公司应编制如下会计分录。

借：银行存款 262 000
　　其他综合收益 12 000
　　贷：可供出售金融资产——成本 248 000
　　　　　　　　　　　　——公允价值变动 12 000
　　　　投资收益 14 000

第10章
《企业会计准则第23号——金融资产转移》解析

10.1 准则的变化

10.1.1 金融资产的转移的定义

金融资产转移是指企业（转出方）将金融资产让与或交付给该金融资产发行方以外的另一方（转入方）。如商业银行将信贷资产信托给受托机构进行资产证券化，企业将销售商品形成的应收账款采用附追索权出售方式卖给商业银行等。

10.1.2 金融资产的终止确认

企业已将金融资产所有权上几乎所有风险和报酬转移给转入方的，应当终止确认该金融资产。金融资产的终止确认，是指将金融资产从企业账户和资产负债表内予以转销。其中，"几乎所有"通常是指达到或超过全部风险和报酬95%的情形。

（1）以下情形表明企业已将金融资产所有权上几乎所有风险和报酬转移给了转入方。

① 不附追索权的金融资产出售。

② 企业将金融资产出售，同时与买入方签订协议，在约定期限结束时按当日该金融资产的公允价值回购。

③ 企业将金融资产出售的，同时与买入方签订看跌期权合约（即买入方有权将该金融资产返售给企业），但从合约条款判断，该看跌期权是一项重大价外期权（即期权合约的条款设计，使得金融资产的买方极小可能会到期行权）。

（2）以下情形表明企业保留金融资产所有权上几乎所有风险和报酬。

① 附回购协议的金融资产出售，回购价格固定或是原售价加出借方的合理回报。

② 附总回报互换的金融资产出售，该互换使市场风险又转回给了金融资产出售方。

③ 附重大价内看跌期权的金融资产出售，持有该看跌期权的金融资产买方很可能在期权到期时或到期前行权。

④ 附重大价内看涨期权的金融资产出售，持有该看涨期权的金融资产卖方很可能在期权到期时或到期前行权。

⑤ 将信贷资产或应收款项整体出售，同时保证对金融资产买方可能发生的信用损失进行全额补偿。

（3）新准则对企业既没有转移，也没有保留所有权上几乎所有风险和报酬的金融资产转移是否应当终止确认做了规定。

判断是否已放弃对所转移金融资产的控制，应当重点关注转入方出售该金融资产的实际能力。

如果转入方能够单独将转入的金融资产整体出售给与其不存在关联方关系的第三方，且没有额外条件对此项出售加以限制，说明转入方有出售该金融资产的实际能力，同时表明企业（转出方）已放弃对该金融资产的控制，从而应终止确认所转移的金融资产。

转入方是否能够将转入的金融资产整体出售给与其不存在关联方关系的第三方，应当关注该金融资产是否存在活跃市场。如果不存在活跃市场，则即使合同约定转入方有权处置金融资产，也不表明转入方有"实际能力"。

转入方是否能够单独且没有额外条件对出售所转入金融资产加以限制，主要关注是否存在与出售密切相关的约束性条款。例如，转入方出售转入的金融资产时附有一项看涨期权，且该看涨期权又是重大价内期权，以致可以认定转入方将来很可能会行权。这种情况不表明转入方有出售所转入金融资产的实际能力。

10.1.3 金融资产转移的计量

1. 满足终止确认条件的金融资产的转移

金融资产整体转移满足终止确认条件的，应当终止确认该金融资产，同时按以下公式确认相关损益。

金融资产整体转移的损益 = 因转移收到的对价 + 原直接计入所有者权益的公允价值变动累计利得（如为累积损失，应为加项）− 所转移金融资产的账面价值

（1）因转移收到的对价 = 因转移交易收到的价款 + 新获得金融资产的公允价值 + 因转移获得服务资产的公允价值 − 新承担金融负债的公允价值。其中，新获得的金融资产或新承担的金融负债，包括看涨期权、看跌期权、担保负债、远期合同、互换等。

（2）原直接计入所有者权益的公允价值变动累计利得或损失，是指所转移金融资产（可供出售金融资产）转移前公允价值变动直接计入所有者权益的累计额。

2. 不满足终止确认条件的金融资产的转移

金融资产转移不满足终止确认条件的，应当继续确认该金融资产，所收到的对价确认为一项金融负债。例如，企业将国债卖出后又承诺将以固定价格买回，因卖出国债所收到的款项应单独确认为一项金融负债。

金融资产转移协议中涉及衍生工具（如看涨期权），且该衍生工具导致该金融资产转移不满足终止确认条件的，该衍生工具不能单独予以确认。

3. 继续涉入方式下的金融资产的转移

继续涉入方式下的金融资产转移，是指企业既没有转移也没有保留金融资产所有权上几乎所有的风险和报酬，同时未放弃对所转移金融资产控制的情形。

对于继续涉入方式下的金融资产转移，企业应当按照继续涉入所转移金融资产的程度确认一项金融资产，同时确认一项金融负债。所确认的金融资产和金融负债，应当充分地反映企业所保留的权利和承担的义务。

10.2 金融资产终止确认的一般原则

金融资产的一部分满足下列条件之一的，企业应当将终止确认的规定适用于该金融资产部分，除此之外，企业应当将终止确认的规定适用于该金融资产整体。

（1）该金融资产部分仅包括金融资产所产生的特定可辨认现金流量。如企业就某债务工具与转入方签订一项利息剥离合同，合同规定转入方有权获得该债务工具利息现金流量，但无权获得该债务工具本金现金流量，终止确认的规定适用于该债务工具的利息现金流量。

（2）该金融资产部分仅包括与该金融资产所产生的全部现金流量完全成比例的现金流量部分。如企业就某债务工具与转入方签订转让合同，合同规定转入方拥有获得该债务工具全部现金流量一定比例的权利，终止确认的规定适用于该债务工具全部现金流量一定比例的部分。

（3）该金融资产部分仅包括与该金融资产所产生的特定可辨认现金流量完全成比例的现金流量部分。如企业就某债务工具与转入方签订转让合同，合同规定转入方拥有获得该债务工具利息现金流量一定比例的权利，终止确认的规定适用于该债务工具利息现金流量一定比例的部分。

企业发生满足（2）或（3）条件的金融资产转移，且存在一个以上转入方的，只要企业转移的份额与金融资产全部现金流量或特定可辨认现金流量完全成比例即可，不要求每个转入方均持有成比例的份额。

金融资产满足下列条件之一的，应当终止确认。

（1）收取该金融资产现金流量的合同权利终止。

（2）该金融资产已转移，且该转移满足《企业会计准则第23号——金融资产转移》（本章简称"本准则"）关于终止确认的规定。

10.3 金融资产转移的情形及其终止的确认

金融资产转移，包括下列两种情形。

（1）企业将收取金融资产现金流量的合同权利转移给其他方。

（2）企业保留了收取金融资产现金流量的合同权利，但承担了将收取的该现金流量支付给一个或多个最终收款方的合同义务，且同时满足下列条件。

① 企业只有从该金融资产收到对等的现金流量时，才有义务将其支付给最终收款方。企业提供短期垫付款，但有权全额收回该垫付款并按照市场利率计收利息的，视同满足本条件。

② 转让合同规定禁止企业出售或抵押该金融资产，但企业可以将其作为向最终收款方支付现金流量义务的保证。

③ 企业有义务将代表最终收款方收取的所有现金流量及时划转给最终收款方，且无重大延误。企业无权将该现金流量进行再投资，但在收款日和最终收款方要求的划转日之间的短暂结算期内，将所收到的现金流量进行现金或现金等价物投资，并且按照合同约定将此类投资的收益支付给最终收款方的，视同满足本条件。

企业在发生金融资产转移时，应当评估其保留金融资产所有权上的风险和报酬的程度，并分别按照下列规定进行处理。

（1）企业转移了金融资产所有权上几乎所有风险和报酬的，应当终止确认该金融资产，并将转移中产生或保留的权利和义务单独确认为资产或负债。

（2）企业保留了金融资产所有权上几乎所有风险和报酬的，应当继续确认该金融资产。

（3）企业既没有转移也没有保留金融资产所有权上几乎所有风险和报酬的，即除（1）、（2）之外的其他情形，应当根据其是否保留了对金融资产的控制，分别按照下列规定处理。

① 企业未保留对该金融资产控制的，应当终止确认该金融资产，并将转移中产生或保留的权利和义务单独确认为资产或负债。

② 企业保留了对该金融资产控制的，应当按照其继续涉入被转移金融资产的程度继续确认有关金融资产，并相应确认相关负债。

继续涉入被转移金融资产的程度，是指企业承担的被转移金融资产价值变动风险或报酬的程度。

企业在判断金融资产转移是否满足本准则规定的金融资产终止确认条件时，应当注重金融资产转移的实质。

（1）企业转移了金融资产所有权上几乎所有风险和报酬，应当终止确认被转移金融资产的常见情形如下。

① 企业无条件出售金融资产。

② 企业出售金融资产，同时约定按回购日该金融资产的公允价值回购。

③ 企业出售金融资产，同时与转入方签订看跌期权合同（即转入方有权将该金融资产返售给企业）或看涨期权合同（即转出方有权回购该金融资产），且根据合同条款判断，该看跌期权或看涨期权为一项重大价外期权（即期权合约的条款设计，使得金融资产的转入方或转出方极小可能会行权）。

（2）企业保留了金融资产所有权上几乎所有风险和报酬，应当继续确认被转移金融资产的常见情形如下。

① 企业出售金融资产并与转入方签订回购协议，协议规定企业将回购原被转移金融资产，或者将预回购的金融资产与售出的金融资产相同或实质上相同、回购价格固定或原售价加上回报。

② 企业融出证券或进行证券出借。

③ 企业出售金融资产并附有将市场风险敞口转回给企业的总回报互换。

④ 企业出售短期应收款项或信贷资产，并且全额补偿转入方可能因被转移金融资产发生的信用损失。

⑤ 企业出售金融资产，同时与转入方签订看跌期权合同或看涨期权合同，且根据合同条款判断，该看跌期权或看涨期权为一项重大价内期权（即期权合约的条款设计，使得金融资产的转入方或转出方很可能会行权）。

10.4 满足终止确认条件的金融资产转移的会计处理

金融资产转移整体满足终止确认条件的，应当将下列两项金额的差额计入当期损益。

（1）被转移金融资产在终止确认日的账面价值。

（2）因转移金融资产而收到的对价，与原直接计入其他综合收益的公允价值变动累计额中，对应终止确认部分的金额之和。

企业保留了向该金融资产提供相关收费服务的权利，应当就该服务合同确认一项服务资产或服务负债。

如果企业将收取的费用预计超过对服务的充分补偿，则企业应当将该服务权利作为继续确认部分确认为一项服务资产，并按照本准则第十五条的规定确定该服务资产的金额。

如果将收取的费用预计不能充分补偿企业所提供服务，则企业应当将由此形成的服务义务确认一项服务负债，并以公允价值进行初始计量。

企业因金融资产转移导致整体终止确认金融资产，同时获得了新金融资产或承担了新金融负债或服务负债的，应当在转移日确认该金融资产、金融负债或服务负债，并以公允价值进行初始计量。该金融资产扣除金融负债和服务负债后的净额应当作为上述对价的组成部分。

企业转移了金融资产的一部分，且该被转移部分整体满足终止确认条件的，应当将转移前金融资产整体的账面价值，在终止确认部分和继续确认部分之间，按照转移日各自的相对公允价值进行分摊，并将下列两项金额的差额计入当期损益。

（1）终止确认部分在终止确认日的账面价值。

（2）终止确认部分收到的对价，与原计入其他综合收益的公允价值变动累计额中对应终止确认部分的金额之和。对价包括获得的所有新资产减去承担的所有新负债后的金额。

10.5 继续确认被转移金融资产的会计处理

企业保留了被转移金融资产所有权上几乎所有风险和报酬而不满足终止确认条件的，应当继续确认被转移金融资产整体，并将收到的对价确认为一项金融负债。

在继续确认被转移金融资产的情形下，金融资产转移所涉及的金融资产与所确认的相关金融负债不得相互抵销。在后续会计期间，企业应当继续确认该金融资产产生的收入（或利得）和该金融负债产生的费用（或损失），不得相互抵销。

10.6 继续涉入被转移金融资产的会计处理

企业应当按照下列规定对相关负债进行计量。

（1）被转移金融资产以摊余成本计量的，相关负债的账面价值等于继续涉入被转移金融资产的账面价值减去企业的摊余成本并加上企业承担的义务的摊余成本；相关负债不得指定为以公允价值计量且其变动计入当期损益的金融负债。

（2）被转移金融资产以公允价值计量的，相关负债的账面价值等于继续涉入被转移金融资产的账面价值减去企业保留的权利的公允价值并加上企业承担的义务的公允价值，该权利和义务的公允价值应为按独立基础计量时的公允价值。

企业对金融资产的继续涉入仅限于金融资产一部分的，企业应当根据本准则第十六条的规定，按照转移日因继续涉入而继续确认部分和不再确认部分的相对公允价值，在两者之间分配金融资产的账面价值，并将下列两项金额的差额计入当期损益。

（1）分配至不再确认部分的账面金额（以转移日计量的为准）。

（2）不再确认部分所收到的对价。

涉及转移的金融资产为根据《企业会计准则第22号——金融工具确认和计量》第十八条分类为以公允价值计量且其变动计入其他综合收益的金融资产的，不再确认部分的金额对应的原计入其他综合收益的公允价值变动累计额计入当期损益。

10.7 向转入方提供非现金担保物的会计处理

企业向金融资产转入方提供了非现金担保物（如债务工具或权益工具投资等）的，企业（转出方）和转入方应当按照下列规定进行处理。

（1）转入方按照合同或惯例有权出售该担保物或将其再作为担保物的，企业应当将该非现金担保物在财务报表中单独列报。

（2）转入方已将该担保物出售的，转入方应当就归还担保物的义务，按照公允价值确认一项负债。

（3）除因违约丧失赎回担保物权利外，企业应当继续将担保物确认为一项资产。

10.8 衔接规定

在本准则施行日，企业仍继续涉入被转移金融资产的，应当按照《企业会计准则第22号——金融工具确认和计量》及本准则关于被转移金融资产确认和计量的相关规定进行追溯调整，再按照本准则的规定对其所确认的相关负债进行重新计量，并将相关影响按照与被转移金融资产一致的方式在本准则施行日进行调整。追溯调整不切实可行的除外。

10.9 应用案例

【案例10-1】 甲公司为国有大型钢铁企业。近年来，国内钢铁行业产能过剩，国际铁矿石价格居高不下，产品市场价格不断下跌，企业经济效益持续下滑。为了做好2×18年上半年的信息披露及其他财务工作，甲公司分管财务工作的副总经理主持召开财务工作会议，听取财务总监和财务经理工作汇报，并部署下半年的财务工作，会议内容如下：

（1）甲公司于2×20年1月2日与某金融资产管理公司签订协议，将其划分为次级类和损失类的委托贷款共10笔打包出售给该金融资产管理公司，该批贷款总金额为1 000万元，原已计提贷款损失准备500万元，双方协议转让价为600万元，转让后甲公司不再保留任何权利和义务。

2×20年2月20日，甲公司收到款项。甲公司财务经理认为不应终止确认该金融资产，只需要在财务报表附注中进行披露。

(2) 甲公司于 2×19 年 9 月 1 日销售产品一批给戊公司，价款为 600 万元，增值税税额为 78 万元，双方约定戊公司于 2×20 年 6 月 30 日付款。

2×20 年 4 月 1 日，甲公司由于急需周转资金，将应收戊公司的账款出售给中国工商银行，出售价款为 650 万元。甲公司与中国工商银行签订的协议中规定，在应收戊公司账款到期，戊公司不能按期偿还时，甲公司应负责偿还中国工商银行的损失。

甲公司已收到款项并存入银行。甲公司财务经理认为应终止确认该项应收账款，并将收到的价款 650 万元与其账面价值 678 万元之间的差额 28 万元计入当期损益。

(3) 2×20 年 6 月 1 日，甲公司将持有的乙公司发行的 5 年期公司债券出售给丁公司，经协商，出售价格为 500 万元。

同时签订了一项看涨期权合约，甲公司有权在 2×20 年 12 月 31 日（到期日）以 520 万元的价格回购该债券。甲公司判断，该期权是重大的价内期权（即到期极可能行权）。

对于此项业务，甲公司财务经理认为债券所有权上的风险和报酬尚未转移给丁公司，甲公司不应当终止确认该债券。

(4) 甲公司的股权激励制度已经获得股东大会的批准，需要明确相关的会计政策。甲公司财务总监认为，对于权益结算的股份支付，在等待期内的每个资产负债表日，应以可行权权益工具数量的最佳估计为基础，按照权益工具在资产负债表日的公允价值，将当期取得的服务计入相关资产成本或当期费用，同时计入负债。

(5) 为充分利用期货市场管理产品价格风险，甲公司董事会已决定开展套期保值业务。副总经理在会议上强调开展套期保值业务时应以效益最大化为目标，为应对当前产品市场价格不断下跌的不利形势，要求有关部门准确研判宏观经济形势，科学把握期货市场行情，利用期货市场开展套期保值业务，务求经济效益最大化。

要求如下。

(1) 逐项判断资料 (1) 至 (3) 项的会计处理是否正确，并说出理由；如不正确请说明正确的会计处理。

(2) 逐项判断资料 (4) 至 (5) 项的处理是否存在不当之处；存在不当之处的，请指出并说明理由。

解析：资料 (1) 中，甲公司委托贷款出售的会计处理不正确。

理由：甲公司将贷款转让后不再保留任何权利和义务，因此，贷款所有权上的风险和报酬已经全部转移给某金融资产管理公司，甲公司应当终止确认该批贷款。

正确的会计处理：甲公司应将所出售的委托贷款予以转销，结转计提的贷款损失准备，将收到的款项与委托贷款账面价值之间的差额计入当期损益。

资料 (2) 中，甲公司出售应收账款的会计处理不正确。

理由：根据协议，在所售应收债权到期无法收回时，甲公司应偿还中国工商银行的损失，这表明与债权有关的风险和报酬并未转移。

正确的会计处理：甲公司应将所售应收债权取得的价款确认为短期借款，不应转销应收账款和确认金融资产转移损益。

资料（3）中，甲公司出售乙公司债券的会计处理正确。

理由：甲公司在出售乙公司债券的同时，与丁公司签订了看涨期权合约，且甲公司判断极可能行权，因此，与债券相关的风险和报酬并没有转移给丁公司，甲公司不应终止确认该债券。

资料（4）中存在的不当之处为：按照权益工具在资产负债表日的公允价值，将当期取得的服务计入相关资产成本或当期费用，同时计入负债。

理由：对于以权益结算的股份支付，在等待期内的每个资产负债表日，甲公司应以可行权权益工具数量的最佳估计为基础，按照权益工具在授予日的公允价值，将当期取得的服务计入相关资产成本或当期费用，同时计入资本公积。

资料（5）中存在的不当之处为：开展套期保值业务应以效益最大化为目标。

理由：企业开展套期保值的目的应是利用期货市场规避现货价格风险，套期保值方案设计及操作管理要遵循风险可控原则。

第 11 章
《企业会计准则第 24 号——套期会计》解析

11.1 准则的变化

11.1.1 明确了 10 个要点

2017 年 4 月 6 日，财政部正式发布了《关于印发修订〈企业会计准则第 24 号——套期会计〉的通知》（财会〔2017〕9 号）。各类企业执行《企业会计准则第 24 号——套期会计》（本章简称"本准则"或"新准则"）在境内外同时上市的企业以及在境外上市并采用《国际财务报告准则》或《企业会计准则》编制财务报告的企业，自 2018 年 1 月 1 日起施行；其他境内上市企业自 2019 年 1 月 1 日起施行；执行《企业会计准则》的非上市企业自 2021 年 1 月 1 日起施行。同时，该通知鼓励企业提前执行。执行本准则的企业，不再执行财政部于 2006 年 2 月印发的《企业会计准则第 24 号——套期保值》及 2015 年 11 月印发的《商品期货套期业务会计处理暂行规定》（财会〔2015〕18 号）。新准则中明确了以下 10 个要点。

（1）将公允价值变动影响其他综合收益的情形，仅限于企业对指定为以公允价值计量且其变动计入其他综合收益的非交易性权益工具投资的公允价值变动风险敞口进行的套期。

（2）明确了风险成分也包括被套期项目公允价值或现金流量的变动仅高于或仅低于特定价格或其他变量的部分。

（3）明确了净敞口为零的项目组合可以指定为被套期项目。

（4）增加了套期比率失衡及不属于再平衡的情形的表述。

（5）增加了应当终止运用套期会计的情形（不存在经济关系、信用风险主导）。

（6）规定摊销开始日不得晚于终止调整被套期项目的时点。

（7）增加了预期不再极可能发生但可能预期仍然会发生的表述。

（8）增加了对期权时间价值处理和确定校准时间价值的规定。

（9）增加了要求追溯调整的情形（期权时间价值、交易对手方变更）。

（10）修改了部分措辞及结构。

11.1.2 与国际会计准则趋同

准则的核心理念是将套期会计和风险管理紧密结合，使企业的风险管理活动恰当地体现在财务报告中。

11.1.3 拓宽了套期工具和被套期项目的范围

新准则拓宽了套期工具和被套期项目的范围，增加了允许将以公允价值计量且其变动计入当期损益的非衍生金融工具指定为套期工具的规定。新准则拓宽了可以被指定的被套期项目的范围,增加了以下符合条件的被套期项目:一是允许将非金融项目的组成部分指定为被套期项目;二是允许将一组项目的风险总敞口和风险净敞口指定为被套期项目,并且对于风险净敞口套期的列报进行了单独的要求;三是允许将包括衍生工具在内的汇总风险敞口指定为被套期项目。

11.1.4 改进了套期有效性评估

新准则取消了2006年发布的旧准则中80%~125%的套期高度有效性量化指标及回顾性评估要求,代之以定性的套期有效性要求,更加注重预期有效性评估。

定性的套期有效性要求的重点是,套期工具和被套期项目之间应当具有经济关系,使得套期工具和被套期项目的价值因面临相同的被套期风险而发生方向相反的变动,并且套期关系的套期比率不应当反映被套期项目和套期工具相对权重的失衡,否则会产生套期无效以及与套期会计目标不一致的会计结果。

11.1.5 增加了信用风险敞口的公允价值选择权

新准则规定,符合一定条件时,企业可以在金融工具初始确认时、后续计量中或尚未确认(如贷款承诺)时,将金融工具的信用风险敞口指定为以公允价值计量且其变动计入当期损益的金融工具;当条件不再符合时,应当撤销指定。

11.2 套期工具和被套期项目

套期工具,是指企业为进行套期而指定的、其公允价值或现金流量的预期可抵销被套期项目的公允价值或现金流量变动的金融工具,包括以下两类。

(1)以公允价值计量且其变动计入当期损益的衍生工具,但签出期权除外。企业只有在对购入期权(包括嵌入在混合合同中的购入期权)进行套期时,签出期权才可以作为套期工具。嵌入在混合合同中但未分拆的衍生工具不能作为单独的套期工具。

(2)以公允价值计量且其变动计入当期损益的非衍生金融资产或非衍生金融负债,但指定为以公允价值计量且其变动计入当期损益及其自身信用风险变动引起的公允价值变动计入其他综合收益的金融负债除外。

企业自身权益工具不属于企业的金融资产或金融负债,不能作为套期工具。

对于外汇风险套期,企业可以将非衍生金融资产(选择以公允价值计量且其变动计入其他综合收益的非交易性权益工具投资除外)或非衍生金融负债的外汇风险成分指定为套期工具。

在确立套期关系时,企业应当将符合条件的金融工具整体指定为套期工具,但下列情形除外。

(1)对于期权,企业可以将期权的内在价值和时间价值分开,只将期权的内在价值变动指定为套期工具。

(2)对于远期合同,企业可以将远期合同的远期要素和即期要素分开,只将即期要素的价值变动指定为套期工具。

（3）对于金融工具，企业可以将金融工具的外汇基差单独分拆，只将排除外汇基差后的金融工具指定为套期工具。

（4）企业可以将套期工具的一定比例指定为套期工具，但不可以将套期工具剩余期限内某一时段的公允价值变动部分指定为套期工具。

企业可以将两项或两项以上金融工具（或其一定比例）的组合指定为套期工具（包括组合内的金融工具形成风险头寸相互抵销的情形）。

对于一项由签出期权和购入期权组成的期权（如利率上下限期权），或对于两项或两项以上金融工具（或其一定比例）的组合，其在指定日实质上相当于一项净签出期权的，不能将其指定为套期工具。只有在对购入期权（包括嵌入在混合合同中的购入期权）进行套期时，净签出期权才可以作为套期工具。

被套期项目，是指使企业面临公允价值或现金流量变动风险，且被指定为被套期对象的、能够可靠计量的项目。企业可以将下列单个项目、项目组合或其组成部分指定为被套期项目。

（1）已确认资产或负债。

（2）尚未确认的确定承诺。确定承诺，是指在未来某特定日期或期间，以约定价格交换特定数量资源、具有法律约束力的协议。

（3）极可能发生的预期交易。预期交易，是指尚未承诺但预期会发生的交易。

（4）境外经营净投资。

上述项目组成部分是指小于项目整体公允价值或现金流量变动的部分，企业只能将下列项目组成部分或其组合指定为被套期项目。

（1）项目整体公允价值或现金流量变动中仅由某一个或多个特定风险引起的公允价值或现金流量变动部分（风险成分）。根据在特定市场环境下的评估，该风险成分应当能够单独识别并可靠计量。风险成分也包括被套期项目公允价值或现金流量的变动仅高于或仅低于特定价格或其他变量的部分。

（2）一项或多项选定的合同现金流量。

（3）项目名义金额的组成部分，即项目整体金额或数量的特定部分，其可以是项目整体的一定比例部分，也可以是项目整体的某一层级部分。若某一层级部分包含提前还款权，且该提前还款权的公允价值受被套期风险变化影响的，企业不得将该层级指定为公允价值套期的被套期项目，但企业在计量被套期项目的公允价值时已包含该提前还款权影响的情况除外。

11.3 套期关系评估

公允价值套期、现金流量套期或境外经营净投资套期同时满足下列条件的，才能运用本准则规定的套期会计方法进行处理。

（1）套期关系仅由符合条件的套期工具和被套期项目组成。

（2）在套期开始时，企业正式指定了套期工具和被套期项目，并准备了关于套期关系和企业从事套期的风险管理策略和风险管理目标的书面文件。该文件至少载明了套期工具、被套期项目、被套期风险的性质以及套期有效性评估方法（包括套期无效部分产生的原因分析以及套期比率确定方法）等内容。

（3）套期关系符合套期有效性要求。

套期有效性，是指套期工具的公允价值或现金流量变动能够抵销被套期风险引起的被套期项目公允价值或现金流量变动的程度。套期工具的公允价值或现金流量变动大于或小于被套期项目的公允价值或现金流量变动的部分为套期无效部分。

套期同时满足下列条件的，企业应当认定套期关系符合套期有效性要求。

（1）被套期项目和套期工具之间存在经济关系。该经济关系使得套期工具和被套期项目的价值因面临相同的被套期风险而发生方向相反的变动。

（2）在被套期项目和套期工具经济关系产生的价值变动中，信用风险的影响不占主导地位。

（3）套期关系的套期比率，应当等于企业实际套期的被套期项目数量与对其进行套期的套期工具实际数量之比，但不应当反映被套期项目和套期工具相对权重的失衡。这种失衡会导致套期无效，并可能产生与套期会计目标不一致的会计结果。例如，企业确定拟采用的套期比率是为了避免确认现金流量套期的套期无效部分，或是为了创造更多的被套期项目进行公允价值调整以达到增加使用公允价值会计的目的，可能会产生与套期会计目标不一致的会计结果。

企业发生下列情形之一的，应当终止运用套期会计。

（1）因风险管理目标发生变化，导致套期关系不再满足风险管理目标。

（2）套期工具已到期、被出售、合同终止或已行使。

（3）被套期项目与套期工具之间不再存在经济关系，或者在被套期项目和套期工具经济关系产生的价值变动中，信用风险的影响开始占主导地位。

（4）套期关系不再满足本准则所规定的运用套期会计方法的其他条件。在适用套期关系再平衡的情况下，企业应当首先考虑套期关系再平衡，然后评估套期关系是否满足本准则所规定的运用套期会计方法的条件。

终止套期会计可能会影响套期关系的整体或其中一部分，在仅影响其中一部分时，剩余未受影响的部分仍适用套期会计。

套期关系同时满足下列条件的，企业不得撤销套期关系的指定并由此终止套期关系。

（1）套期关系仍然满足风险管理目标。

（2）套期关系仍然满足本准则运用套期会计方法的其他条件。

在适用套期关系再平衡的情况下，企业应当首先考虑套期关系再平衡，然后评估套期关系是否满足本准则所规定的运用套期会计方法的条件。

企业发生下列情形之一的，不作为套期工具已到期或合同终止处理。

（1）套期工具展期或被另一项套期工具替换，而且该展期或替换是企业书面文件所载明的风险管理目标的组成部分。

（2）由于法律法规或其他相关规定的要求，套期工具的原交易对手方变更为一个或多个清算交易对手方（如清算机构或其他主体），以最终达成由同一中央交易对手方进行清算的目的。如果存在套期工具其他变更，则该变更应当仅限于达成此类替换交易对手方所必需的变更。

11.4 确认和计量

公允价值套期满足运用套期会计方法条件的，应按照下列规定处理。

（1）套期工具产生的利得或损失应当计入当期损益。如果套期工具是对选择以公允价值计量且其变动计入其他综合收益的非交易性权益工具投资（或其组成部分）进行套期的，套期工具产生的利得或损失应当计入其他综合收益。

（2）被套期项目因被套期风险敞口形成的利得或损失应当计入当期损益，同时调整未以公允价值计量的已确认被套期项目的账面价值。被套期项目为按照《企业会计准则第22号——金融工具确认和计量》第十八条分类为以公允价值计量且其变动计入其他综合收益的金融资产（或其组成部分）的，其因被套期风险敞口形成的利得或损失应当计入当期损益，其账面价值已经按公允价值计量，不需要调整；被套期项目为企业选择以公允价值计量且其变动计入其他综合收益的非交易性权益工具投资（或其组成部分）的，其因被套期风险敞口形成的利得或损失应计入其他综合收益，其账面价值已经按公允价值计量，不需要调整。

被套期项目为尚未确认的确定承诺（或其组成部分）的，其在套期关系指定后因被套期风险引起的公允价值累计变动额应当确认为一项资产或负债，相关的利得或损失应当计入各相关期间损益。当履行确定承诺而取得资产或承担负债时，应当调整该资产或负债的初始确认金额。被套期项目为以摊余成本计量的金融工具（或其组成部分）的，企业对被套期项目账面价值所做的调整应当按照开始摊销日重新计算的实际利率进行摊销，并计入当期损益。该摊销可以自调整日开始，但不应当晚于对被套期项目终止进行套期利得和损失调整的时点。

被套期项目为按照《企业会计准则第22号——金融工具确认和计量》第十八条分类为以公允价值计量且其变动计入其他综合收益的金融资产（或其组成部分）的，企业应当按照相同的方式对累计已确认的套期利得或损失进行摊销，并计入当期损益，但不调整金融资产（或其组成部分）的账面价值。

现金流量套期满足运用套期会计方法条件的，应按照下列规定处理。

（1）套期工具产生的利得或损失中属于套期有效的部分，作为现金流量套期储备，应当计入其他综合收益。现金流量套期储备的金额，应当按照下列两项的绝对额中较低者确定。

① 套期工具自套期开始的累计利得或损失。
② 被套期项目自套期开始的预计未来现金流量现值的累计变动额。

每期计入其他综合收益的现金流量套期储备的金额应当为当期现金流量套期储备的变动额。

（2）套期工具产生的利得或损失中属于套期无效的部分（即扣除计入其他综合收益后的其他利得或损失），应当计入当期损益。

对于被套期项目为风险净敞口的公允价值套期，涉及调整被套期各组成项目账面价值的，企业应当对各项资产和负债的账面价值进行相应调整。

11.5 信用风险敞口的公允价值选择权

企业使用以公允价值计量且其变动计入当期损益的信用衍生工具管理金融工具（或其组成部分）的信用风险敞口时，可以在该金融工具（或其组成部分）初始确认时、后续计量中或尚未确认时，将其指定为以公允价值计量且其变动计入当期损益的金融工具，并同时做出书面记录，但应当同时满足下列条件。

（1）金融工具信用风险敞口的主体（如借款人或贷款承诺持有人）与信用衍生工具涉及的主体相一致。

（2）金融工具的偿付级次与根据信用衍生工具条款须交付的工具的偿付级次相一致。

上述金融工具（或其组成部分）被指定为以公允价值计量且其变动计入当期损益的金融工具的，企业应当在指定时将其账面价值（如有）与其公允价值之间的差额计入当期损益。

同时满足下列条件的，企业应当对按照本准则第三十四条规定的金融工具（或其一定比例）终止以公允价值计量且其变动计入当期损益。

（1）本准则第三十四条规定的条件不再适用，例如信用衍生工具或金融工具（或其一定比例）已到期、被出售、合同终止或已行使，或企业的风险管理目标发生变化，不再通过信用衍生工具进行风险管理。

（2）金融工具（或其一定比例）按照《企业会计准则第 22 号——金融工具确认和计量》的规定，仍然不满足以公允价值计量且其变动计入当期损益的金融工具的条件。

当企业对金融工具（或其一定比例）终止以公允价值计量且其变动计入当期损益时，该金融工具（或其一定比例）在终止时的公允价值应当作为其新的账面价值。同时，企业应当采用与该金融工具被指定为以公允价值计量且其变动计入当期损益之前相同的方法进行计量。

11.6 衔接规定

本准则施行日之前套期会计处理与本准则要求不一致的，企业不进行追溯调整，但本准则第三十七条所规定的情况除外。

在本准则施行日，企业应当按照本准则的规定对所存在的套期关系进行评估。在符合本准则规定的情况下可以进行再平衡，再平衡后仍然符合本准则规定的运用套期会计方法条件的，将其视为持续的套期关系，并将再平衡所产生的相关利得或损失计入当期损益。

下列情况下，企业应当按照本准则的规定，对在比较财务报表期间最早的期初已经存在的以及在此之后被指定的套期关系进行追溯调整。

（1）企业将期权的内在价值和时间价值分开，只将期权的内在价值变动指定为套期工具。

（2）本准则第二十一条（二）规定的情形。

此外，企业将远期合同的远期要素和即期要素分开、只将即期要素的价值变动指定为套期工具的，或者将金融工具的外汇基差单独分拆、只将排除外汇基差后的金融工具指定为套期工具的，可以按照与本准则关于期权时间价值相同的处理方式对远期合同的远期要素和金融工具的外汇基差的会计处理进行追溯调整。如果选择追溯调整，则企业应当对所有满足该选择条件的套期关系进行追溯调整。

11.7 应用案例

【案例 11-1】 2019 年 8 月 1 日，X 公司预期在 2019 年 10 月 30 日将销售一批钢材，为规避所持有钢材存货的公允价值变动风险，与期货公司 Z 签订了套期保值的合约，并将其指定为 2019 年钢材存货价格变化引起的公允价值变动风险的套期。钢材期货合约的标的资产与 X 公司的存货在数量、品质、价格变动和产地方面相同。

2019 年 8 月 1 日，X 公司有钢材存货 8 000 吨，该批钢材的成本为 32 000 000 元（单价为 4 000 元/吨），公允价值为 36 000 000 元（单价为 4 500 元/吨)，当天钢材期货合约的价格为 4 800 元/吨。X 公司卖出 800 张钢材期货合约 Y，则该合约的公允价值为 38 400 000 元，同时向 Z 期货公司支付手续费用 10 000 元。2019 年 10 月 30 日，期货合约 Y 的公允价值上涨了 2 000 000 元，存货的公允价值下降了 2 000 000 元。当日，X 公司将该批钢材出售，同时将期货合约 Y 平仓结算。假定不考虑衍生工具的时间价值、商品销售相关的增值税及其他因素。

解析：X 公司的账务处理如下。（单位：元）

（1）2019 年 8 月 1 日。

①X 公司通过期货公司 Z 卖出 800 张钢材期货合约 Y。

借：其他应收款——期货公司 Z   38 400 000
  贷：银行存款   38 400 000

②向期货公司 Z 支付手续费用。

借：套期损益   10 000
  贷：其他应收款——期货公司 Z   10 000

③通过期货合约对该批钢材进行套期保值。

借：被套期项目——库存商品   32 000 000
  贷：库存商品   32 000 000

（2）2019 年 10 月 30 日，X 公司将该批钢材出售，同时将期货合约 Y 平仓了结。

①平仓了结该期货合约。

借：银行存款   4 040 000
  贷：其他应收款——期货公司 Z   4 040 000

②在此期间，该期货合约溢价 2 000 000 元。

借：套期工具——期货合约 Y   2 000 000
  贷：套期损益   2 000 000

③该批钢材存货价格下降 2 000 000 元。

借：套期损益   2 000 000
  贷：被套期项目——库存商品   2 000 000

④出售该批钢材现货。

借：银行存款		34 000 000
贷：主营业务收入		34 000 000
借：主营业务成本		32 000 000
贷：被套期项目——库存商品		32 000 000

⑤ 实现对该批钢材现货的完全套期保值。

借：银行存款		2 000 000
贷：套期工具——期货合约Y		2 000 000

【案例 11-2】 丙公司于 20×6 年 2 月 1 日以每股 50 元的价格从二级市场购入丁公司的股票 100 000 股，从而拥有丁公司 5% 的股份。丙公司将该项股权投资归类为可供出售金融资产。根据后来的股市分析，丙公司管理层认为有规避股价下跌风险的必要，公司有关部门遂于 20×6 年 12 月 31 日支付期权费 90 000 元购入一项看跌期权，将其指定为对公司持有的可供出售金融资产中的对丁公司股票投资进行套期保值。按当天该股票市场价格每股 40 元作为该期权的行权价格，行权日期为 20×8 年 12 月 31 日。有关股票和看跌期权公允价值资料如表 11-1 所示。

表 11-1　丙公司购入的丁公司股票以及看跌期权的公允价值资料

单位：元

项目		20×6年12月31日	20×7年12月31日	20×8年12月31日
股票	每股价格	40	38	35
	总价	4 000 000	3 800 000	3 500 000
看跌期权	时间价值	90 000	70 000	0
	内在价值	0	200 000	500 000
	公允价值	90 000	270 000	500 000

【案例 11-3】 丙公司在不考虑期权的时间价值变化的情况下对该卖出权的套期有效性进行分析，认为该套期完全有效。有关账务处理如表 11-2 所示。

表 11-2　丙公司用期权合约对已确认资产进行管期保值时的账务处理

单位：元

日期	内容	账务处理	
20×6年2月1日	买入丁公司股票	借：其他综合收益	5 000 000
		贷：银行存款	5 000 000
20×6年12月31日	确认金融资产公允价值变动	借：资本公积——其他资本公积	1 000 000
		贷：其他综合收益	1 000 000
	确认套期关系	借：被套期项目——其他综合收益	4 000 000
		贷：其他综合收益	4 000 000
		借：套期工具——卖出期权	90 000
		贷：银行存款	90 000

（续表）

日期	内容	账务处理	
20×7年12月31日	确认套期工具公允价值变动	借：套期工具——卖出期权 　贷：套期损益	180 000 180 000
	确认被套期项目公允价值变动	借：套期损益 　贷：被套期项目——其他综合收益	200 000 200 000
20×8年12月31日	确认套期工具公允价值变动	借：套期工具——卖出期权 　贷：套期损益	230 000 230 000

第 12 章
《企业会计准则第 37 号——金融工具列报》解析

12.1 准则的变化

对于再次修订后的《企业会计准则第 37 号——金融工具列报》（本章简称"本准则"），在境内外同时上市的企业以及在境外上市并采用《国际财务报告准则》或《企业会计准则》编制财务报告的企业，自 2018 年 1 月 1 日起施行；其他境内上市企业自 2019 年 1 月 1 日起施行；执行《企业会计准则》的非上市企业自 2021 年 1 月 1 日起施行。同时，鼓励企业提前执行。

12.1.1 权益工具及所有者权益

（1）企业发行金融工具，应当按照该金融工具的实质，以及金融资产、金融负债和权益工具的定义，在初始确认时将该金融工具或其组成部分确认为金融资产、金融负债和权益工具。

权益工具，是指能证明拥有某个企业在扣除所有负债后的资产中的剩余权益的合同。例如，企业发行的普通股，以及企业发行的、使持有者有权以固定价格购入固定数量本企业普通股的认股权证等。

企业发行权益工具所收到的对价扣除交易费用（不涉及同一控制下企业合并中合并方发行权益工具发生的交易费用）后，应当确认为股本（或实收资本）、股本溢价（或资本溢价）等。

其中，交易费用是指可直接归属于发行权益工具新增外部费用，包括支付给代理机构、咨询公司、券商等的手续费和佣金及其他必要支出。

（2）企业发行的权益工具构成所有者权益的重要组成内容。所有者权益包括股本（或实收资本）、资本公积（含股本溢价或资本溢价、其他资本公积）、盈余公积和未分配利润。商业银行、保险公司等金融机构在税后利润中提取的一般风险准备，也构成其所有者权益。

其他资本公积是指股本溢价（或资本溢价）以外的资本公积，其他资本公积主要用于核算直接计入所有者权益的利得和损失。

（3）企业回购自身权益工具支付的对价和交易费用，应当减少所有者权益。

股份有限公司按法定程序报经批准采用收购本公司股票方式减资的，按注销股票面值总额减少股本，购回股票支付的价款（含交易费用）超过面值总额的部分，应依次冲减资本公积、盈余公积和未分配利润；购回股票支付的价款低于面值总额的，低于面值总额的部分增加资本公积。

（4）企业对权益工具持有方的各种分配（不包括股票股利），如现金股利，应当减少所有者权益。

（5）企业发行的某些非衍生金融工具（如可转换公司债券等）既含有负债成分，又含有权益成分。对这些金融工具,应在初始确认时,将相关负债和权益进行分拆,先计算确定负债部分的初始入账金额,再按发行收入扣除负债部分初始入账金额的差额确认权益部分的初始入账金额。

发行非衍生金融工具发生的交易费用,应当在负债成分和权益成分之间按各自的相对公允价值进行分摊。

【案例12-1】 某公司20×7年1月1日按每份面值1 000元发行了2 000份可转换债券,取得总收入2 000 000元。该债券期限为3年,票面年利率为6%,利息按年支付;每份债券均可在债券发行1年后转换为250股该公司普通股。该公司发行该债券时,二级市场上与之类似但没有转股权的债券的市场利率为9%。假定不考虑其他相关因素。

解析:该公司应先对负债部分的未来现金流量进行折现,以确定初始入账金额(折现率应为9%),再将债券发行收入与负债部分的公允价值之间的差额分配到权益部分。据此,负债部分的初始入账金额 $=2\ 120\ 000\times(1+9\%)^{-3}+120\ 000\times(1+9\%)^{-1}+120\ 000\times(1+9\%)^{-2}=1\ 848\ 122$(元);权益部分的初始入账金额 $=2\ 000\ 000-1\ 848\ 122=151\ 878$(元)。

12.1.2 金融资产和金融负债互相抵销的条件

金融资产和金融负债应当在资产负债表内分别列示,通常不得相互抵销。

(1)同时满足下列条件的,应当以相互抵销后的净额在资产负债表内列示。

① 企业具有抵销已确认金额的法定权利,且该种法定权利现在是可执行的。抵销的法定权利,主要是指债务人根据相关合同或规定,可以用其欠债权人的金额抵销应收同一债权人债权的权利。例如,从事证券经纪业务的证券公司,可以按照证券交易结算的相关规定,采用净额方式与证券登记公司进行结算。

② 企业计划以净额结算,或同时变现该金融资产和清偿该金融负债。

(2)下列情况不符合金融资产和金融负债相互抵销的条件,不应将金融资产和金融负债相互抵销后以净额列示。

① 将几项金融工具组合在一起模仿成某项金融资产或金融负债。例如将浮动利率长期债券与收取浮动利息、支付固定利息的利率互换组合在一起,模仿或"合成"为一项固定利率长期负债。这种组合的各单项金融工具形成的金融资产或金融负债不能相互抵销。

② 远期合同或其他衍生工具组合或类似金融工具组合内的金融资产和金融负债,虽有相同的主要风险,但各自涉及不同的交易对手时,不能相互抵销。

(3)作为某金融负债担保物的金融资产,不能与被担保的金融负债抵销。

(4)将一定金额的款项或其他金融资产转入信托账户,以其收益偿还某金融负债,转入信托账户的金融资产不能与相关金融负债抵销。

(5)企业与外部交易对手进行多项金融工具交易,同时签订"总抵销协议"。根据该协议,一旦某单项金融工具交易发生违约或解约,企业可以将所有金融工具交易以单一净额进行结算,以减少交易对手可能无法履约造成损失的风险。如果只是存在这种总抵销协议,而交易对手尚没有违约或解约,不表明企业已满足金融资产和金融负债相互抵销的条件。

（6）保险公司在保险合同下的应收赔偿金，不能与相关负债抵销。

12.2 金融负债和权益工具的区分

12.2.1 什么是金融负债

金融负债，是指企业符合下列条件之一的负债。

（1）向其他方交付现金或其他金融资产的合同义务。

（2）在潜在不利条件下，与其他方交换金融资产或金融负债的合同义务。

（3）将来须用或可用企业自身权益工具进行结算的非衍生工具合同，且企业根据该合同将交付可变数量的自身权益工具。

（4）将来须用或可用企业自身权益工具进行结算的衍生工具合同，但以固定数量的自身权益工具交换固定金额的现金或其他金融资产的衍生工具合同除外。

12.2.2 符合条件的权益工具

企业发行的金融工具同时满足下列条件的，符合权益工具的定义，应当将该金融工具分类为权益工具。

（1）该金融工具应当不包括交付现金或其他金融资产给其他方，或在潜在不利条件下与其他方交换金融资产或金融负债的合同义务。

（2）将来须用或可用企业自身权益工具结算该金融工具。如为非衍生工具，该金融工具应当不包括交付可变数量的自身权益工具进行结算的合同义务；如为衍生工具，企业只能通过以固定数量的自身权益工具交换固定金额的现金或其他金融资产结算该金融工具。

对于附有或有结算条款的金融工具，发行方不能无条件地避免交付现金、其他金融资产或以其他导致该工具成为金融负债的方式进行结算的，应当分类为金融负债。

12.3 特殊金融工具的区分

符合金融负债定义，但同时具有下列特征的可回售工具，应当分类为权益工具。

（1）赋予持有方在企业清算时按比例份额获得该企业净资产的权利。这里所指企业净资产是扣除所有优先于该工具对企业资产要求权之后的剩余资产；这里所指按比例份额是清算时将企业的净资产分拆为金额相等的单位，并且将单位金额乘以持有方所持有的单位数量。

（2）该工具所属的类别次于其他所有工具类别，即该工具在归属于该类别前无须转换为另一种工具，且在清算时对企业资产没有优先于其他工具的要求权。

（3）该工具所属的类别中（该类别次于其他所有工具类别），所有工具具有相同的特征（例如它们必须都具有可回售特征，并且用于计算回购或赎回价格的公式或其他方法都相同）。

（4）除了发行方应当以现金或其他金融资产回购或赎回该工具的合同义务外，该工具不满足本准则规定的金融负债定义中的任何其他特征。

（5）该工具在存续期内的预计现金流量总额，应当实质上基于该工具存续期内企业的损益、已确认净资产的变动、已确认和未确认净资产的公允价值变动（不包括该工具的任何影响）。

可回售工具，是指根据合同约定，持有方有权将该工具回售给发行方以获取现金或其他金融资产的权利，或者在未来某一不确定事项发生或者持有方死亡或退休时，自动回售给发行方的金融工具。

12.4　收益的库存股

金融工具或其组成部分属于金融负债的，相关利息、股利（或股息）、利得或损失，以及赎回或再融资产生的利得或损失等，应当计入当期损益。

金融工具或其组成部分属于权益工具的，其发行（含再融资）、回购、出售或注销时，发行方应当作为权益的变动处理。发行方不应当确认权益工具的公允价值变动。

发行方向权益工具持有方的分配应当作为其利润分配处理，发放的股票股利不影响发行方的所有者权益总额。

与权益性交易相关的交易费用应当从权益中扣减。企业发行或取得自身权益工具时发生的交易费用（例如登记费，承销费，法律、会计、评估及其他专业服务费用，印刷成本和印花税等），可直接归属于权益性交易的，应当从权益中扣减。终止的未完成权益性交易所发生的交易费用应当计入当期损益。

发行复合金融工具发生的交易费用，应当在金融负债成分和权益工具成分之间按照各自占总发行价款的比例进行分摊。与多项交易相关的共同交易费用，应当在合理的基础上，采用与其他类似交易一致的方法，在各项交易间进行分摊。

发行方分类为金融负债的金融工具支付的股利，在利润表中应当确认为费用，与其他负债的利息费用合并列示，并在财务报表附注中单独披露。

作为权益扣减项的交易费用，应当在财务报表附注中单独披露。

12.5　金融资产和金融负债的抵销

金融资产和金融负债应当在资产负债表内分别列示，不得相互抵销。但同时满足下列条件的，以相互抵销后的净额在资产负债表内列示。

（1）企业具有抵销已确认金额的法定权利，且该种法定权利是当前可执行的。

（2）企业计划以净额结算，或同时变现该金融资产和清偿该金融负债。

不满足终止确认条件的金融资产转移，转出方不得将已转移的金融资产和相关负债进行抵销。

抵销权是债务人根据合同或其他协议，以应收债权人的金额全部或部分抵销应付债权人的金额的法定权利。

12.6 金融工具对财务状况和经营成果影响的列报

12.6.1 一般性规定

（1）对于指定为以公允价值计量且其变动计入当期损益的金融资产，企业应当披露下列信息。

① 指定的金融资产的性质。

② 企业如何满足运用指定的标准。企业应当披露该指定所针对的确认或计量不一致的描述性说明。

（2）对于指定为以公允价值计量且其变动计入当期损益的金融负债，企业应当披露下列信息。

① 指定的金融负债的性质。

② 初始确认时对上述金融负债做出指定的标准。

③ 企业如何满足运用指定的标准。

12.6.2 资产负债表中的列示及相关披露

（1）企业将本应按摊余成本或以公允价值计量且其变动计入其他综合收益计量的一项或一组金融资产指定为以公允价值计量且其变动计入当期损益的金融资产的，应当披露下列信息。

① 该金融资产在资产负债表日使企业面临的最大信用风险敞口。

② 企业通过任何相关信用衍生工具或类似工具使得该最大信用风险敞口降低的金额。

③ 该金融资产因信用风险变动引起的公允价值本期变动额和累计变动额。

④ 相关信用衍生工具或类似工具自该金融资产被指定以来的公允价值本期变动额和累计变动额。

（2）企业将一项金融负债指定为以公允价值计量且其变动计入当期损益的金融负债，且企业自身信用风险变动引起的该金融负债公允价值的变动金额计入其他综合收益的，应当披露下列信息。

① 该金融负债因自身信用风险变动引起的公允价值本期变动额和累计变动额。

② 该金融负债的账面价值与按合同约定到期应支付债权人金额之间的差额。

③ 该金融负债的累计利得或损失本期从其他综合收益转入留存收益的金额和原因。

（3）企业将一项金融负债指定为以公允价值计量且其变动计入当期损益的金融负债，且该金融负债（包括企业自身信用风险变动的影响）的全部利得或损失计入当期损益的，应当披露下列信息。

① 该金融负债因自身信用风险变动引起的公允价值本期变动额和累计变动额。

② 该金融负债的账面价值与按合同约定到期应支付债权人金额之间的差额。

12.6.3 利润表中的列示及相关披露

企业应当披露与金融工具有关的下列收入、费用、利得或损失。

（1）以公允价值计量且其变动计入当期损益的金融资产和金融负债所产生的利得或损失。

（2）对于指定为以公允价值计量且其变动计入当期损益的金融负债，企业应当分别披露本期在其他综合收益中确认的和在当期损益中确认的利得或损失。

（3）对于根据《企业会计准则第 22 号——金融工具确认和计量》第十八条的规定分类为以公允价值计量且其变动计入其他综合收益的金融资产，企业应当分别披露当期在其他综合收益中确认的以及当期终止确认时从其他综合收益转入当期损益的利得或损失。

（4）对于根据《企业会计准则第 22 号——金融工具确认和计量》第十九条的规定指定为以公允价值计量且其变动计入其他综合收益的非交易性权益工具投资，企业应当分别披露在其他综合收益中确认的利得和损失以及在当期损益中确认的股利收入。

（5）除以公允价值计量且其变动计入当期损益的金融资产或金融负债外，按实际利率法计算的金融资产或金融负债产生的利息收入或利息费用总额，以及在确定实际利率时未予包括并直接计入当期损益的手续费收入或支出。

（6）企业通过信托和其他托管活动代他人持有资产或进行投资而形成的，直接计入当期损益的手续费收入或支出。

12.6.4　套期会计相关披露

（1）企业应当披露与套期会计有关的下列信息。
① 企业的风险管理策略以及如何应用该策略来管理风险。
② 企业的套期活动可能对其未来现金流量金额、时间和不确定性的影响。
③ 套期会计对企业的资产负债表、利润表及所有者权益变动表的影响。

（2）与风险管理策略相关的信息应当包括：① 企业指定的套期工具；② 企业如何运用套期工具对被套期项目的特定风险敞口进行套期；③ 企业如何确定被套期项目与套期工具的经济关系以评估套期有效性；④ 套期比率的确定方法；⑤ 套期无效部分的来源。

12.6.5　公允价值披露

金融资产或金融负债初始确认的公允价值与交易价格存在差异时，企业在初始确认金融资产或金融负债时不应确认利得或损失。在此情况下，企业应当按金融资产或金融负债的类型披露下列信息。

（1）企业在损益中确认交易价格与初始确认的公允价值之间差额时所采用的会计政策，以反映市场参与者对资产或负债进行定价时所考虑的因素（包括时间因素）的变动。

（2）该项差异期初和期末尚未在损益中确认的总额和本期变动额的调节表。

（3）企业如何认定交易价格并非公允价值的最佳证据，以及确定公允价值的证据。

12.7　与金融工具相关的风险披露

12.7.1　定性和定量信息

（1）对金融工具产生的各类风险，企业应当披露下列定性信息。
① 风险敞口及其形成原因，以及在本期发生的变化。

② 风险管理目标、政策和程序以及计量风险的方法及其在本期发生的变化。

（2）对金融工具产生的各类风险，企业应当按类别披露下列定量信息。

① 期末风险敞口的汇总数据。

② 本准则第七十八条至第九十七条要求披露的信息。

③ 期末风险集中度信息，包括管理层确定风险集中度的说明和参考因素（包括交易对手方、地理区域、货币种类、市场类型等），以及与各风险集中度相关的风险敞口金额。

12.7.2 信用风险披露

企业应当披露与信用风险有关的下列信息。

（1）企业信用风险管理实务的相关信息及其与预期信用损失的确认和计量的关系，包括计量金融工具预期信用损失的方法、假设和信息。

（2）有助于财务报表使用者评价在财务报表中确认的预期信用损失金额的定量和定性信息，包括预期信用损失金额的变动及其原因。

（3）企业的信用风险敞口，包括重大信用风险集中度。

（4）其他有助于财务报表使用者了解信用风险对未来现金流量金额、时间和不确定性的影响的信息。

企业本期通过取得担保物或其他信用增级所确认的金融资产或非金融资产，应当披露下列信息：① 所确认资产的性质和账面价值；② 对于不易变现的资产，应当披露处置或拟将其用于日常经营的政策等。

12.7.3 流动性风险披露

企业应当披露其自身进行的与金融负债剩余到期期限有关的到期期限分析，以及管理这些金融负债流动性风险的方法。

（1）对于非衍生金融负债（包括财务担保合同），到期期限分析应当基于合同剩余到期期限。对于包含嵌入衍生工具的混合金融工具，企业应当将其整体视为非衍生金融负债进行披露。

（2）对于衍生金融负债，如果合同到期期限是理解现金流量时间分布的关键因素，到期期限分析应当基于合同剩余到期期限。

流动性风险，是指企业在履行以交付现金或其他金融资产的方式结算的义务时发生资金短缺的风险。

12.7.4 市场风险披露

企业采用风险价值法或类似方法进行敏感性分析能够反映金融风险变量之间（如利率和汇率之间等）的关联性，且企业已采用该种方法管理金融风险的，可不按照本准则第九十五条的规定进行披露，但应当披露下列信息。

（1）用于该种敏感性分析的方法、选用的主要参数和假设。

（2）所用方法的目的，以及该方法提供的信息在反映相关资产和负债公允价值方面的局限性。

按照本准则第九十五条或第九十六条对敏感性分析的披露不能反映金融工具市场风险的（例如期末的风险敞口不能反映当期的风险状况），企业应当披露这一事实及其原因。

12.8 金融资产转移的披露

12.8.1 金融资产转移的情形

企业应当就资产负债表日存在的所有未终止确认的已转移金融资产，以及对已转移金融资产的继续涉入，按本准则要求单独披露。

金融资产转移，包括下列两种情形。

（1）企业将收取金融资产现金流量的合同权利转移给另一方。

（2）企业保留了收取金融资产现金流量的合同权利，但承担了将收取的现金流量支付给一个或多个最终收款方的合同义务。

12.8.2 金融资产披露

（1）对于已转移但未整体终止确认的金融资产，企业应当按照类别披露下列信息。

① 已转移金融资产的性质。

② 仍保留的与所有权有关的风险和报酬的性质。

③ 已转移金融资产与相关负债之间关系的性质，包括因转移引起的对企业使用已转移金融资产的限制。

④ 在转移金融资产形成的相关负债的交易对手方仅对已转移金融资产有追索权的情况下，应当以表格形式披露所转移金融资产和相关负债的公允价值以及净头寸，即已转移金融资产和相关负债公允价值之间的差额。

⑤ 继续确认已转移金融资产整体的，披露已转移金融资产和相关负债的账面价值。

⑥ 按继续涉入程度确认所转移金融资产的，披露转移前该金融资产整体的账面价值、按继续涉入程度确认的资产和相关负债账面价值。

（2）对于已整体终止确认但转出方继续涉入已转移金融资产的，企业应当至少按照类别披露下列信息。

① 因继续涉入确认的资产和负债的账面价值和公允价值，以及在资产负债表中对应的项目。

② 因继续涉入导致企业发生损失的最大风险敞口及确定方法。

③ 应当或可能回购已终止确认的金融资产需要支付的未折现现金流量（如期权协议中的行权价格）或其他应向转入方支付的款项，以及对这些现金流量或款项的到期期限分析。

12.9 衔接规定

自本准则施行日起，企业应当按照本准则的要求列报金融工具的相关信息。企业比较财务报表列报的信息与本准则要求不一致的，不需要按照本准则的要求进行调整。

12.10　应用案例

【案例12-2】　2019年1月6日，甲公司回购20 000股流通在外的普通股作为库存股，回购价格为每股12元。已知该股票的面值为每股1元。

解析：甲公司回购的股票没有注销，形成库存股，应当按照回购价格确认库存股的金额。

库存股的入账价值=20 000×12=240 000（元）

2019年1月6日，甲公司回购库存股时应当编制的会计分录如下。

借：库存股　　　　　　　　　　　　　　　　　　　　　　240 000
　　贷：银行存款　　　　　　　　　　　　　　　　　　　　240 000

【案例12-3】　承案例12-2，2019年2月17日，甲公司以每股13元的价格出售库存股，将出售价格大于账面的价值的差额确认为资本公积。

解析：库存股结转的价值=5 000×12=60 000（元）

库存股出售所得金额=5 000×13=65 000（元）

2019年2月17日，甲公司在结转库存股时应当编制的会计分录如下。

借：银行存款　　　　　　　　　　　　　　　　　　　　　65 000
　　贷：库存股　　　　　　　　　　　　　　　　　　　　　60 000
　　　　资本公积——股本溢价　　　　　　　　　　　　　　 5 000

【案例12-4】　承案例12-2，2019年3月19日，甲公司以每股11元的市场价格出售8 000股库存股。假定甲公司"股本溢价"明细科目的余额为5 000元，甲公司按照10%提取盈余公积。

解析：甲公司将库存股出售再转换为流通股，应当按照库存股的成本（每股12元）结转库存股的账面价值。库存股账面价值与公允价值（每股11元）的差额先冲减资本公积，不足冲减的部分再冲减盈余公积和未分配利润。

库存股结转的价值=8 000×12=96 000（元）

库存股出售所得金额=8 000×11=88 000（元）

冲减留存收益的金额=96 000-88 000-5 000=3 000（元）

冲减盈余公积的金额=3 000×10%=300（元）

冲减未分配利润的金额=3 000×90%=2 700（元）

2019年3月19日，甲公司在出售库存股时应当编制的会计分录如下。

借：银行存款　　　　　　　　　　　　　　　　　　　　　88 000
　　资本公积——股本溢价　　　　　　　　　　　　　　　　5 000
　　盈余公积　　　　　　　　　　　　　　　　　　　　　　　300
　　利润分配——未分配利润　　　　　　　　　　　　　　　2 700
　　贷：库存股　　　　　　　　　　　　　　　　　　　　　96 000

【案例12-5】　承案例12-4，2019年5月13日，甲公司将剩余的库存股注销。已知甲公司股票的面值为每股1元。

解析：由于甲公司股票溢价明细科目没有余额，因而甲公司将库存股注销时，应当将库存股的成本与股票面值的差额按比例冲减盈余公积和未分配利润。

库存股结转的价值=（20 000－5 000－8 000）×12=84 000（元）

股票注销的面值=（20 000－5 000－8 000）×1=7 000（元）

冲减盈余公积的金额=77 000×10%=7 700（元）

未分配利润冲减的金额=77 000×90%=69 300（元）

2014年5月13日，甲公司在注销库存股时应当编制的会计分录如下。

借：股本　　　　　　　　　　　　　　　　　　　　7 000
　　盈余公积　　　　　　　　　　　　　　　　　　7 700
　　利润分配——未分配利润　　　　　　　　　　　69 300
　　贷：库存股　　　　　　　　　　　　　　　　　　　84 000

第 13 章
《企业会计准则第 14 号——收入》解析

13.1 准则的适用范围

《企业会计准则第 14 号——收入》（本章简称"本准则"）的执行时间为：在境内外同时上市的企业以及在境外上市并采用《国际财务报告准则》或《企业会计准则》编制财务报表的企业，自 2018 年 1 月 1 日起施行；其他境内上市企业，自 2020 年 1 月 1 日起施行；执行《企业会计准则》的非上市企业，自 2021 年 1 月 1 日起施行。同时，允许企业提前执行。

母公司执行本准则但子公司尚未执行本准则的，母公司在编制合并财务报表时，应当按照本准则的规定调整子公司的财务报表。母公司尚未执行本准则而子公司已执行本准则的，母公司在编制合并财务报表时，可以将子公司的财务报表按照母公司的会计政策进行调整后合并，也可以将子公司按照本准则编制的财务报表直接合并；母公司将子公司按照本准则编制的财务报表直接合并的，应当在合并财务报表中披露该事实，并且对母公司和子公司的会计政策及其他相关信息分别进行披露。

企业对合营企业和联营企业的长期股权投资采用权益法核算的，比照上述原则进行处理，但不切实可行的除外。

企业以存货换取客户的固定资产、无形资产等的，按照本准则的规定进行会计处理。其他非货币性资产交换，按照《企业会计准则第 7 号——非货币性资产交换》的规定进行会计处理。

13.2 准则的变化

13.2.1 统一的收入确认模型

本准则采用统一的收入确认模型来规范所有与客户之间的合同产生的收入，并且就"在一段时间内"还是"在某一时点"确认收入提供具体指引，有助于更好地解决目前收入确认时点的问题，提高会计信息可比性。

13.2.2 以控制权转移替代风险报酬转移作为收入确认时点判断标准

本准则打破了商品和劳务的界限，要求企业在履行合同中的履约义务时即客户取得相关商品（或服务）控制权时确认收入。

13.2.3 对于包含多重交易安排的合同的会计处理提供更明确的指引

本准则要求企业识别合同所包含的各项履约义务，按照各项履约义务所承诺商品（或服务）的相对单独售价将交易价格分摊至各项履约义务，进而在履行各履约义务时确认相应的收入。

13.2.4 对于某些特定交易收入确认和计量给出了明确规定

本准则对于某些特定交易（或事项）的收入确认和计量给出了明确规定。

例如，区分总额和净额确认收入、附有质量保证条款的销售、附有客户额外购买选择权的销售、向客户授予知识产权许可、售后回购、无需退还的初始费等，这些规定将有助于更好地指导实务操作，从而提高会计信息的可比性。

13.2.5 "五步法"核心要求

步骤1：识别客户合同。合同是指双方或多方之间订立的有法律约束力的权利、义务的协议。本准则的要求适用于与客户议定的并符合特定标准的每一项合同，包括合同合并（将多份合同合并并将其作为一份合同进行会计处理）和合同变更（范围或价格或两者同时变更）。

步骤2：识别合同中的履约义务。合同包括向客户转让商品或服务的承诺。如果这些商品或服务可明确区分，则对应的承诺即为履约义务，并且应当分别进行会计处理。

如果客户能够从某项商品或服务本身，或从该商品或服务与其他易于获得资源一起使用中受益，且企业向客户转让该商品或服务的承诺与合同中其他承诺可单独区分，则该商品或服务可明确区分。

步骤3：确定交易价格。交易价格是企业因向客户转让商品或服务而预期有权收取的对价金额。

交易价格可以是固定的客户对价金额，但有时也可能包含可变对价或非现金对价。交易价格还应当就货币的时间价值影响（若合同中存在重大融资成分）及任何应付客户对价进行调整。

如果对价是可变的，则企业应估计其因转让商品或服务而有权收取的对价金额。但包含可变对价的交易价格，应当不超过在相关不确定性消除时累计已确认收入极可能不会发生重大转回的金额。

步骤4：将交易价格分摊至合同中的履约义务。企业通常按照各单项履约义务所承诺商品的单独售价的相对比例，将交易价格分摊至各单项履约义务。

如果单独售价无法直接观察，企业应对其进行估计。有时，交易价格包含仅与合同中一项或多项履约义务相关的折扣或可变对价金额。有关要求对企业何时应将折扣或可变对价分摊至合同中一项或多项（而非全部）履约义务进行了规定。

步骤5：在企业履行履约义务时（或履约过程中）确认收入。企业应在其通过向客户转让商品或服务履行履约义务时（或履约过程中），即当客户取得对商品或服务的控制权时确认收入。这是"控制权转移"模型。

所确认的收入金额为分摊至履约义务的金额。履约义务可在某一时点（对于向客户转让商品的承诺而言较为常见）或在某一时段内（对于向客户转让服务的承诺而言较为常见）履行。对于在某一时段内履行的履约义务，企业应通过选择计量企业履约义务的履约进度的适当方法在一段时间内确认收入。

13.3 确认收入和合同变更时的会计处理

企业应当在履行了合同中的履约义务,即在客户取得相关商品控制权时确认收入。

(1)当企业与客户之间的合同同时满足下列条件时,企业应当在客户取得相关商品控制权时确认收入。

① 合同各方已批准该合同并承诺将履行各自义务。

② 该合同明确了合同各方与所转让商品或提供劳务(以下简称"转让商品")相关的权利和义务。

③ 该合同有明确的与所转让商品相关的支付条款。

④ 该合同具有商业实质,即履行该合同将改变企业未来现金流量的风险、时间分布或金额;

⑤ 企业因向客户转让商品而有权取得的对价很可能收回。

(2)对于在某一时点履行的履约义务,企业应当在客户取得相关商品控制权时确认收入。在判断客户是否已取得商品控制权时,企业应当考虑下列迹象。

① 企业就该商品享有现时收款权利,即客户就该商品负有现时付款义务。

② 企业已将该商品的法定所有权转移给客户,即客户已拥有该商品的法定所有权。

③ 企业已将该商品实物转移给客户,即客户已实物占有该商品。

④ 企业已将该商品所有权上的主要风险和报酬转移给客户,即客户已取得该商品所有权上的主要风险和报酬。

⑤ 客户已接受该商品。

⑥ 其他表明客户已取得商品控制权的迹象。

13.4 计量

合同中存在重大融资成分的,企业应当按照假定客户在取得商品控制权时即以现金支付的应付金额确定交易价格。该交易价格与合同对价之间的差额,应当在合同期间内采用实际利率法摊销。

客户支付非现金对价的,企业应当按照非现金对价的公允价值确定交易价格。非现金对价的公允价值不能合理估计的,企业应当参照其承诺向客户转让商品的单独售价间接确定交易价格。非现金对价的公允价值因对价形式以外的原因而发生变动的,应当作为可变对价。

13.5 合同成本

企业为履行合同发生的成本,不属于其他企业会计准则规范范围且同时满足下列条件的,应当作为合同履约成本确认为一项资产:① 该成本与一份当前或预期取得的合同直接相关,包括直接人工、直接材料、制造费用(或类似费用)、明确由客户承担的成本以及仅因该合同而发生的其他成本;② 该成本增加了企业未来用于履行履约义务的资源;③ 该成本预期能够收回。

企业应当在下列支出发生时，将其计入当期损益：①管理费用；②非正常消耗的直接材料、直接人工和制造费用（或类似费用），这些支出为履行合同发生，但未反映在合同价格中；③与履约义务中已履行部分相关的支出；④无法在尚未履行的与已履行的履约义务之间区分的相关支出。

13.6 特定交易的会计处理

（1）企业向客户转让商品前能够控制该商品的情形包括以下几点。
①企业自第三方取得商品或其他资产控制权后，再转让给客户。
②企业能够主导第三方代表本企业向客户提供服务。
③企业自第三方取得商品控制权后，通过提供重大的服务将该商品与其他商品整合成某组合产出转让给客户。
（2）在具体判断向客户转让商品前是否拥有对该商品的控制权时，企业不应仅局限于合同的法律形式，而应当综合考虑所有相关事实和情况，这些事实和情况包括以下几点。
①企业承担向客户转让商品的主要责任。
②企业在转让商品之前或之后承担了该商品的存货风险。
③企业有权自主决定所交易商品的价格。
④其他相关事实和情况。

13.7 列报

企业应当根据本企业履行履约义务与客户付款之间的关系在资产负债表中列示合同资产或合同负债。企业拥有的、无条件（即，仅取决于时间流逝）向客户收取对价的权利应当作为应收款项单独列示。

合同资产，是指企业已向客户转让商品而有权收取对价的权利，且该权利取决于时间流逝之外的其他因素。如企业向客户销售两项可明确区分的商品，企业因已交付其中一项商品而有权收取款项，但收取该款项还取决于企业交付另一项商品的，企业应当将该收款权利作为合同资产。

合同负债，是指企业已收或应收客户对价而应向客户转让商品的义务，如企业在转让承诺的商品之前已收取的款项。

13.8 衔接规定

首次执行本准则的企业，应当根据首次执行本准则的累积影响数，调整首次执行本准则当年年初留存收益及财务报表其他相关项目金额，对可比期间信息不予调整。

已完成的合同，是指企业按照与收入相关会计准则制度的原规定已完成合同中全部商品的转让的合同。尚未完成的合同，是指除已完成的合同之外的其他合同。

对于最早可比期间期初之前或首次执行本准则当年年初之前发生的合同变更，企业可予以简化处理，即无需追溯调整，而是根据合同变更的最终安排，识别已履行的和尚未履行的履约义务、确定交易价格以及在已履行的和尚未履行的履约义务之间分摊交易价格。

13.9 应用案例

【案例 13-1】 2018 年 11 月 1 日，H 公司与 R 公司签订安装合同，H 公司为 R 公司提供设备安装劳务。合同约定的安装期限为 4 个月，合同总收入为 500 000 元。根据合同规定，R 公司于签订合同之日先预付 70% 的价款，剩余价款在安装完毕验收合格时支付。

至 2018 年 12 月 31 日，H 公司领用安装用材料 150 000 元、发生安装人员工资 100 000 元。预计完成该设备安装任务还将发生成本 150 000 元。假定 H 公司按年确认劳务收入，按实际发生的成本占估计总成本的比例确定劳务的完工进度。

解析：H 公司的会计处理如下。

（1）2018 年 11 月 1 日，预收款项时。

借：银行存款　　　　　　　　　　　　　　　　　　　　　350 000
　　贷：预收账款　　　　　　　　　　　　　　　　　　　　350 000

（2）发生安装成本时。

借：劳务成本　　　　　　　　　　　　　　　　　　　　　250 000
　　贷：原材料　　　　　　　　　　　　　　　　　　　　　150 000
　　　　应付职工薪酬　　　　　　　　　　　　　　　　　　100 000

（3）2018 年 12 月 31 日，确认劳务收入和劳务成本时。

该安装劳务的完工进度 =250 000÷（250 000+150 000）×100% =62.5%

2018 年应确认的劳务收入 =500 000×62.5% − 0= 312 500（元）

2018 年应确认的劳务成本 =（250 000 + 150 000）×62.5% − 0=250 000（元）

借：预收账款　　　　　　　　　　　　　　　　　　　　　312 500
　　贷：主营业务收入　　　　　　　　　　　　　　　　　　312 500
借：主营业务成本　　　　　　　　　　　　　　　　　　　250 000
　　贷：劳务成本　　　　　　　　　　　　　　　　　　　　250 00

【案例 13-2】 甲公司与其客户签订一项总金额为 580 万元的固定造价合同，该合同不可撤销。甲公司负责工程的施工及全面管理。客户按照第三方工程监理公司确认的工程完工量，每年与甲公司结算一次。该工程已于 2×18 年 2 月开工，预计 2×21 年 6 月完工；预计可能发生的工程总成本为 550 万元。到 2×19 年年底，由于材料价格上涨等因素，甲公司将预计工程总成本调整为 600 万元。2×20 年年末，甲公司根据工程新情况将预计工程总成本调整为 610 万元。假定该建造工程整体构成单项履约义务，并属于在某一时段内履行的履约义务。该公司采用成本法确定履约进度，不考虑其他相关因素。该合同的其他有关资料如表 13-1 所示。

表 13-1 与合同有关的资料

单位：万元

项目	2×18年	2×19年	2×20年	2×21年	2×22年
年末累计实际发生成本	154	300	488	610	—
年末预计完成合同尚需发生成本	396	300	122	—	—
本期结算合同价款	174	196	180	30	—
本期实际收到价款	170	190	190	—	30

按照合同约定，工程质保金30万元需等到客户于2×22年年底保证期结束且未发生重大质量问题方能收款。上述价款均为不含税价款，不考虑相关税费的影响。

解析：甲公司的会计处理如下。

（1）2×18年的会计处理如下。

① 实际发生合同成本。

借：合同履约成本　　　　　　　　　　　　　　　　　　1 540 000
　　贷：原材料、应付职工薪酬等　　　　　　　　　　　　　1 540 000

② 确认当年的收入并结转成本。

履约进度 =1 540 000÷（1 540 000+3 960 000）×100%=28%

合同收入 =5 800 000×28%=1 624 000（元）

借：合同结算——收入结转　　　　　　　　　　　　　　1 624 000
　　贷：主营业务收入　　　　　　　　　　　　　　　　　　1 624 000

借：主营业务成本　　　　　　　　　　　　　　　　　　1 540 000
　　贷：合同履约成本　　　　　　　　　　　　　　　　　　1 540 000

③ 结算合同价款。

借：应收账款　　　　　　　　　　　　　　　　　　　　1 740 000
　　贷：合同结算——价款结算　　　　　　　　　　　　　　1 740 000

④ 实际收到合同价款。

借：银行存款　　　　　　　　　　　　　　　　　　　　1 700 000
　　贷：应收账款　　　　　　　　　　　　　　　　　　　　1 700 000

2×18年12月31日，"合同结算"科目的余额为贷方11.6（174-162.4）万元，表明甲公司已经与客户结算但尚未履行履约义务的金额为11.6万元，由于甲公司预计该部分履约义务将在2×19年内完成，所以应在资产负债表中作为合同负债列示。

（2）2×19年的会计处理如下。

① 实际发生合同成本。

借：合同履约成本　　　　　　　　　　　　　　　　　　1 460 000
　　贷：原材料、应付职工薪酬等　　　　　　　　　　　　　1 460 000

② 确认当年的收入并结转成本，同时，确认合同预计损失。

履约进度 =3 000 000÷(3 000 000+3 000 000)×100%=50%

合同收入 =5 800 000×50%-1 624 000=1 276 000(元)

借：合同结算——收入结转　　　　　　　　　　　　1 276 000
　　贷：主营业务收入　　　　　　　　　　　　　　　　　1 276 000

注：2×19年年末累计实际发生成本300万元，其中：2×18年154万元、2×19年146万元。

借：主营业务成本　　　　　　　　　　　　　　　　1 460 000
　　贷：合同履约成本　　　　　　　　　　　　　　　　　1 460 000

借：主营业务成本　　　　　　　　　　　　　　　　　100 000
　　贷：预计负债　　　　　　　　　　　　　　　　　　　　100 000

合同预计损失 =(3 000 000+3 000 000-5 800 000)×(1-50%)=100 000(元)

2×19年年底，该合同预计总成本（600万元）大于合同总收入（580万元），预计发生损失总额为20万元，其中10（20×50%）万元已经反映在损益中，因此应将剩余的、为完成工程将发生的预计损失10万元确认为当期损失。根据《企业会计准则第13号——或有事项》的相关规定，待执行合同变成亏损合同的，该亏损合同产生的义务满足相关条件的，应当对亏损合同确认预计负债。因此，为完成工程将发生的预计损失10万元应当确认为预计负债。

③ 结算合同价款。

借：应收账款　　　　　　　　　　　　　　　　　　1 960 000
　　贷：合同结算——价款结算　　　　　　　　　　　　　1 960 000

④ 实际收到合同价款。

借：银行存款　　　　　　　　　　　　　　　　　　1 900 000
　　贷：应收账款　　　　　　　　　　　　　　　　　　　1 900 000

⑤ 确认当年的合同收入并结转成本，同时调整合同预计损失。

履约进度 =4 880 000÷(4 880 000+1 220 000)×100%=80%

合同收入 =5 800 000×80%-1 624 000-1 276 000=1 740 000(元)

合同预计损失 =(4 880 000+1 220 000-5 800 000)×(1-80%)-100 000 = -40 000(元)

借：合同结算——收入结转　　　　　　　　　　　　1 740 000
　　贷：主营业务收入　　　　　　　　　　　　　　　　　1 740 000

借：主营业务成本　　　　　　　　　　　　　　　　1 880 000
　　贷：合同履约成本　　　　　　　　　　　　　　　　　1 880 000

借：预计负债　　　　　　　　　　　　　　　　　　　40 000
　　贷：主营业务成本　　　　　　　　　　　　　　　　　　40 000

2×20年年底，该合同预计总成本（610万元）大于合同总收入（580万元），预计发生损失总额为30万元，其中24（30×80%）万元已经反映在损益中，因此预计负债的余额为6（30-24）万元，反映剩余的、为完成工程将发生的预计损失，本期应转回合同预计损失4万元。

(3) 2×20年的账务处理如下。

① 结算合同价款。

借：应收账款　　　　　　　　　　　　　　　　　　　　1 800 000
　　贷：合同结算——价款结算　　　　　　　　　　　　　　　　1 800 000

注：履约进度=4 880 000÷（4 880 000+1 220 000）×100%=80%。

② 实际收到合同价款。

借：银行存款　　　　　　　　　　　　　　　　　　　　1 900 000
　　贷：应收账款　　　　　　　　　　　　　　　　　　　　　1 900 000

2×20年12月31日，"合同结算"科目的贷方余额为86（11.6-127.6+196-174+180）万元，表明甲公司尚未履行履约义务的金额为86万元，由于该部分履约义务将在2×21年6月底前完成，所以该部分应在资产负债表中作为合同负债列示。

(4) 2×21年1—6月的账务处理如下。

① 实际发生合同成本。

借：合同履约成本　　　　　　　　　　　　　　　　　　1 220 000
　　贷：原材料、应付职工薪酬等　　　　　　　　　　　　　　1 220 000

② 确认当期的合同收入并结转成本及已计提的合同损失。

2×21年1—6月确认的合同收入 = 合同总金额 − 截至目前累计已确认的收入
　　　　　　　　　　　　　　=5 800 000-1 624 000-1 276 000-1 740 000
　　　　　　　　　　　　　　=1 160 000（元）

借：合同结算——收入结转　　　　　　　　　　　　　　　11 60000
　　贷：主营业务收入　　　　　　　　　　　　　　　　　　　1 16000
借：主营业务成本　　　　　　　　　　　　　　　　　　　1 220 000
　　贷：合同履约成本　　　　　　　　　　　　　　　　　　　1 220 000
借：预计负债　　　　　　　　　　　　　　　　　　　　　　60 000
　　贷：主营业务成本　　　　　　　　　　　　　　　　　　　　60 000

2×21年6月30日，"合同结算"科目的借方余额为30（116-86）万元。这30万元是工程质保金，需等到客户于2×22年年底质保期结束且未发生重大质量问题后方能收款，应当在资产负债表中作为合同资产列示。

(5) 2×22年的账务处理。

① 质保期结束且未发生重大质量问题。

借：应收账款　　　　　　　　　　　　　　　　　　　　　300 000
　　贷：合同结算　　　　　　　　　　　　　　　　　　　　　300 000

② 实际收到合同价款。

借：银行存款　　　　　　　　　　　　　　　　　　　　　300 000
　　贷：应收账款　　　　　　　　　　　　　　　　　　　　　300 000

"合同结算"科目的余额变动情况如表13-2所示。

表 13-2 "合同结算"科目的余额变动情况

单位：万元

"合同结算"科目	借方	贷方	余额
2×18 年	162.4	174	贷 11.6
2×19 年	127.6	196	贷 80
2×20 年	174	180	贷 86
2×21 年	116	0	借 30
2×22 年	0	30	0

【案例 13-3】 甲公司与乙公司签订合同，向其销售一批产品，并负责将该批产品运送至乙公司指定的地点，甲公司承担相关的运输费用。假定销售该产品属于在某一时点履行的履约义务，且控制权在出库时转移给乙公司。

解析：本例中，甲公司向乙公司销售产品，并负责运输。该批产品在出库时，控制权转移给乙公司。在此之后，甲公司为将产品运送至乙公司指定的地点而发生的运输活动，属于为乙公司提供了一项运输服务。如果该运输服务构成单项履约义务，且甲公司是运输服务的主要责任人，甲公司应当按照分摊至该运输服务的交易价格确认收入。

分析依据：《企业会计准则第14号——收入》第九条、第十条、第二十六条等相关规定，《〈企业会计准则第14号——收入〉应用指南2018》第31页、第79页等相关内容。

【案例 13-4】 甲公司与乙公司签订合同，向其销售一批产品，并负责将该批产品运送至乙公司指定的地点，甲公司承担相关的运输费用。假定销售该产品属于在某一时点履行的履约义务，且控制权在产品送达乙公司指定地点时转移给乙公司。

解析：本例中，甲公司向乙公司销售产品，并负责运输。该批产品在送达乙公司指定地点时，控制权转移给乙公司。甲公司的运输活动是在产品的控制权转移给客户之前发生的，不构成单项履约义务，而是甲公司为履行合同发生的必要活动。

第14章
《企业会计准则第16号——政府补助》解析

14.1 准则的变化

14.1.1 政府补助的范围

《企业会计准则第16号——政府补助》（本章简称"本准则"）包含对政府补助特征的表述，以便于企业区分其从政府取得的经济资源是政府补助，还是政府资本性投入抑或是政府购买服务。企业从政府取得的经济资源，如果与企业销售商品或提供服务等活动密切相关，且是企业商品或服务的对价或者是对价的组成部分，应当作为收入进行会计处理。

政府补助具有下列特征。

1. 政府补助是来源于政府的经济资源

如果企业收到的来源于其他机构的补助，有确凿证据表明政府是补助的实际拨付者，其他机构只是起到代收代付的作用，则该项补助也属于来源于政府的经济资源。

2. 政府补助是无偿的

政府与企业之间双向、互惠的交易不属于政府补助。

如果政府以投资者身份向企业投入资本，享有企业相应的所有权，则政府与企业之间是投资者与被投资者的关系，属于互惠交易。政府拨入的投资补助等专项拨款中，国家相关文件要求作为所有者权益进行会计处理的，不属于本准则规范的政府补助。

企业与政府发生交易所取得的收入，如果该交易与企业销售商品或提供劳务等日常经营活动密切相关，且来源于政府的经济资源是企业商品或服务的对价或者是对价的组成部分，应当按照《企业会计准则第14号——收入》的规定进行会计处理，不适用本准则。

【**案例14-1**】 2019年12月，甲公司收到财政部门拨款2 000万元，系对甲公司2019年执行国家计划内政策价差的补偿。甲公司A商品单位售价为5万元/台，成本为2.5万元/台，但在纳入国家计划内政策体系后，甲公司对国家规定范围内的用户销售A商品的售价为3万元/台，国家财政给予2万元/台的补贴。2019年甲公司共销售政策范围内A商品1 000件。

解析：本例中，甲公司自财政部门取得的款项不属于政府补助。该款项与具有明确商业实质的交易相关，不是公司自国家无偿取得的现金流入，应作为企业正常销售价款的一部分。会计处理如下。（单元：万元）

借：应收账款或银行存款	5 000
贷：主营业务收入	5 000
借：主营业务成本	2 500

贷：库存商品　　　　　　　　　　　　　　　　　　　　　　　　2 500

【案例 14-2】 A 公司为上市公司，受政府委托进口医药类特种原料 M，再将 M 销售给国内的生产企业，生产企业加工出产品 N 销售给最终顾客。产品 N 的销售价格由政府确定。由于国际市场上原料 M 的价格上涨，而国内产品 N 的价格保持稳定不变，形成进销倒挂的局面。

　　A 公司销售给生产企业的时候以原料 M 的进口价格为基础定价，国家财政对生产企业进行补贴。国家补贴款管理为限定 A 公司对生产企业的销售价格，然后对 A 公司的进销差价损失由国家财政给予返还，差价返还金额以销售价格减去加权平均采购成本的价差乘以销售给生产企业的数量计算。

　　那么，A 公司收到的差价返还款是否应作为政府补助进行处理？

　　解析：不作为政府补助进行处理，应当按照《企业会计准则第 14 号——收入》的规定进行会计处理。

　　如果获得的是与资产相关的政府补助，应该首先确认为递延收益，然后在该资产使用寿命内平均分配，计入当期营业外收入。获得的是与收益相关的政府补助，用于补偿企业以后期间的相关费用或损失的，在取得时先确认为递延收益，然后在确认相关费用期间计入当期营业外收入。

　　由于当期营业外收入的增加，会导致 A 公司的报表呈现主营业务的负毛利和较大金额的营业外收入，因此这样的结果不能反映企业的真实经营状况。

【案例 14-3】 2×19 年 2 月，乙企业与所在城市的开发区人民政府签订了项目合作投资协议，实施"退城进园"技改搬迁。根据协议，乙企业在开发区内投资约 10 亿元建设电子信息设备生产基地。生产基地占地面积 1 000 亩（1 亩约为 666.67 平方米）。该宗项目用地按开发区工业用地基准地价挂牌出让。乙企业摘牌并按挂牌出让价格缴纳土地款及相关税费 1.2 亿元。

　　乙企业自开工之日起须在 18 个月内完成搬迁工作，从原址搬迁至开发区，同时将乙企业位于城区繁华地段的原址用地（500 亩，按照所在地段工业用地基准地价评估为 2.5 亿元）移交给开发区人民政府收储，开发区人民政府将向乙企业支付补偿资金 2.5 亿元。

　　乙企业收到的 2.5 亿元搬迁补偿资金是否作为政府补助处理？

　　解析：本例中，为实施"退城进园"技改搬迁，乙企业将其位于城区繁华地段的原址用地交给开发区人民政府收储，开发区人民政府为此向乙企业支付补偿资金 2.5 亿元。由于开发区政府对乙企业的搬迁补偿是基于乙企业原址用地的公允价值确定的，实质是政府按照相应资产市场价格向企业购买资产。

　　企业从政府取得的经济资源是企业让渡其资产的对价，双方交易是互惠性交易，不符合政府补助无偿性的特点，所以乙企业收到的 2.5 亿元搬迁补偿资金不作为政府补助处理，而应作为处置非流动资产的收入。

　　另外，我国一些新能源企业的风力发电、垃圾处理等，与此类似的还有处置废弃电子产品补贴，都不属于政府补助，应按照《企业会计准则第 14 号——收入》的规定进行处理。

14.1.2 政府补助相关会计科目的使用

本准则允许企业从经济业务的实质出发，判断政府补助如何计入损益。与企业日常经营活动相关的政府补助，应当计入其他收益或冲减相关成本费用，并在利润表中的"营业利润"项目之上单独列报；与企业日常经营活动无关的政府补助，应计入营业外收支。

本准则提出政府补助的会计处理有两种方法：一是总额法，将政府补助全额确认为收益；二是净额法，将政府补助作为相关成本费用的扣减。

14.1.3 财政贴息的会计处理

本准则对财政贴息的会计处理做了更加详细的规定，并提供了两种方法供企业选择，既不违背国际趋同的原则，也允许企业选择简易方法，满足不同企业的现实需求。

同时，对财政贴息的账务处理与《基本建设财务规则》（财政部令第81号）的相关规定保持一致。

14.2 政府补助的确认和计量

14.2.1 与资产相关的政府补助

与资产相关的政府补助，采用总额法核算，即将与资产相关的政府补助确认为递延收益，随着资产的使用而逐步结转计入损益。此处"随着资产的使用而逐步结转计入损益"是指分摊计入"其他收益"，而非冲减损益表相关成本、费用科目。

净额法，将补助冲减相关资产的账面价值，以反映长期资产的实际取得成本。

【案例14-4】 2019年1月1日，甲公司收到政府下拨用于购买检测设备的补助款480万元。2019年4月30日，与上述政府补助相关的检测设备安装完毕并达到预定可使用状态，该设备初始确认金额1 500万元。该设备采用年限平均法计提折旧，预计使用10年，预计净残值为零。

（假设该检测设备的折旧金额计入"制造费用"）

（1）总额法下，甲公司将收到政府下拨用于购买检测设备的补助款480万元确认为递延收益，并于2019年5月1日起，按照资产的预计使用年限10年，逐期平均摊销。

甲公司每月编制的会计分录如下。（单位：万元）

借：制造费用　　　　　　　　　　　　　　　　　　　12.5
　　贷：累计折旧　　　　　　　　　　　　　　　　　　12.5
借：其他收益　　　　　　　　　　　　　　　　　　　　4
　　贷：递延收益　　　　　　　　　　　　　　　　　　　4

（2）净额法下，甲公司将收到政府下拨用于购买检测设备的补助款480万元于设备达到预定可使用状态时冲减初始确认金额1 500万元，并于2019年5月1日起，按照设备净值1 020万元及资产的预计使用年限10年，逐期平均摊销。

甲公司每月编制的会计分录如下。（单位：万元）

借：制造费用　　　　　　　　　　　　　　　　　　　　　　　　　　8.5
　　贷：累计折旧　　　　　　　　　　　　　　　　　　　　　　　　　　8.5

企业对某项经济业务选择总额法或净额法后，应当对该项业务一贯地运用该方法，不得随意变更。

相关资产在使用寿命结束前被出售、转让、报废或发生毁损的，企业应当将尚未分配的递延收益余额一次性转入资产处置当期的损益。

【案例 14-5】 按照国家有关政策，企业购置环保设备后可以申请补贴，以补偿其环保支出。丁企业于 2019 年 1 月向政府有关部门提交了 420 万元的补助申请，作为对其购置环保设备的补贴。

2019 年 3 月 15 日，丁企业收到政府补助 420 万元，与日常活动相关。2019 年 4 月 20 日，丁企业购入不需要安装环保设备，实际成本为 960 万元，使用寿命 10 年，采用直线法计提折旧，不考虑净残值。

2027 年 4 月 20 日，丁企业出售了这台设备，取得价款 240 万元。不考虑增值税。

解析：丁企业的会计处理如下。（单位：万元）

（1）2019 年 3 月 15 日，实际收到财政拨款确认递延收益。

借：银行存款　　　　　　　　　　　　　　　　　　　　　　　　　　420
　　贷：递延收益　　　　　　　　　　　　　　　　　　　　　　　　　　420

（2）2019 年 4 月 20 日，购入设备。

借：固定资产　　　　　　　　　　　　　　　　　　　　　　　　　　960
　　贷：银行存款　　　　　　　　　　　　　　　　　　　　　　　　　　960

（3）自 2019 年 5 月起，每个资产负债表日（月末）计提该设备的折旧，同时分摊递延收益。

① 计提折旧。（假设该设备用于污染物排放测试，折旧费用计入"制造费用"）

借：制造费用　　　　　　　　　　　　　　　　　　　　　　　　　　8
　　贷：累计折旧　　　　　　　　　　　　　　　　　　（960÷10÷12）8

② 月末分摊递延收益。

借：递延收益　　　　　　　　　　　　　　　　　　（420÷10÷12）3.5
　　贷：其他收益　　　　　　　　　　　　　　　　　　　　　　　　　　3.5

（4）2027 年 4 月，出售设备，同时转销递延收益余额。

① 出售设备。

借：固定资产清理　　　　　　　　　　　　　　　　　　　　　　　　192
　　累计折旧　　　　　　　　　　　　[960÷10÷12×（8+7×12+4）]768
　　贷：固定资产　　　　　　　　　　　　　　　　　　　　　　　　　　960

借：银行存款　　　　　　　　　　　　　　　　　　　　　　　　　　240
　　贷：固定资产清理　　　　　　　　　　　　　　　　　　　　　　　　192
　　　　营业外收入　　　　　　　　　　　　　　　　　　　　　　　　　48

② 转销递延收益余额。

借：递延收益　　　　　　　　　　　　[420－420÷10×（8+7×12+4）/12]84

　　　　贷：营业外收入　　　　　　　　　　　　　　　　　　　　　　　　　　84
　　借：固定资产清理　　　　　　　　　　　　　　　　　　　　　　　　　　108
　　　　累计折旧　　　　　　　　　　[540÷10×(8+7×12+4)÷12] 432
　　　　贷：固定资产　　　　　　　　　　　　　　　　　　　　（960-420）540
　　借：银行存款　　　　　　　　　　　　　　　　　　　　　　　　　　　　240
　　　　贷：固定资产清理　　　　　　　　　　　　　　　　　　　　　　　　108
　　　　　　营业外收入　　　　　　　　　　　　　　　　　　　　　　　　　132

14.2.2　与收益相关的政府补助

本准则第九条规定，与收益相关的政府补助，应当分情况按照以下规定进行会计处理。

（1）用于补偿企业以后期间的相关成本费用或损失的，确认为递延收益，并在确认相关成本费用或损失的期间，计入当期损益或冲减相关成本。

（2）用于补偿企业已发生的相关成本费用或损失的，直接计入当期损益或冲减相关成本。

【案例14-6】　甲企业于2019年3月15日与企业所在地地方政府签订合作协议，根据协议约定当地政府向甲企业提供500万元奖励基金，用于企业的人才激励和人才引进奖励。甲企业必须按年向当地政府报送详细的资金使用计划，并按规定用途使用资金。

甲企业于2019年4月10日收到500万元补助资金，分别在2019年12月、2020年12月、2021年12月使用200万元、150万元、150万元向总裁级别高管发放年度奖金。

甲企业选择将该政府补助冲减管理费用。

解析：本例中，甲企业在实际收到补助资金时，应先记入"递延收益"科目，实际按规定用途使用资金时再结转计入当期损益。会计处理如下。（单位：万元）

（1）2019年4月10日，甲企业实际收到补助资金。

　　借：银行存款　　　　　　　　　　　　　　　　　　　　　　　　　　　500
　　　　贷：递延收益　　　　　　　　　　　　　　　　　　　　　　　　　500

（2）2019年12月、2020年12月、2021年12月，甲企业将补贴资金用于发放高管奖金时。

　　借：递延收益　　　　　　　　　　　　　　　　　　　　　　　　　　　200
　　　　贷：管理费用　　　　　　　　　　　　　　　　　　　　　　　　　200
　　借：递延收益　　　　　　　　　　　　　　　　　　　　　　　　　　　150
　　　　贷：管理费用　　　　　　　　　　　　　　　　　　　　　　　　　150
　　借：递延收益　　　　　　　　　　　　　　　　　　　　　　　　　　　150
　　　　贷：管理费用　　　　　　　　　　　　　　　　　　　　　　　　　150

14.3　政府补助的列报与衔接规定

14.3.1　列报

企业应当在利润表中的"营业利润"项目之上单独列报"其他收益"项目，计入其他收益的政府补助在该项目中反映。

企业应当在附注中单独披露与政府补助有关的下列信息。
（1）政府补助的种类、金额和列报项目。
（2）计入当期损益的政府补助金额。
（3）本期退回的政府补助金额及原因。

14.3.2 衔接规定

企业对 2017 年 1 月 1 日存在的政府补助采用未来适用法处理，对 2017 年 1 月 1 日至本准则施行日之间新增的政府补助根据本准则进行调整。

14.4 应用案例

【案例 14-7】 2019 年 1 月 1 日，A 企业为建设一项环保工程向银行贷款 800 万元，期限 2 年，年利率为 6%。

当年 12 月 31 日，A 企业向当地政府提出财政贴息申请。经审核，当地政府批准按照实际贷款额 800 万元给予 A 企业年利率 3% 的财政贴息，共计 48 万元，分 2 次支付。

2020 年 1 月 15 日，第一笔财政贴息资金 20 万元到账。2020 年 7 月 1 日，工程完工，第二笔财政贴息资金 28 万元到账。该工程预计使用寿命 10 年。

解析：A 企业应编制如下会计分录。

（1）2020 年 1 月 15 日，实际收到财政贴息，确认政府补助。

借：银行存款　　　　　　　　　　　　　　　　　　　　　　200 000
　　贷：递延收益　　　　　　　　　　　　　　　　　　　　　　　　200 000

（2）2020 年 7 月 1 日，实际收到财政贴息，确认政府补助。

借：银行存款　　　　　　　　　　　　　　　　　　　　　　280 000
　　贷：递延收益　　　　　　　　　　　　　　　　　　　　　　　　280 000

（3）2020 年 7 月 1 日工程完工，开始分配递延收益。自 2020 年 7 月 1 日起，每个资产负债表日（月末）的账务处理如下。

借：递延收益　　　　　　　　　　　　　　　　　　　　　　4 000
　　贷：其他收益　　　　　　　　　　　　　　　　　　　　　　　　4 000

【案例 14-8】 对同时包含资产相关部分和收益相关部分的政府补助，应当区分不同部分分别进行会计处理；难以区分的，应当整体归类为与收益相关的政府补助。

甲公司 2017 年 12 月申请某国家级研发补贴。申报书中的有关内容如下：本公司于 2017 年 1 月启动数字印刷技术开发项目，预计总投资 3 600 万元、为期 3 年，已投入资金 1 200 万元。项目还需新增投资 2 400 万元（其中，购置固定资产 1 200 万元、场地租赁费 600 万元、人员费 300 万元、市场营销 300 万元），计划自筹资金 1 200 万元、申请财政拨款 1 200 万元。

2018 年 1 月 1 日，主管部门批准了甲公司的申报，签订的补贴协议规定：批准甲公司补贴申请，共补贴款项 1 200 万元，分两次拨付。

申请批准日拨付 600 万元，结项验收时支付 600 万元。该项目假定于 2019 年年末完工，

2020年3月1日通过验收并收到第二笔补贴款。

解析：本例中的项目为涉及政府补助的综合性项目。该项目中，甲公司不能区分哪部分政府补助属于与收益相关的政府补助、哪部分政府补助属于与资产相关的政府补助应按照与收益相关的政府补助的相关规定进行会计处理。

甲公司的账务处理如下。（单位：万元）

（1）2018年1月1日，实际收到拨款600万元。

借：银行存款　　　　　　　　　　　　　　　　　　　　600
　　贷：递延收益　　　　　　　　　　　　　　　　　　　　　　600

（2）2018年1月1日至2019年12月31日，每个资产负债表日（年末），摊销递延收益。

借：递延收益　　　　　　　　　　　　　　　　　　　　300
　　贷：其他收益　　　　　　　　　　　　　　　　　　　　　　300

（3）2020年项目通过验收，甲公司于3月1日实际收到拨款600万元。

借：银行存款　　　　　　　　　　　　　　　　　　　　600
　　贷：其他收益　　　　　　　　　　　　　　　　　　　　　　600

第 15 章
《企业会计准则第 21 号——租赁》解析

15.1 新租赁准则的适用范围与实施时间

15.1.1 新租赁准则的适用范围

（1）《企业会计准则第 21 号——租赁》（本章简称"新租赁准则"或"本准则"）适用于所有租赁，但下列各项除外。

① 承租人通过许可使用协议取得的电影、录像、剧本、文稿等版权、专利等项目的权利，以出让、划拨或转让方式取得的土地使用权，适用《企业会计准则第 6 号——无形资产》。

② 出租人授予的知识产权许可，适用《企业会计准则第 14 号——收入》。

③ 勘探或使用矿产、石油、天然气及类似不可再生资源的租赁，承租人承租生物资产，采用建设经营移交等方式参与公共基础设施建设、运营的特许经营权合同，不适用新租赁准则。

（2）新旧租赁准则的适用范围有较大变化。

首先，新租赁准则的适用范围中排除了《企业会计准则解释 2 号》的"采用建设经营移交等方式参与公共基础设施建设、运营的特许经营权合同"。这与《国际财务报告准则第 16 号——租赁》（International Financial Reports Standards 16, IFRS 16）的规定一致，但是对于采用建设经营移交等方式参与公共基础设施建设或运营，由《国际财务报告解释公共第 12 号——服务特许权协议》专门予以规范。而我国《企业会计准则解释第 2 号》主要规范满足一定条件的建设—经营—移交（Build-Operate-Transfer，BOT）业务的会计处理，对于其他模式的政府和社会资本合作（public-private partnership，PPP）业务等特许经营权合同的会计处理，目前还没有明确的规范。

其次，由于土地使用权的特殊性，以出让、划拨或转让方式取得的土地使用权的会计处理规则被排除在新租赁准则范围之外，而应当按照《企业会计准则第 6 号——无形资产》进行会计处理。

最后，IFRS 16 要求将经营租入的资产纳入资产负债表，同时将经营租入后再转租的建筑物作为投资性房地产。这与《国际会计准则第 40 号——投资性房地产》中投资性房地产范围是一致的。但是我国目前的《企业会计准则第 3 号——投资性房地产》并不允许将经营租入再转租的土地使用权或建筑物作为投资性房地产。新租赁准则与 IFRS 16 在这一点上存在差异。

15.1.2 新租赁准则的实施时间

2018 年 12 月 13 日，财政部发布了《关于修订印发〈企业会计准则第 21 号——租赁〉

的通知》。

在境内外同时上市的企业以及在境外上市并采用《国际财务报告准则》或《企业会计准则》编制财务报表的企业，自 2019 年 1 月 1 日起施行；其他执行《企业会计准则》的企业自 2021 年 1 月 1 日起施行。

15.2 新租赁准则的变化点

15.2.1 新租赁准则出台的背景

2006 年 2 月，财政部发布《企业会计准则第 21 号——租赁》，对企业发生的租赁业务的确认、计量和相关信息的列报进行了规范，发挥了积极作用。

然而，随着市场经济的日益发展和租赁交易的日趋复杂，承租人会计处理的相关问题逐步显现。旧租赁准则下，承租人和出租人在租赁开始日，应当根据与资产所有权有关的全部风险和报酬是否转移，将租赁分为融资租赁和经营租赁。对于融资租赁，承租人在资产负债表中确认租入资产和相关负债；对于经营租赁，承租人在资产负债表中不确认其取得的资产使用权和租金支付义务。由此导致承租人财务报表未全面反映因租赁交易取得的权利和承担的义务，也为实务中构建交易以符合特定租赁类型提供了动机和机会，降低了财务报表的可比性。

为此，国际会计准则理事会于 2016 年 1 月修订发布了《国际财务报告准则第 16 号——租赁》（以下简称《国际租赁准则》），自 2019 年 1 月 1 日起实施，其核心变化是取消了承租人关于融资租赁与经营租赁的分类，要求承租人对所有租赁（选择简化处理的短期租赁和低价值资产租赁除外）确认使用权资产和租赁负债，并分别确认折旧和利息费用。

在此背景下，为进一步规范租赁的确认、计量和相关信息的列报，同时保持我国《企业会计准则》与《国际财务报告准则》持续全面趋同，我国借鉴国际租赁准则，并结合我国实际，修订形成了新租赁准则。

15.2.2 租赁的识别

在合同开始日，企业应当评估合同是否为租赁或者包含租赁。如果合同中一方让渡了在一定期间内控制一项或多项已识别资产使用的权利以换取对价，则该合同为租赁或者包含租赁。

除非合同条款和条件发生变化，企业无需重新评估合同是否为租赁或者包含租赁。

为确定合同是否让渡了在一定期间内控制已识别资产使用的权利，企业应当评估合同中的客户是否有权获得在使用期间内因使用已识别资产所产生的几乎全部经济利益，并有权在该使用期间主导已识别资产的使用。

新租赁准则强调承租人应当在一段时间内控制租赁资产使用的权利，否则合同不是租赁或不包含租赁。合同是否包含租赁的判断如图 15-1 所示。

为了控制资产的使用，承租人须有权获得在整个使用期间资产使用的几乎全部经济利益（"利益"因素），而且有能力主导该资产使用（"权力"因素），即承租人须对资产的使用拥有决策权，从而使其有能力影响整个使用期间资产的使用所产生的经济利益。

而《企业会计准则第 33 号——合并财务报表》和《企业会计准则第 14 号——收入》准则引入控制概念。

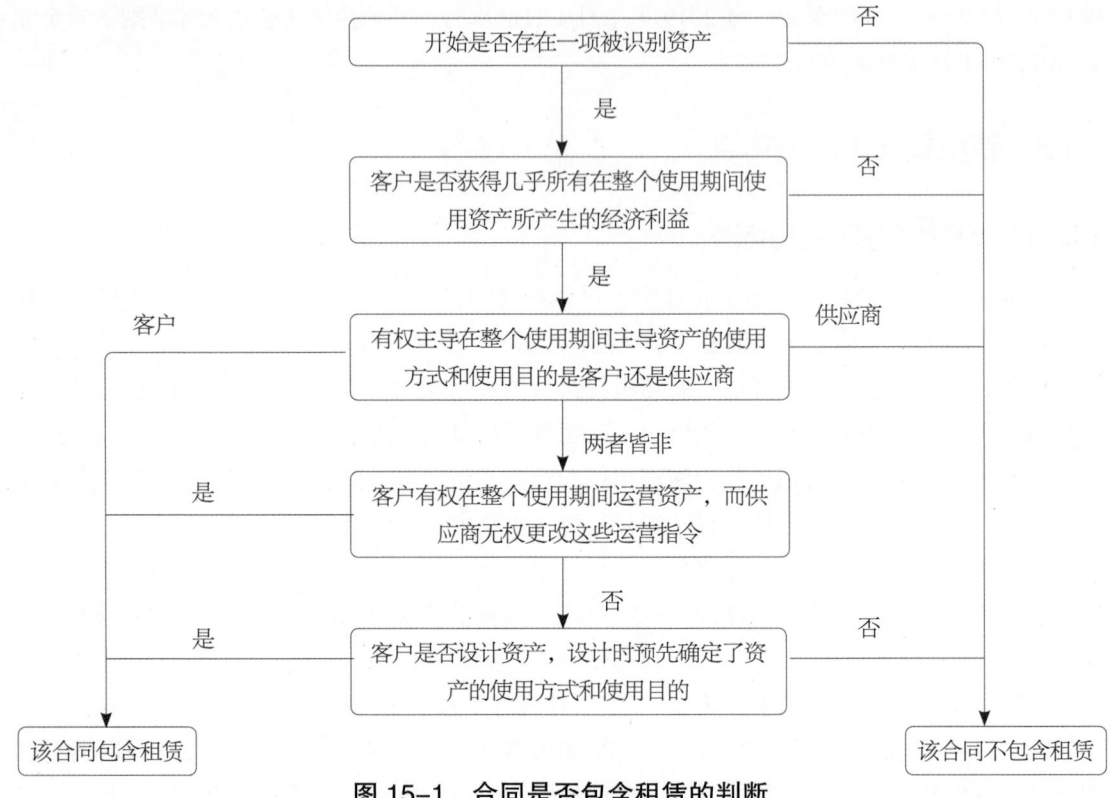

图 15-1 合同是否包含租赁的判断

【案例 15-1】 乙公司与甲公司签订了为期 3 年的多功能复印机租赁合同。合同赋予乙公司决定在 3 年内如何使用机器的权利（其用途受到机器设计及功能的限制）。

如果原本提供的机器无法正常运转，则甲公司应提供相同型号的机器用于替换。甲公司可以在自担费用的情况下，在使用期内的任意时间用相同型号的机器替换原机器，无需征得乙公司的同意。

甲公司拥有数台现成的、相同型号的机器。但是，甲公司不大可能从替换机器中赚取更多的租金收入。甲公司需承担将相同型号的机器运至乙公司的经营场所并进行安装的成本，以及拆除原机器并进行存放或运至其他客户经营场所的成本。

甲公司的替换权是否具有实质性？

解析：本例中，甲公司的替换权不具有实质性，因为用相同型号的机器替换原机器所产生的经济利益不会超过相关成本。该合同存在可识别资产。

15.2.3 租赁的分拆

合同中同时包含多项单独租赁的，承租人和出租人应当将合同予以分拆，并分别对各项单独租赁进行会计处理。

合同中同时包含租赁和非租赁部分的，承租人和出租人应当将租赁和非租赁部分进行分拆,除非企业适用本准则第十二条的规定进行会计处理,租赁部分应当分别按照本准则进行会计处理,非租赁部分应当按照其他适用的企业会计准则进行会计处理。

同时符合下列条件的,使用已识别资产的权利构成合同中的一项单独租赁。

(1)承租人可从单独使用该资产或将其与易于获得的其他资源一起使用中获利。

(2)该资产与合同中的其他资产不存在高度依赖或高度关联关系。

【案例15-2】 乙公司与甲公司签订为期5年的合同,以运输一定数量的商品。当轨道车没有被用于运输货物时,轨道车存放在甲公司的经营场所,且甲公司拥有大量类似的轨道车可用于履行合同要求,甲公司拥有替换这些轨道车的实际能力。对甲公司而言,替换轨道车的成本很低。相关经验表明:甲公司能够从使用替代性资产来满足客户需求的能力中获得经济利益,且从替换中获得经济利益的条件(如根据甲公司资产的性质满足不同客户的需求)很可能持续存在于整个使用期间。该安排是否包含租赁?

解析:甲公司拥有替换轨道车的实际能力,且该替换能够在整个使用期间内产生经济利益,因此甲公司的替换权具有实质性,该安排不包含租赁。

【案例15-3】 承租人签订了一份3年期的设备租赁合同,其中年度固定付款额为120万元。该合同对年度固定付款额进行了详细说明,具体如下:租金90万元、维护费25万元、管理费用5万元 。

解析:该合同包含两项组成部分:租赁组成部分(设备租赁)和非租赁组成部分(维护)。所支付的管理费用金额并未向承租人转移商品或服务。因此,将360万元的合同总对价分配至租赁组成部分(设备租赁)和非租赁组成部分(维护)。

【案例15-4】 假设承租人签订了一项有关仓库和周边停车场的租赁合同,用于存放产品和停放货车。承租人是一家当地汽车货运公司,计划将该仓库作为船运业务中心。对于承租人,该合同包含几项租赁组成部分?

解析:对于承租人,该合同包含一项租赁组成部分。如果不同时使用停车场,则承租人将无法从使用仓库中获益。因此,仓库空间依赖于停车场。

15.2.4 租赁的合并

为简化处理,承租人可以按照租赁资产的类别选择是否分拆合同包含的租赁和非租赁部分。承租人选择不分拆的,应当将各租赁部分及与其相关的非租赁部分分别合并为租赁,按照本准则进行会计处理。但是,对于按照《企业会计准则第22号——金融工具确认和计量》应分拆的嵌入衍生工具,承租人不应将其与租赁部分合并进行会计处理。

企业与同一交易方或其关联方在同一时间或相近时间订立的两份或多份包含租赁的合同,在符合下列条件之一时,应当合并为一份合同进行会计处理。

(1)该两份或多份合同基于总体商业目的而订立并构成一揽子交易,若不作为整体考虑则无法理解其总体商业目的。

(2)该两份或多份合同中的某份合同的对价金额取决于其他合同的定价或履行情况。

(3)该两份或多份合同让渡的资产使用权合起来构成一项单独租赁。

对于租赁合同,企业缩短或者延长租赁期限都属于对于原合同的变更,会生成一份新合同。租赁合同的合并,类似于收入合同的合并。

【案例 15-5】 某物业管理公司与客户签订一个服务合同,合同期限为一年,打包价格 100 万元,合同内容包括:保洁服务、保安服务和设备维护服务,每一个都可以作为一项单独履约义务。

因为每一项服务属于可明确区分商品且均满足在某一时段内履行履约义务的条件,所以该公司采用相同方法确定其履约进度,应当将这些服务合并作为一项履约义务。

15.2.5 承租人的会计处理

新租赁准则的核心变化是要求承租人采用单一的会计模型,无需进行租赁分类,对资产负债表中确认的所有租赁采用相同的方式进行会计处理。

旧准则要求以风险和报酬转移为基础将租赁划分为融资租赁与经营租赁,对经营租赁承租人不确认相关资产和负债。

为解决融资租赁与经营租赁的明确划分及会计处理迥异带来的实务问题,新租赁准则取消了承租人的融资租赁与经营租赁分类,要求承租人对除短期租赁和低价值资产租赁以外的所有租赁确认使用权资产和租赁负债,并分别确认折旧和利息费用,即采用与原融资租赁会计处理类似的单一模型。

同时,新租赁准则进一步完善了可变租赁付款额、租赁发生变更等情形的会计处理,并对短期租赁和低价值资产租赁的识别判断及会计处理进行了相应规定。

新租赁准则总体上继承了旧准则中有关出租人的会计处理规定,保留了融资租赁与经营租赁的双重模型,即出租人的租赁分类是以租赁转移与标的资产所有权相关的风险和报酬的程度为依据。

在分类方面,新租赁准则强调了要依据交易的实质,而非合同的形式,有关融资租赁与经营租赁分类的规定更原则化,并增加了可能导致租赁被分类为融资租赁的其他情形。

同时,根据承租人会计处理的变化,新租赁准则调整了转租出租人对转租赁进行分类和会计处理的有关规定。此外,根据实务需要,新租赁准则增加了对生产商或经销商作为出租人的融资租赁的会计处理规定。

【案例 15-6】 承租人甲公司与出租人乙公司签订了一项汽车租赁合同,租赁期为 4 年。此外,甲公司与乙公司就余值担保达成协议,即如果汽车的公允价值在租赁期结束时低于 400 万元,则甲公司向乙公司支付 400 万元与汽车公允价值之间的差额。

在租赁期开始时,甲公司预计汽车在租赁期结束时的公允价值将为 300 万元。第 1 年年末,甲公司对在租赁期结束时汽车的预计公允价值进行监测,汽车的预计公允价值为 200 万元。假设租赁期开始时确定的周期性利率为 10%,第 1 年年末修订后的折现率为 12%。

要求:计算甲公司第 1 年年末租赁负债的调整金额并编制与担保余值相关的会计分录。

解析:第 1 年年初,在计算租赁负债时,将担保余值的租赁付款额(第 4 年年末支付)计为 100(400-300)万元,其现值 =100÷1.14=68.30(万元)。

第 1 年年末，在计算租赁负债时，将担保余值的租赁付款额（第 4 年年末支付）计为 200（400-200）万元，其现值 =200÷1.13=150.26（万元）。假定不涉及浮动利率而导致的可变租赁额，使用不变的折现率来重新计量租赁负债。

第 1 年年末，租赁负债增加额 =150.26-100÷1.13=75.13（万元）。

第 1 年年末，使用权资产的账面价 =68.30÷4×3+75.13=126.36（万元）。

第 1 年年末，租赁负债的账面价值 =200÷1.13=150.26（万元）。

其中长期应付款的账面余额为 200 万元，未确认融资费用的账面余额为 59.74 万元。

备注：预计的担保余值有可能是不断变化的。另外，将向出租人支付租赁期结束时车辆的实际售价与车龄 4 年"状况良好"的车辆价值（根据特定的余值标准来衡量）之间的差额，为担保余值；如果车辆行驶里程超过车龄 4 年车辆的正常行驶里程（根据特定的余值标准来衡量），承租人将以每千米固定的金额支付给出租人，这是可变租赁额而非担保余值。

15.2.6 特殊交易会计处理的核心变化

新租赁准则对于一些特殊交易，如售后租回、转租赁、符合投资性房地产定义的使用权资产等也提供了更详细的指引。

15.2.7 财务指标的变化

新租赁准则实施后，使承租人和出租人的财务指标发生变化。

资产负债率（负债÷资产×100%）将上升，因为租赁负债的确认将同时增加企业的资产和负债金额。

息税折旧摊销前利润（Earnings Before Interest, Tax, Depreciation and Amortization, EBITDA）预期将上升，因为 EBITDA 中不再包括租赁费用，增加的折旧和利息费用都将反映在 EBITDA 之外。

资产周转率预期将下降，因为租赁资产将增加企业的资产总额。

经营现金流量将增加，因为部分或全部的经营租赁付款额将被分类到筹资活动中。

15.3 新租赁准则对财务报表的影响

15.3.1 对承租人财务报表的影响

1. 对资产负债表的影响

原租赁准则强调资产所有权，侧重于判断承租人是否相当于购买人的角色。如果与一项租赁资产所有权有关的风险与报酬已转移给承租人，则将承租人视同购买人，所租赁的资产也被认为实质上类似于所购买的资产，会计处理将其分类为融资租赁，并在资产负债表上列报租入资产和相关负债。

除此之外的租赁则被分类为经营租赁，无需在资产负债表上列报相关资产和负债，也被称为资产负债表外租赁。

而新租赁准则将能否控制资产使用权作为会计处理的逻辑起点，要求承租人在租赁开始日判断其与出租人签订的合同是否属于租赁合同或包含租赁，如果合同中一方让渡了在一定期间内控制一项或多项已识别资产使用的权利以换取对价，则该合同识别为租赁或包含租赁，应按新租赁准则的规定进行会计处理。

新租赁准则要求所有识别为租赁合同的承租人均应在资产负债表内列报使用权资产与租赁负债，按规定简化处理的短期租赁和低价值资产租赁除外。

2. 对利润表的影响

旧租赁准则要求承租人将经营租赁的租金在租赁期内各个期间按照直线法或更为系统合理的方法计入相关资产成本或当期损益，当期损益通常不包括财务费用。而新租赁准则要求分别确认使用权资产的折旧费用、与租赁负债有关的利息费用两部分，并要求利息费用在财务费用项目列示。

因此，新租赁准则改变了租赁费用的性质，其在利润表中的列报项目以及对利润表进行财务分析时都将会产生较大的影响，而且因租赁费用分摊方式的改变，使得租赁期的前半段时间内的总费用（即资产折旧加上利息）要高于旧租赁准则下直线法确认的经营租赁费用。对有些投资者用息税前利润（Earnings Before Interest and Tax, EBIT）指标分析企业的经营业绩就可能得出不同的结论。

3. 对现金流量表的影响

新租赁准则并不会改变承租人因租赁而流出的现金总量，但会改变现金流量表中经营活动与筹资活动部分列示的现金流出量。旧租赁准则下，公司支付的租金通常作为经营活动现金流出，而根据新租赁准则的规定，偿还租赁负债本金和利息所支付的现金应当计入筹资活动现金流出。

由此可以预期，承租人的现金流量表中经营活动现金流出将减少，而筹资活动现金流出将会增加。

15.3.2 对出租人财务报表的影响

虽然出租人的会计处理基本没有发生变化，但由于新租赁准则更新了对租赁定义、转租、合同合并和分拆等问题的指引，出租人仍可能受到影响。

尤其是，承租人会计处理的变化可能会使承租人重新架构租赁安排，并进而影响出租人的业务模式及其与承租人的商业谈判。

同时新租赁准则增加了出租人的信息披露，要求出租人披露对其保留的有关租赁资产的权利所采取的风险管理战略、为降低相关风险所采取的措施等。

15.4 承租人对租赁的确认和计量

15.4.1 承租人对租赁的确认

在租赁期开始日，承租人应当对租赁确认使用权资产和租赁负债，应用本准则第三章第三节进行简化处理的短期租赁和低价值资产租赁除外。

使用权资产，是指承租人可在租赁期内使用租赁资产的权利。租赁期开始日，是指出租人提供租赁资产使其可供承租人使用的起始日期。

租赁期，是指承租人有权使用租赁资产且不可撤销的期间。承租人有续租选择权，即有权选择续租该资产，且合理确定将行使该选择权的，租赁期还应当包含续租选择权涵盖的期间。

15.4.2 承租人对租赁的初始计量

（1）使用权资产应当按照成本进行初始计量。该成本包括以下几点。

① 租赁负债的初始计量金额。

② 在租赁期开始日或之前支付的租赁付款额，存在租赁激励的，扣除已享受的租赁激励相关金额。

③ 承租人发生的初始直接费用。

④ 承租人为拆卸及移除租赁资产、复原租赁资产所在场地或将租赁资产恢复至租赁条款约定状态预计将发生的成本。前述成本属于为生产存货而发生的，适用《企业会计准则第1号——存货》。

（2）租赁付款额，是指承租人向出租人支付的与在租赁期内使用租赁资产的权利相关的款项，包括以下几点。

① 固定付款额及实质固定付款额，存在租赁激励的，扣除租赁激励相关金额。

② 取决于指数或比率的可变租赁付款额，该款项在初始计量时根据租赁期开始日的指数或比率确定。

③ 购买选择权的行权价格，前提是承租人合理确定将行使该选择权。

④ 行使终止租赁选择权需支付的款项，前提是租赁期反映出承租人将行使终止租赁选择权。

⑤ 根据承租人提供的担保余值预计应支付的款项。

15.4.3 承租人对租赁的后续计量

承租人应当参照《企业会计准则第4号——固定资产》的规定，对使用权资产计提折旧。

承租人应当按照《企业会计准则第8号——资产减值》的规定，确定使用权资产是否发生减值，并对已识别的减值损失进行会计处理。

承租人应当按照固定的周期性利率计算租赁负债在租赁期内各期间的利息费用，并计入当期损益。按照《企业会计准则第17号——借款费用》等其他准则规定应当计入相关资产成本的，从其规定。

15.5 新租赁准则下出租人的会计核算与账务处理

15.5.1 出租人对租赁的分类

出租人应当在租赁开始日将租赁分为融资租赁和经营租赁。

租赁开始日，是指租赁合同签署日与租赁各方就主要租赁条款做出承诺日中的较早者。

融资租赁，是指实质上转移了与租赁资产所有权有关的几乎全部风险和报酬的租赁。租赁资产的所有权最终可能转移，也可能不转移。

经营租赁，是指除融资租赁以外的其他租赁。

在租赁开始日后，出租人无须对租赁的分类进行重新评估，除非发生租赁变更。租赁资产预计使用寿命、预计余值等会计估计变更或发生承租人违约等情况变化的，出租人不对租赁的分类进行重新评估。

一项租赁存在下列一种或多种情形的，通常分类为融资租赁。

（1）在租赁期届满时，租赁资产的所有权转移给承租人。

（2）承租人有购买租赁资产的选择权，所订立的购买价款与预计行使选择权时租赁资产的公允价值相比足够低，因而在租赁开始日就可以合理确定承租人将行使该选择权。

（3）资产的所有权虽然不转移，但租赁期占租赁资产使用寿命的大部分。

（4）在租赁开始日，租赁收款额的现值几乎相当于租赁资产的公允价值。

（5）租赁资产性质特殊，如果不进行较大改造，只有承租人才能使用。

一项租赁存在下列一项或多项迹象的，也可能分类为融资租赁。

（1）若承租人撤销租赁，撤销租赁对出租人造成的损失由承租人承担。

（2）资产余值的公允价值波动所产生的利得或损失归属于承租人。

（3）承租人有能力以远低于市场水平的租金继续租赁至下一期间。

转租出租人应当基于原租赁产生的使用权资产，而不是原租赁的标的资产，对转租赁进行分类。

但是，原租赁为短期租赁，且转租出租人应用本准则对原租赁进行简化处理的，转租出租人应当将该转租赁分类为经营租赁。

15.5.2 出租人对融资租赁的会计核算与账务处理

在租赁期开始日，出租人应当对融资租赁确认应收融资租赁款，并终止确认融资租赁资产。

出租人对应收融资租赁款进行初始计量时，应当以租赁投资净额作为应收融资租赁款的入账价值。

租赁投资净额为未担保余值和租赁期开始日尚未收到的租赁收款额按照租赁内含利率折现的现值之和。

租赁收款额，是指出租人因让渡在租赁期内使用租赁资产的权利而应向承租人收取的款项，包括以下几点。

（1）承租人需支付的固定付款额及实质固定付款额，存在租赁激励的，扣除租赁激励相关金额。

（2）取决于指数或比率的可变租赁付款额，该款项在初始计量时根据租赁期开始日的指数或比率确定。

（3）购买选择权的行权价格，前提是合理确定承租人将行使该选择权。

（4）承租人行使终止租赁选择权需支付的款项，前提是租赁期反映出承租人将行使终止租赁选择权。

（5）由承租人、与承租人有关的一方以及有经济能力履行担保义务的独立第三方向出租人提供的担保余值。

在转租的情况下，若转租的租赁内含利率无法确定，则转租出租人可采用原租赁的折现率（根据与转租有关的初始直接费用进行调整）计量转租投资净额。

融资租赁发生变更且同时符合下列条件的，出租人应当将该变更作为一项单独租赁进行会计处理。

（1）该变更通过增加一项或多项租赁资产的使用权而扩大了租赁范围。

（2）增加的对价与租赁范围扩大部分的单独价格按该合同情况调整后的金额相当。

融资租赁的变更未作为一项单独租赁进行会计处理的，出租人应当分别按照下列情形对变更后的租赁进行处理。

（1）假如变更在租赁开始日生效，该租赁会被分类为经营租赁的，出租人应当自租赁变更生效日开始将其作为一项新租赁进行会计处理，并以租赁变更生效日前的租赁投资净额作为租赁资产的账面价值。

（2）假如变更在租赁开始日生效，该租赁会被分类为融资租赁的，出租人应当按照《企业会计准则第22号——金融工具确认和计量》关于修改或重新议定合同的规定进行会计处理。

15.5.3　出租人对经营租赁的会计核算与账务处理

在租赁期内各个期间，出租人应当采用直线法或其他系统合理的方法，将经营租赁的租赁收款额确认为租金收入。其他系统合理的方法能够更好地反映因使用租赁资产所产生经济利益的消耗模式的，出租人应当采用该方法。

出租人发生的与经营租赁有关的初始直接费用应当资本化，在租赁期内按照与租金收入确认相同的基础进行分摊，分期计入当期损益。

对于经营租赁资产中的固定资产，出租人应当采用类似资产的折旧政策计提折旧；对于其他经营租赁资产，应当根据该资产适用的企业会计准则，采用系统合理的方法进行摊销。

出租人应当按照《企业会计准则第8号——资产减值》的规定，确定经营租赁资产是否发生减值，并进行相应会计处理。

出租人取得的与经营租赁有关的未计入租赁收款额的可变租赁付款额，应当在实际发生时计入当期损益。

经营租赁发生变更的，出租人应当自变更生效日起将其作为一项新租赁进行会计处理，与变更前租赁有关的预收或应收租赁收款额应当视为新租赁的收款额。

15.5.4　售后租回交易的会计核算与账务处理

承租人和出租人应当按照《企业会计准则第14号——收入》的规定，评估确定售后租回交易中的资产转让是否属于销售。

售后租回交易中的资产转让属于销售的，承租人应当按原资产账面价值中与租回获得的使用权有关的部分，计量售后租回所形成的使用权资产，并仅就转让至出租人的权利确认相关利得或损失；出租人应当根据其他适用的企业会计准则对资产购买进行会计处理，并根据本准则对资产出租进行会计处理。

1. 售后租回交易被认定为融资租赁

如果售后租回交易被认定为融资租赁,则出租人应将售价与资产账面价值之间的差额予以递延,并按该项租赁资产的折旧进度进行分摊,作为折旧费用的调整。按折旧进度进行分摊是指在对该项租赁资产计提折旧时,按与该项资产计提折旧所采用的折旧率相同的比例对未实现售后租回损益进行分摊。

【案例15-7】 假设20×5年12月31日,甲公司将其作为固定资产核算的塑钢机按700 000元的价格销售给乙公司。该塑钢机的账面价值为650 000元,账面原价为650 000元。同时两家公司又签订了一份融资租赁协议将塑钢机租回,租赁期为3年(20×5年12月31日—20×8年12月31日,共36个月)。

解析:甲公司对售后租回交易中售价与资产账面价值的差额会计处理如下。

(1)20×5年12月31日,结转出售固定资产的成本。

借:固定资产清理	650 000
贷:固定资产	650 000
借:银行存款	700 000
贷:固定资产清理	650 000
递延收益——未实现售后租回损益	50 000

(2) 20×6年12月31日,计提折旧。

借:递延收益——未实现售后租回损益	10 000
贷:制造费用 (50 000÷5)	10 000

【案例15-8】 承案例15-7,如果该塑钢的账面价值为750 000元,账面原价为750 000元。甲公司对售后租回交易中售价与资产账面价值的差额会计处理如下。

(1)20×5年12月31日,结转出售固定资产的成本。

借:固定资产清理	750 000
贷:固定资产	750 000
借:银行存款	700 000
递延收益——未实现售后租回损益	50 000
贷:固定资产清理	750 000

(2) 20×6年12月31日,计提折旧。

借:制造费用 (50 000÷5)	10 000
贷:递延收益——未实现售后租回损益	10 000

2. 售后租回交易被认定为经营租赁

企业售后租回交易被认定为经营租赁的,应当分别按以下情形进行处理。

(1)在确凿证据表明售后租回交易是按照公允价值达成的,售价与资产账面价值的差额应当计入当期损益。

(2)售后租回交易不是按照公允价值达成的,有关损益应于当期确认;该损失将由低于市价的未来租赁付款额补偿的,应将其递延,并按与确认租金费用相一致的方法分摊于预计的资产使用期内；售价高于公允价值的，其高出公允价值的部分应予递延，并在预计的资产使用期限内摊销。

【案例 15-9】 假设 2019 年 1 月 1 日，甲公司将公允价值为 2 900 万元的一套全新办公设备，按照 3 000 万元的价格售给乙公司，并立即签订了一份租赁合同，从乙公司租回该办公设备，租期为 4 年。办公设备的原账面价值为 2 900 万元，预计使用年限为 25 年。租赁合同规定，在租期的每年年末支付租金 60 万元。租赁期满后乙公司收回办公设备使用权（假设甲公司和乙公司均在年末确认租金费用和经营租赁收入并且不存在租金逾期支付的情况）。

解析：甲公司的会计处理如下。（单位：万元）

（1）2019 年 1 月 1 日，向乙公司出售办公设备。

借：固定资产清理　　　　　　　　　　　　　　　　　　　　　2 900
　　贷：固定资产　　　　　　　　　　　　　　　　　　　　　　　　2 900
借：银行存款　　　　　　　　　　　　　　　　　　　　　　　3 000
　　贷：固定资产清理　　　　　　　　　　　　　　　　　　　　　　2 900
　　　　递延收益——未实现售后租回损益　　　　　　　　　　　　　　100

（2）2019 年 12 月 31 日，支付租金。

借：管理费用　　　　　　　　　　　　　　　　　　　　　　　　60
　　贷：银行存款　　　　　　　　　　　　　　　　　　　　　　　　　60

（3）2019 年 12 月 31 日，分摊未实现售后租回损益。

借：递延收益——未实现售后租回损益　　　　　　　　　　　　　25
　　贷：管理费用　　　　　　　　　　　　　　　　　　　　　（100÷4）25

在有确凿证据表明售后租回交易按照公允价值达成，实质上相当于一项正常的销售，则售价与资产账面价值的差额，应当计入当期损益。假定有确凿证据表明该办公设备 2019 年 1 月 1 日的公允价值为 3 000 万元，则甲公司应当将售价与资产账面价值的差额计入当期损益。甲公司的会计处理如下。

借：银行存款　　　　　　　　　　　　　　　　　　　　　　　3 000
　　贷：固定资产清理　　　　　　　　　　　　　　　　　　　　　　2 900
　　　　营业外收入　　　　　　　　　　　　　　　　　　　　　　　　100

【案例 15-10】 承案例 15-9。假定办公设备目前公允价值为 3 100 万元，账面价值为 3 100 万元，售价为 3 000 万元。如果在市场上租用同等的办公设备需每年年末支付租金 60 万元，但是甲公司每年年末实际支付租金 30 万元，则甲公司应当将售价与资产账面价值的差额予以递延。

解析：甲公司的会计处理如下。（单位：万元）

（1）2019 年 1 月 1 日，结转出售的固定资产的成本，确认未实现售后租回损益。

借：固定资产清理　　　　　　　　　　　　　　　　　　　　　3 100
　　贷：固定资产　　　　　　　　　　　　　　　　　　　　　　　　3 100
借：银行存款　　　　　　　　　　　　　　　　　　　　　　　3 000

　　　　　递延收益——未实现售后租回损益　　　　　　　　　　　　　100
　　　　　　贷：固定资产清理　　　　　　　　　　　　　　　　　　　3 100

（2）2019年12月31日，支付租金。
　　借：管理费用　　　　　　　　　　　　　　　　　　　　　　　　　30
　　　　贷：银行存款　　　　　　　　　　　　　　　　　　　　　　　30

（3）2019年12月31日，分摊未实现售后租回损益。
　　借：管理费用　　　　　　　　　　　　　　　　　　　　　　　　　25
　　　　贷：递延收益——未实现售后租回损益　　　　　　　　（100÷4）25

【案例15-11】　承案例15-10。如果在市场上租用同等的办公设备需每年年末支付租金60万元，甲公司每年年末实际支付租金也为60万元，则甲公司应当将有关损益立即予以确认。

解析：甲公司的会计处理如下。（单位：万元）

（1）2019年1月1日，结转出售的固定资产的成本，确认未实现售后租回损益。
　　借：固定资产清理　　　　　　　　　　　　　　　　　　　　　　3 100
　　　　贷：固定资产　　　　　　　　　　　　　　　　　　　　　　3 100
　　借：银行存款　　　　　　　　　　　　　　　　　　　　　　　　3 000
　　　　资产处置损益　　　　　　　　　　　　　　　　　　　　　　　100
　　　　贷：固定资产清理　　　　　　　　　　　　　　　　　　　　3 100

（2）2019年12月31日，支付租金。
　　借：管理费用　　　　　　　　　　　　　　　　　　　　　　　　　60
　　　　贷：银行存款　　　　　　　　　　　　　　　　　　　　　　　60

15.6　承租人、出租人的列报

15.6.1　承租人的列报

1. 报表列报

承租人应当在资产负债表中单独列示使用权资产和租赁负债。其中，租赁负债通常分为非流动负债和一年内到期的非流动负债。

在利润表中，承租人应当分别列示租赁负债的利息费用与使用权资产的折旧费用。租赁负债的利息费用在财务费用项目列示。

在现金流量表中，偿还租赁负债本金和利息所支付的现金应当计入筹资活动现金流出，支付的按本准则进行简化处理的短期租赁付款额和低价值资产租赁付款额以及未纳入租赁负债计量的可变租赁付款额应当计入经营活动现金流出。

2. 披露

承租人应当在附注中披露与租赁有关的下列信息。

（1）各类使用权资产的期初余额、本期增加额、期末余额以及累计折旧额和减值金额。

（2）租赁负债的利息费用。

（3）计入当期损益的按本准则第三十二条简化处理的短期租赁费用和低价值资产租赁费用。

（4）未纳入租赁负债计量的可变租赁付款额。

（5）转租使用权资产取得的收入。

（6）与租赁相关的总现金流出。

（7）售后租回交易产生的相关损益。

（8）其他按照《企业会计准则第37号——金融工具列报》应当披露的有关租赁负债的信息。

承租人应用本准则对短期租赁和低价值资产租赁进行简化处理的，应当披露这一事实。

3. 其他定量与定性披露

承租人应当根据财务报表使用者理解财务报表的需要，披露有关租赁活动的其他定性和定量信息。此类信息包括以下几点。

（1）租赁活动的性质，如对租赁活动基本情况的描述。

（2）未纳入租赁负债计量的未来潜在现金流出。

（3）租赁导致的限制或承诺。

（4）售后租回交易除售后租回交易产生的相关损益之外的其他信息。

（5）其他相关信息。

15.6.2 出租人的列报

1. 报表列报

出租人应当根据资产的性质，在资产负债表中列示经营租赁资产。

出租人应当在附注中披露与融资租赁有关的下列信息。

（1）销售损益、租赁投资净额的融资收益以及与未纳入租赁投资净额的可变租赁付款额相关的收入。

（2）资产负债表日后连续五个会计年度每年将收到的未折现租赁收款额，以及剩余年度将收到的未折现租赁收款额总额。

（3）未折现租赁收款额与租赁投资净额的调节表。

2. 披露

出租人应当在附注中披露与经营租赁有关的下列信息。

（1）租赁收入，并单独披露与未计入租赁收款额的可变租赁付款额相关的收入。

（2）将经营租赁固定资产与出租人持有的自用的固定资产分开，并按经营租赁固定资产的类别提供《企业会计准则第4号——固定资产》要求披露的信息。

（3）资产负债表日后连续五个会计年度每年将收到的未折现租赁收款额，以及剩余年度将收到的未折现租赁收款额总额。

3. 其他定量与定性披露

出租人应当根据财务报表使用者理解财务报表的需要，披露有关租赁活动的其他定性和定量信息。此类信息包括以下几点。

（1）租赁活动的性质，如对租赁活动基本情况的描述。

（2）对其在租赁资产中保留的权利进行风险管理的情况。

（3）其他相关信息。

15.7 衔接规定

对于首次执行日前已存在的合同，企业在首次执行日可以选择不重新评估其是否为租赁或者包含租赁。选择不重新评估的，企业应当在财务报表附注中披露这一事实，并一致应用于前述所有合同。

承租人应当选择下列方法之一对租赁进行衔接会计处理，并一致应用于其作为承租人的所有租赁。

（1）按照《企业会计准则第28号——会计政策、会计估计变更和差错更正》的规定采用追溯调整法处理。

（2）根据首次执行本准则的累积影响数，调整首次执行本准则当年年初留存收益及财务报表其他相关项目金额，不调整可比期间信息。采用该方法时，应当按照下列规定进行衔接处理。

① 对于首次执行日前的融资租赁，承租人在首次执行日应当按照融资租入资产和应付融资租赁款的原账面价值，分别计量使用权资产和租赁负债。

② 对于首次执行日前的经营租赁，承租人在首次执行日应当根据剩余租赁付款额按首次执行日承租人增量借款利率折现的现值计量租赁负债，并根据每项租赁选择按照下列两者之一计量使用权资产：假设自租赁期开始日即采用本准则的账面价值（采用首次执行日的承租人增量借款利率作为折现率）；与租赁负债相等的金额，并根据预付租金进行必要调整。

③ 在首次执行日，承租人应当按照《企业会计准则第8号——资产减值》的规定，对使用权资产进行减值测试并进行相应会计处理。

15.8 对财务比率和相关指标的影响

① 资产负债率。新准则下，使用权资产和租赁负债的表内确认，导致资产和负债规模同时增加，承租人资产负债率会上升。

② 流动性指标。新准则下，使用权资产列示于资产负债表的非流动资产，租赁负债列示于非流动负债，同时将一年内支付的部分列示于流动负债项下的一年内到期的非流动负债。此报表列示方式将导致承租人流动比率下降，流动性风险指标将进一步恶化。

③ 资产运营效率指标。新准则下承租人资产规模的增加，导致资产周转率等资产运营效率指标将会有所降低。

④ 利润指标。新准则下，承租人利润表项目由原主营业务成本－租赁成本调整至主营业成本－折旧成本（金额影响不同）以及财务费用－利息支出、财务费用－汇兑损益，将会给承租人的利润结构（主要为运输利润指标）、经营分析带来一定影响。

【案例15-12】 国内甲航空公司从境内外租赁公司经营租入飞机,截至2015年12月31日累计共租入飞机数量为50架。租赁开始日为2002—2015年,租赁到期日为2015—2027年,租赁期为12~16年,月租金约为15~40万美元(假设月初支付当月租金)。甲公司2015年12月31日的资产总额约为450亿元人民币,负债总额约为400亿元人民币,资产负债率约为89%。

按照新准则要求进行追溯测算,假设折现率为3%(美元平均借款利率),经过计算,截至2014年12月31日,经营租入飞机业务应确认的使用权资产余额(净值)约为51亿元(折人民币数,下同),累计折旧约为66亿元,租赁负债余额约为48亿元,累计确认利息费用和汇兑损益约为2.3亿元。

截至2015年12月31日,经营租入飞机业务应确认的使用权资产余额约为66亿元,累计折旧约为75亿元(其中2015年度折旧成本约为9亿元,旧准则下2015年度租赁成本约为11亿元),租赁负债余额约为68亿元,累计确认利息费用和汇兑损益约为7.5亿元(其中2015年度确认的利息费用和汇兑损益约为5.2亿元)。

以上测算过程如下。

(1)以每架飞机的月租金为年金,折现率为3%,租赁期月数为参数计算租金现值,将其作为使用权资产和租赁负债的初始确认金额(美元),并按照租赁开始日汇率折算为人民币。

(2)分别以使用权资产初始确认的人民币金额为基数,按直线法计算截至2014年12月31日和2015年12月31日各架飞机使用权资产的累计折旧。

(3)根据租赁期内每月记账汇率,分别计算截至2014年12月31日和2015年12月31日累计支付租金折人民币金额。

(4)分别计算2014年12月31日和2015年12月31日未来租赁负债折现值,将其作为租赁负债余额(美元),以当年底汇率折算为人民币金额。

(5)以租赁负债(折人民币数)初始确认金额、期末余额和累计支付额分别倒轧计算截至2014年12月31日和2015年12月31日累计确认的租赁负债利息费用和汇兑损益。

解析:根据以上数据的测算和分析,可将新租赁准则对承租人的影响总结如下。

(1)所有重大租赁均要在资产负债表内确认,承租人资产和负债同时增加。

(2)承租人资产负债率将在一定程度上上升,与承租人经营租赁规模正相关。

(3)承租人的成本由原单一的经营租赁成本变为包括使用权资产折旧成本、租赁负债利息费用以及租赁负债汇兑损益的复合成本,在租金水平不发生变化的情况下,租赁负债利息呈现前高后低的走势。

(4)承租人资产负债率、利息保障倍数、资产周转率等财务比率将发生一定程度的变化,可能影响到承租人的融资成本和财务管理评价。

(5)承租人的经营业绩对汇率、利率水平的敏感性和关联度增加,相应的经营成果的不确定性增加。

15.9 新租赁准则中重要概念的把握与应用

15.9.1 服务与租赁的区别

服务是指履行职务,为他人做事,并使他人从中受益的一种有偿或无偿的活动,不以实物形式而以提供劳动的形式满足他人某种特殊需要;也指任职。

租赁是指在约定的期间内,出租人将资产使用权让与承租人以获取租金的行为。租赁存在的主要原因有以下方面:节税,降低交易成本,减少不确定性。

租赁是一种以一定费用借贷实物的经济行为,出租人将自己所拥有的某种物品交与承租人使用,承租人由此获得在一段时期内使用该物品的权利,但物品的所有权仍保留在出租人手中。承租人为其所获得的使用权需向出租人支付一定的费用(租金)。

15.9.2 续约选择权

新租赁准则规定,满足特定标准的续约选择权可以适用简化处理模式。具体而言,标准有两条:一是客户行使该权利购买的额外商品与原合同下购买的商品类似;二是企业将按照原合同条款提供该额外商品。

同时满足前述两个条件的,企业无需估计该选择权的单独售价,而是直接把其预计将提供的额外商品的数量以及预计将收取的相应对价金额纳入原合同,并进行相应的会计处理。

【案例 15-13】 某一主体租入一幢建筑物,租期为 10 年,有续约 5 年的选择权。在租赁期开始日,主体认为合理确定不会行使该续约选择权,所以确定的租赁期为 10 年。在使用该建筑物 5 年后,主体决定将该建筑物转租给另一方,并与对方签订了为期 10 年的转租合同。

解析:签订转租合同是承租人可控制的一项重大事件,并会影响承租人对于是否合理确定行使续约选择权的评估。相应地,承租人需要在该重大事件发生时重新评估主租赁的租赁期。

15.9.3 购买选择权

1. 承租人的优先购买权是一种法定权利

承租人的优先购买权必须由法律直接加以规定,即只能由法律加以创设,而不能根据当事人之间的约定而产生。

《中华人民共和国合同法》第二百三十条规定:"出租人出卖租赁房屋的,应当在出卖之前的合理期限内通知承租人,承租人享有以同等条件优先购买的权利。"这些规定都是承租人享有优先购买权的法律依据。由于承租人的优先购买权是一种法定权利,因而其具有对抗第三人的法律效力。

2. 承租人的优先购买权是一种具有物权性质的请求权

物权设定必须符合公示原则。所谓公示原则,是指物权的各种变动必须以一种可以公开向社会显示,并能取信于公众的外部表现方式予以展示,方能生效的法律原则。《中华人民共和国民法通则》第七十二条规定:"按照合同或者其他合法方式取得财产的,财产所有权从财产交付时起转移，法律另有规定或者当事人另有约定的除外。"从这一规定内容看出，我国现行法律在物权公示立法上所采取的是以成立要件主义为原则、以对抗要件主义为例外的折中主义。

承租人的优先购买权虽然不能直接对租赁物享有权利，但能直接对抗第三人，且承租人只要在同等条件下就能依自己的行为使权利发生变动。这明显区别于设立、变更或消灭必须由双方当事人的意思表示一致来完成的债权。

3. 承租人的优先购买权是一种附限制条件的形成权

所谓形成权，是指由法律赋予的权利人仅凭自己的单方行为即可使法律关系发生、变更或消灭的权利。承租人一旦行使优先购买权，即可依法排除出租人将租赁物出卖给他人的可能，而在其与出租人之间形成买卖租赁物的权利义务关系。

因此，承租人的优先购买权是一种形成权。承租人仅凭自己的单方意思，即可与出租人形成以出租人与第三人同等条件为内容的买卖合同，不需要出租人承诺。又由于承租人的优先购买权以同等条件为前提，所以其又是一种附限制条件的形成权。

4. 承租人的优先购买权是一种期待权

承租人的优先购买权并不是承租人在任何时候都能享有的一种现实权利。在出租人出卖租赁物之前，承租人的优先购买权仅仅表现为一种可能性。只有在特定的法律事实出现，即当出租人出卖租赁物时，承租人才能实际行使优先购买权，使这项权利由可能性变为现实性。因此，承租人的优先购买权发生于出租人转让租赁物所有权之时，在此之前，承租人的优先购买权只是一种期待权。

5. 承租人的优先购买权是一种专属权

由于承租人的优先购买权是根据法律规定而产生的，这种权利仅属于承租人本人，故不能转让和继承。但是，如果承租人承租租赁物是供家庭成员共同使用的，则承租人死亡时，承租人的家庭成员应视为享有优先购买权。

15.9.4 已识别资产

以门面房的租赁合同为例，租赁合同明确了标的资产，即特定位置、特定面积的门面房，该门面房与所在建筑物的其他部分在物理上可区分。同时供应方并不拥有资产的实质性替换权，未经承租人同意，出租方不得替换门面位置或修改面积。因此存在明确的已识别资产。

承租人可将门面用于自身经营，并获得全部经营收益，因此承租人有权获得在使用期间内因使用已识别资产所产生的几乎全部经济利益。房屋增值收益不在约定的客户（即承租人）可使用资产的权利范围内，因此不影响"经济利益"因素的判断。

承租人有权按自己的意愿使用门面，即有权在整个使用期间主导已识别资产的使用目的和使用方式。出租人要求承租人在变更资产使用方式时通知及要求承租人遵纪守法并确保出租人遵守法律或法规的权利是保护性权利，保护性权利单独不足以否定客户拥有主导资产使用的权利。

15.9.5 何时对租赁负债进行重新评估

由于实际的租赁付款额可能与初始确认的租赁负债中所包括的租赁付款额存在显著差异，所以新租赁准则规定了何时应对租赁负债进行重新评估。值得注意的是，仅当基于已签署合同中在租赁开始日已存在的条款的相关现金流量发生变化时，企业方可进行重新评估。重新协商租赁条款所导致的任何变化在下述"对租赁的修改"中予以讨论。

重新评估的要求总结如表15-1所示。

表15-1 重新评估的要求

租赁负债的组成部分	重新评估
租赁期及相关的续约和解约付款	何时评估？租赁期发生变化时 如何评估？使用修改后的折现率反映修改后的付款额【剩余租赁期的租赁隐含利率（如果可以确定该利率）或者重新评估日的增量借款利率】
购买选择权的行权价格	何时评估？当在承租人控制范围内且影响承租人是否合理确定会行使选择权的某项重大事件发生或者情形发生变化时 如何评估？使用修改后的折现率反映修改后的付款额【剩余租赁期的租赁隐含利率（如果可以确定该利率）或者重新评估日的增量借款利率】
预计应付的余值担保金额	何时评估？预计支付金额发生变化时 如何评估？使用不变的折现率计算修改后的剩余付款
取决于某一指数或利率的可变租赁付款额	何时评估？当某一指数或利率的变化导致现金流量发生变化时 如何评估？使用不变的折现率，反映基于剩余租赁期新的现金流量生效日的指数或利率修改后的付款额（例外：如果该变化是由于浮动利率的变化引起的，应对折现率予以更新）

15.9.6 如何对租赁负债进行重新评估

新租赁准则明确规定，发生承租人可控范围内的重大事件或变化，且影响承租人是否合理确定将行使相应选择权的，承租人应当对其是否合理确定将行使续租选择权、购买选择权或不行使终止租赁选择权进行重新评估。

15.9.7 对租赁的修改

租赁期内合同各方可能由于各种不同的原因决定重新协商和修订现有的租赁合同。其中一个目的可能是延长或者缩短现有合同的期限（同时修改其他的合同条款或者其他的条款不变）；另一个目的可能是变更标的资产（例如，承租人已经承租某一建筑物中的两层，各方同意再增租一层）。如果承租人陷入财务困境，则出租人可能同意减少租赁付款以支持其重组。

15.9.8 租赁范围缩小

如果租赁修改是为了终止一项或者多项标的资产的使用权（例如，承租人已经承租了某一建筑物中的三层，各方同意其在剩余的合同期内减租一层），或者缩短合同约定的租赁期，承租人在修改生效时使用修改后的折现率重新计量租赁负债。修改后的折现率是指剩余租赁期的租赁隐含利率（如果可以确定该利率）或者是承租人届时的增量借款利率。此外，主体应减少使用权资产的账面金额以反映租赁的部分或者全面终止。与部分或者全面终止相应的任何利得或者损失应计入损益。

15.9.9 租赁对价的变更

如果合同各方变更租赁对价,而未增加或者减少租赁范围,承租人使用剩余租赁期内的租赁隐含利率(如果可以确定该利率)或者使用重组人在修改生效日的增量借款利率重新计量租赁负债,并相应调整使用权资产。

15.9.10 售后租回

1. 售后租回的判断

甲方(卖方)和乙方(买方)应当按照《企业会计准则第14号——收入》的规定,评估确定售后租回交易中的资产转让是否属于销售,并分为以下两种情况。

第一种情况,甲方将一项资产转让给乙方,如果没有形成销售(即乙方没有取得资产的控制权),则形成了以资产为标的的融资,甲方确认金融负债,乙方确认金融资产,原资产不转移。

第二种情况,甲方将一项资产转让给乙方,如果形成销售(即乙方取得资产的控制权),并且甲方向乙方租回该资产,则甲方(卖方)为承租人,乙方(买方)为出租人,则形成售后租回。

在考虑一项交易是否应作为售后租回交易进行会计处理时,不仅应考虑以售后租回的法律形式安排的交易,而且应同时考虑与售后租回的法律形式具有相同经济影响的其他形式的交易(实质重于形式原则)。例如,售后租回交易可能采用租出并租回的形式进行安排。

2. 资产转让形成销售

承租人的处理:按原资产账面价值中与所保留使用权有关的部分,计量售后租回所形成的使用权资产,并仅就转让至出租人的权利确认相关利得或损失。

出租人的处理:根据其他适用的企业会计准则对资产购买进行会计处理,并根据新租赁准则对资产出租进行会计处理。

如果销售对价的公允价值与资产的公允价值不同,或者出租人未按市场价格收取租金,则承租人应当进行下列调整以按公允价值计量销售收入:低于市场价格的款项作为预付租金进行会计处理,高于市场价格的款项作为出租人向承租人提供的额外融资进行会计处理。计算使用权资产及转让至出租人的权利时,应该用公允价值来确定相应的比例,高于公允价值的部分要减掉,低于公允价值的部分要加回来。

15.10 应用案例

【案例15-14】 承租人A公司签订了一项设备租赁合同,该合同包括9个月不可撤销租赁期,以及4个月的续租选择权。

情形一:在租赁期开始日,A公司认定,其合理确定将不会行使该续期选择权,因为该4个月续期的租金,显著高于预期市场租金。

解析：承租人可合理确定其不会行使合同续期选择权，该合同租赁期应为9个月。因此，该租赁合同可以作为短期租赁进行会计处理。

情形二：在租赁期开始日，A公司认定，其合理确定将行使该续期选择权，因为该设备是一项A公司定制设备，更换租赁合同将产生较大成本。

解析：承租人可合理确定将行使该续期选择权，该合同租赁期应为13个月。因此，该租赁合同不应作为短期租赁进行会计处理。

【案例15-15】 药品制造和销售行业的某承租人持有以下租赁。

（1）房地产（包括办公楼和仓库）租赁。

（2）生产设备租赁。

（3）公司车辆（供销售人员和高级经理使用，质量、规格和价值不等）租赁。

（4）卡车或厢式货车（用于运输，大小和价值不等）租赁。

（5）IT设备（供员工个人使用，如笔记本电脑、台式计算机、桌面打印机和手机）租赁。

（6）网络服务器（含增加网络服务器容量的单独组件，这些组件是根据承租人需要陆续添加到大型网络服务器以增加网络服务器存储容量的）租赁。

（7）办公设备租赁：办公家具（如桌椅和办公隔断），饮水机，大功率多功能影印设备。

解析：承租人基于标的资产全新时的较低单独价值，决定将下列租赁作为低价值资产租赁。

（1）供员工个人使用的IT设备的租赁。

（2）办公家具和饮水机租赁。

承租人选择按照新租赁准则的确认豁免规定对这些租赁进行会计处理。

尽管网络服务器中的某一组件在单独考虑时，可能属于低价值资产，但网络服务器中多个组件租赁不符合低价值资产租赁的条件。这是因为，每个组件都与网络服务器的其他部分高度相关。承租人若不租赁网络服务器就不会租赁这些组件。

【案例15-16】 A公司租赁了一项办公设备，租赁期为5年。该办公设备全新时的价值为5 000元，低于A公司设定的低价值资产标准。A公司选择按新租赁准则确认豁免规定对该办公设备租赁进行简化处理。

解析：租赁合同约定的租赁应付款如下。

第1年：免租金。

第2~3年：1 750元/年。

第4~5年：1 500元/年。

A公司在合同期内，通过使用该办公设备平均受益。

【案例15-17】 乙公司与甲公司签订合同，以取得在指定的、没有内部隔离的储气罐内存储天然气的权利。在合同初始时，乙公司在整个合同期内可以使用储气罐至多55%的容量。甲公司可以在自己认为合适时，使用储气罐剩余的45%容量。甲公司没有替换权。但是，该安排允许甲公司将其他客户的天然气存储在同一储气罐内。本例中是否存在可识别资产？

解析：在本例中，不存在可识别资产。这是因为，乙公司仅占有储气罐55%的容量，而该部分产能不仅在物理形态上与剩余部分不可区分，而且也不符合客户获得几乎所有产能的标准。

【案例 15-18】 乙公司与甲公司签订合同,以取得将产品存储在指定仓库的权利。该仓库的库房 A、B 被划定仅供乙公司使用。甲公司没有替换权。库房 A、B 的存储量占该仓库存储总量的 55%。本例中是否存在可识别资产?

解析:在本例中,尽管乙公司仅使用该仓库 55% 的存储量,但该合同存在可识别资产。原因是:乙公司使用的库房在合同中已明确指定,这些库房与该仓库的其他存储空间在物理形态上可以区分,且甲公司没有替换权。

【案例 15-19】 乙公司和甲公司签订了一份 3 年期的车辆使用合同。合同对车辆进行了定义。甲公司不得以另一车辆替代指定车辆,除非指定车辆不可用(如发生故障)。

根据合同,乙公司运营该车辆(驾驶该车辆)或主导他人运营该车辆(如聘请司机)。乙公司决定该车辆的使用方式。例如,乙公司决定该车辆在整个使用期间内的行驶目的地、使用时间或使用与否,以及使用目的。乙公司还可在整个使用期间内改变上述决定。甲公司禁止该车辆的某些使用行为(如移动至国外)以及对该车辆的改装,目的在于保护其对该资产的权益。乙公司能否主导该车辆的使用?

解析:乙公司有权在整个使用期间内主导被识别资产的使用。乙公司之所以有权主导该车辆的使用,是因为其有权改变该车辆的使用方式、使用时间或使用与否、行驶目的地以及使用目的。

甲公司对该车辆的某些使用行为和改装的限制被视为保护性权利。该权利明确了乙公司对该资产的使用范围,但不影响有关乙公司是否主导该资产的使用的评估。

【案例 15-20】 甲公司是增值税小规模纳税人,2019 年 12 月一次性预收商铺 2020 年度租金 120 万元(每月 10 万元,假设为不含税价),并在合同中约定 12 月为免租期。该部分商铺原值 350 万元。房产税按房产原值 70% 进行折算。分析该业务的增值税、房产税、企业所得税和其他税费的处理。

(1)增值税。

① 根据《国家税务总局关于土地价款扣除时间等增值税征管问题的公告》(国家税务总局公告 2016 年第 86 号)第七条规定,纳税人出租不动产,租赁合同中约定免租期的,不属于《营业税改征增值税试点实施办法》(财税〔2016〕36 号附件 1)第十四条规定的视同销售服务,因此 2019 年 12 月免收的租金不需要缴纳增值税。

② 根据《营业税改征增值税试点实施办法》(财税〔2016〕36 号附件 1)第四十五条规定,纳税人提供租赁服务采取预收款方式的,其纳税义务发生时间为收到预收款的当天,因此甲公司应于 2019 年 12 月确认增值税销售收入 120 万元。

假设本案例的甲公司出售商铺换成其他个人出租房产,根据《国家税务总局关于小规模纳税人免征增值税政策有关征管问题的公告》(国家税务总局公告 2019 年第 4 号)第四条规定,自然人采取一次性收取租金形式出租不动产取得的租金收入,可在对应的租赁期内平均分摊,分摊后的月租金收入未超过 10 万元的,免征增值税。

（2）企业所得税。

根据《中华人民共和国企业所得税法实施条例》（以下简称《实施条例》）第十九条规定，企业所得税法第六条第（六）项所称租金收入，是指企业提供固定资产、包装物或者其他有形资产的使用权取得的收入。租金收入，按照合同约定的承租人应付租金的日期确认收入的实现，免租期不属于承租人应付租金日期，因此，免租期内租金收入不缴纳企业所得税。

该公司收取的 2020 年全年的租金收入可以在收取租金时（2019 年 12 月）确认，也可以根据《国家税务总局关于贯彻落实企业所得税法若干税收问题的通知》（国税函〔2010〕79号）的规定（如果交易合同或协议中规定租赁期限跨年度，且租金提前一次性支付的，根据《实施条例》第九条规定的收入与费用配比原则），可对上述已确认的收入，在租赁期内，分期均匀计入相关年度收入，在 2020 年确认收入 120 万元。

（3）房产税。

根据《财政部 国家税务总局关于安置残疾人就业单位城镇土地使用税等政策的通知》（财税〔2010〕121号）第二条规定，关于出租房产免收租金期间房产税问题，对出租房产，租赁双方签订的租赁合同约定有免收租金期限的，免收租金期间由产权所有人按照房产原值缴纳房产税。

因此，案例中甲公司出租房屋，免租期。甲公司 2019 年 12 月的房产税，按照房产原值减除 30% 后的余额，按 1.2% 征收，小规模纳税人可以减半征收。甲公司 2019 年 12 月应缴纳房产税 =3 500 000×70%×1.2%×1÷12×50%=1 225（元），2020 年全年应缴纳房产税 =1 200 000×12%×50%+1225=73 225（元）。

假设本案例换一种合同签订方式，甲公司与承租方约定 2019 年 12 月到 2020 年 12 月一共 13 个月的房租为 120 万元，合计应缴纳房产税 =1 200 000×12%×50%=72 000（元），其小于约定免租期应缴纳房产税 73 225 元，可见约定免租期并不一定能够节税。

（4）其他税费。

城镇土地使用税没有免税规定。印花税与免租期无关。财产租赁合同应按照租赁金额的千分之一贴花。应纳税凭证是财产租赁合同，除非免租期另行签订合同，不然视为同一合同。

城市维护建设税和教育费附加、地方教育附加的计税依据是实际缴纳的消费税、增值税额。免租期免征增值税，城市维护建设税和教育费附加、地方教育附加也免征。

第 16 章
《企业会计准则第 7 号——非货币性资产交换》解读

16.1 概述

2019 年 5 月 9 日财政部发布修订后的《企业会计准则第 7 号——非货币性资产交换》(本章简称"新准则"),适用于所有执行《企业会计准则》的企业。

非货币性资产交换业务在我国企业会计准则体系中通过专门准则进行规范,而国际财务报告准则下的相关规范则分散在固定资产、无形资产、投资性房地产等准则中。但国际、国内准则对此类业务规范的基本原则是一致的。

新准则总体上保持了原有的计量原则,进一步明确了准则的适用范围,规范了换入与换出资产的确认和终止确认时点,细化了非货币性资产交换在不同计量基础下的具体会计处理,使不同准则之间协调一致。

新准则自 2019 年 6 月 10 日起施行。

16.2 修订背景

财政部于 2006 年发布了《企业会计准则第 7 号——非货币性资产交换》及应用指南,对非货币性资产交换这类特殊交易中换入资产和换出资产的确认和计量原则进行了规范,与国际会计准则相关处理原则趋同。然而,随着经济形态的日益丰富带来的会计实务的创新与发展,以及近年来一系列新会计准则的发布实施,导致一些新发布准则与现有准则体系的准则不衔接情形;另一方面,旧准则没有对准则的适用范围进行规范,当非货币性资产交换准则规定的会计处理原则与其他准则规定的原则不一致时,可能因准则适用范围不清而导致实务差异。

国际财务报告准则下与非货币性资产交换相关的规范分散在固定资产、无形资产、投资性房地产等准则中,而我国企业会计准则体系以专门的一项会计准则规范非货币性资产交换业务。财政部认为目前不宜直接废止该项准则,如果废止,则需要逐一修订固定资产、无形资产、投资性房地产和长期股权投资等多项准则。为了保持准则体系的内部协调一致性和稳定性,并且对实务中反映出的非货币性资产交换准则有关实施问题做出进一步明确和提供指引,财政部修订了旧准则。

16.3 定义与适用范围

(1)新准则中相关概念的定义如表 16-1 所示。

表 16-1　相关概念的定义

项目	定义
非货币性资产交换	企业主要以固定资产、无形资产、投资性房地产和长期股权投资等非货币性资产进行的交换，该交换不涉及或只涉及少量补价
货币性资产	企业持有的货币资金和收取固定或可确定金额的货币资金的权利
非货币性资产	货币性资产以外的资产

（2）适用于所有非货币性资产交换，排除以下几项。

① 企业以存货换取客户的非货币性资产的——适用收入准则。

② 非货币性资产交换中涉及企业合并的——适用长期股权投资、企业合并、合并财务报表准则。

③ 非货币性资产交换中涉及金融资产的——金融资产的确认、终止确认和计量适用金融工具相关准则。

④ 非货币性资产交换中涉及使用权资产或应收融资租赁款等的——相关资产的确认、终止确认和计量适用租赁准则。

⑤ 非货币性资产交换实质上是权益性交易的——适用权益性交易的有关会计处理规定。

（3）准则修订前后比较。

① 新准则正文中新增了上述有关适用范围的规定，而旧准则没有相关内容，仅在讲解中有部分说明。

② 新准则明确以存货换取客户的非货币性资产交换适用收入准则，实现了与新收入准则的协调一致。

③ 对"非货币性资产交换"和"货币性资产"的定义进行了文字修订，表述更加严密。

16.4　确认

16.4.1　换入资产与换出资产的确认原则

换入资产与换出资产的确认原则如表 16-2 所示。

表 16-2　换入资产与换出资产的确认原则

项目	确认原则
换入资产	符合资产定义并满足资产确认条件时予以确认
换出资产	满足资产终止确认条件时终止确认

16.4.2　换入资产的确认时点与换出资产的终止确认时点不一致时，在资产负债表日的处理

相关处理如表 16-3 所示。

表 16-3　相关处理

情况	处理
换入资产满足资产确认条件，换出资产尚未满足终止确认条件的	在确认换入资产的同时将交付换出资产的义务确认为一项负债
换入资产尚未满足资产确认条件，换出资产满足终止确认条件的	在终止确认换出资产的同时将取得换入资产的权利确认为一项资产

准则修订前后比较：对于"确认"时点的专门规范，是本次修订新增的内容，明确了资产确认与终止确认需要按照相关准则分别考虑，对换入资产的确认和换出资产终止确认时点存在不一致的情况给出了明确的处理原则。

16.5　计量

新准则删除了关注关联方关系是否影响具有商业实质的判断的规定。同时，新准则中，计量原则和会计处理规范更加细化和清晰：新准则对非货币性资产交换按"以公允价值为基础计量"和"以账面价值为基础计量"划分并分别进行规定；在会计处理规范中，考虑和融合了涉及金融资产的情况下相关金融工具的处理原则，具体体现在包括涉及收到或者支付补价和换入多项资产时计价分摊的相关规定中。

16.5.1　区分"以公允价值为基础计量"与"以账面价值为基础计量"

相关原则如表 16-4 所示。

表 16-4　区分"以公允价值为基础计量"与"以账面价值为基础计量"的相关原则

条件	能否同时满足	计量基础
交换具有商业实质	√	以公允价值为基础计量
换入资产或换出资产的公允价值能够可靠计量	×	以账面价值为基础计量

表 16-4 可用图 16-1 解释。

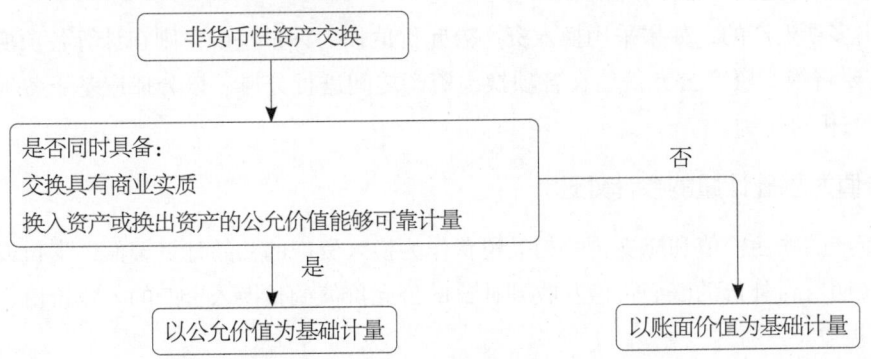

图 16-1　区分"以公允价值为基础计量"与"以账面价值为基础计量"

满足下列条件之一的非货币性资产交换具有商业实质。

（1）换入资产的未来现金流量在风险、时间分布或金额方面与换出资产显著不同。

（2）使用换入资产所产生的预计未来现金流量现值与继续使用换出资产所产生的预计未来现金流量现值不同，且其差额与换入资产和换出资产的公允价值相比是重大的。

16.5.2 计量原则

非货币性资产交换计量原则如表 16-5 所示。

表 16-5　非货币性资产交换计量原则

以公允价值为基础计量	以账面价值为基础计量
首选换出资产的公允价值	使用换出资产的账面价值
换入资产公允价值更可靠的，选择换入资产公允价值	

16.5.3 以公允价值为基础计量的会计处理

相关会计处理如表 16-6 所示。

表 16-6　以公允价值为基础计量的会计处理

以换出资产公允价值为基础计量	以换入资产公允价值为基础计量
借：换入资产（换出资产公允价值） 贷：换出资产（换出资产账面价值） 　　应交税费（交换产生的税费） 　　当期损益（换出资产公允价值与账面价值的差额）	（仅当换入资产公允价值更可靠时） 借：换入资产（换入资产公允价值＋交换产生的税费） 贷：换出资产（换出资产账面价值） 　　应交税费（交换产生的税费） 　　当期损益（换入资产公允价值－换出资产账面价值）

（1）涉及补价情况的，如果采用换出资产公允价值作为计量基础，则将收到或支付补价的公允价值调整换入资产的入账价值；如果采用换入资产公允价值作为计量基础，则将收到或支付补价的公允价值调整换出资产终止确认的损益。

（2）同时换入多项资产的，如果采用换出资产公允价值作为计量基础，则在初始确认换入资产成本时，需要将换出资产公允价值在各项换入资产之间进行分摊，该分摊应基于各项换入资产公允价值的相对比例（扣除金融资产）。

（3）同时换出多项资产的，如果采用换入资产公允价值作为计量基础，则在计算各项换出资产损益时，需要将换入资产公允价值在各项换出资产之间进行分摊，该分摊应基于各项换出资产公允价值的相对比例。

16.5.4 以账面价值为基础计量的会计处理

（1）以换出资产的账面价值和应支付的相关税费作为换入资产的初始计量金额，支付或收到补价的，分别按照支付补价的账面价值及收到补价的公允价值调整换入资产的入账价值，换出资产不会产生损益。

（2）对于同时换入多项资产的，各项换入资产入账价值的拆分应基于各项换入资产公允价值的相对比例，公允价值不能可靠计量的，可以基于各项换入资产原账面价值的相对比例或其他合理的比例。

16.6 披露

企业应当披露下列信息。
（1）非货币性资产交换是否具有商业实质及其原因。
（2）换入资产、换出资产的类别。
（3）换入资产初始计量金额的确定方式。
（4）换入资产、换出资产的公允价值以及换出资产的账面价值。
（5）非货币性资产交换确认的损益。

准则修订前后比较：新增关于非货币性资产交换商业实质判断的披露要求，预计将为财务报表使用者提供更多有用信息。

16.7 衔接规定

对 2019 年 1 月 1 日至新准则施行日之间发生的非货币性资产交换，应根据新准则进行调整。

对 2019 年 1 月 1 日之前发生的非货币性资产交换，不需要按照新准则进行追溯调整。

16.8 应用案例

【案例 16-1】 2019 年 7 月，甲公司以生产经营过程中使用的一台设备交换乙家具公司生产的一批办公家具，换入的办公家具作为固定资产管理。设备的账面原价为 20 万元，在交换日的累计折旧为 7 万元，公允价值为 15 万元。办公家具的账面价值为 12 万元，在交换日的公允价值为 15 万元，计税价格等于公允价值。

乙公司换入甲公司的设备是生产家具过程中需要使用的设备。假设甲公司此前没有为该项设备计提资产减值准备，整个交易过程中，除支付运杂费 3 000 元外没有发生其他相关税费。假设乙公司此前也没有为库存家具计提跌价准备，销售办公家具的增值税税率为 13%，其在整个交易过程中没有发生除增值税以外的其他税费。

解析：整个资产交换过程没有涉及收付货币性资产，因此，该项交换属于非货币性资产交换。本例是以存货换固定资产，对甲公司来讲，换入的办公家具是经营过程必需的资产。对乙公司来讲，换入的设备是生产家具过程中所必须使用的机器。两项资产交换后对换入企业的特定价值显著不同，两项资产的交换具有商业实质，同时，两项资产的公允价值都能够可靠地计量，符合以公允价值计量的两个条件。

因此，甲公司和乙公司均应当以换出资产的公允价值为基础确定换入资产的成本，并确认产生的损益。

（1）甲公司的账务处理。

借：固定资产清理　　　　　　　　　　　　　　　　　　　　　　　　130 000
　　累计折旧　　　　　　　　　　　　　　　　　　　　　　　　　　 70 000

贷：固定资产——设备		200 000
借：固定资产清理	3 000	
贷：银行存款		3 000
借：固定资产——办公家具	150 000	
贷：固定资产清理		133 000
营业外收入——非货币性资产交换利得		17 000

（2）乙公司的账务处理。

根据增值税的有关规定，企业以库存商品换入其他资产，视同销售行为发生，应计算增值税销项税额，缴纳增值税。

换出办公家具的增值税销项税额＝150 000×13%＝19 500（元）

借：固定资产——设备	169 500	
贷：主营业务收入		150 000
应交税费——应交增值税（销项税额）		19 500
借：主营业务成本	120 000	
贷：库存商品		120 000

第 17 章
《企业会计准则第 12 号——债务重组》解读

17.1 概述

2019 年 5 月 16 日，为了规范债务重组的确认、计量和相关信息的披露，财政部发布了修订后的《企业会计准则第 12 号——债务重组》（本章简称"修订后准则"或"本准则"），适用于所有执行《企业会计准则》的企业。

为增强会计准则体系内在协调一致性，修订后准则修改了债务重组的定义，使重组债权和债务的会计处理规定与《企业会计准则第 22 号——金融工具确认和计量》协调一致，取消了关于或有应收、应付金额遵循《企业会计准则第 13 号——或有事项》的规定，要求债权人初始确认受让的金融资产以外的资产以成本计量，并且不再区分债务重组利得、损失和资产处置损益，而是将它们合并作为债务重组相关损益。

修订后准则自 2019 年 6 月 17 日起施行。

对 2019 年 1 月 1 日之前发生的债务重组，企业不需要进行追溯调整。对 2019 年 1 月 1 日至修订后准则施行日之间发生的债务重组，企业应根据该准则进行调整。

17.2 修订背景

2006 年，财政部发布了《企业会计准则第 12 号——债务重组》及应用指南，规范了债务重组这类特殊交易、计量和相关信息的披露，保持与国际会计准则相关处理持续趋同。随着经济业务日益复杂和近年来新会计准则的发布实施，出现了新发布的准则与现有准则体系的准则不衔接情形。

旧准则中包含了多项现有其他准则中未予规范的处理原则，具体包括债务重组中取得的存货、固定资产、无形资产、投资性房地产、生物资产等非现金资产的入账价值，债务转为权益工具情况下权益工具的入账价值，债务重组的披露等。因此，为了避免相关会计准则，包括存货、长期股权投资、投资性房地产、固定资产、生物资产、无形资产、金融工具等进行反复修订，我国会计准则体系内目前不宜废止债务重组准则。为了消除和避免现行的债务重组准则与新修订的其他准则的交叉，同时解决部分实务问题，保持我国会计准则体系的内在协调一致性，财政部修订了旧的债务重组准则。

17.3 债务重组的定义与适用范围

债务重组一般包括下列方式，或下列一种以上方式的组合。

（1）债务人以资产清偿债务。

（2）债务人将债务转为权益工具。

（3）除上述第一项和第二项以外，采用调整债务本金、改变债务利息、变更还款期限等方式修改债权和债务的其他条款，也会形成重组债权和重组债务。

本准则适用于所有债务重组，但是下列各项适用其他相关会计准则。

（1）债务重组中涉及的债权、重组债权、债务、重组债务和其他金融工具的确认、计量和列报，分别适用《企业会计准则第 22 号——金融工具确认和计量》和《企业会计准则第 37 号——金融工具列报》。

（2）通过债务重组形成企业合并的，适用《企业会计准则第 20 号——企业合并》。

（3）债权人或债务人中的一方直接或间接对另一方持股且以股东身份进行债务重组的，或者债权人与债务人在债务重组前后均受同一方或相同的多方最终控制，且该债务重组的交易实质是债权人或债务人进行了权益性分配或接受了权益性投入的，适用权益性交易的有关会计处理规定。

准则修订前后的重要变化：修订后债务重组的定义中取消了原准则下"债务人发生财务困难"且"债权人做出让步"的前提条件，即不再要求就债务人是否发生财务困难以及债权人是否做出让步进行判断，因此扩大了修订后准则的适用范围。

17.4 债权人的会计处理

准则修订前后的重要变化。

（1）当债权人初始确认金融资产以外的受让资产时，修订后准则要求按照成本计量受让资产，也就是基于放弃债权的公允价值来确定受让资产的初始入账价值，而不再是受让资产本身的公允价值。该变化要求债权人设法确定其放弃债权的公允价值。

（2）对于采用修改其他条款方式进行债务重组的，修订后准则要求债权人对重组债权按照金融工具准则进行确认和计量，而不再要求直接将修改其他债务条件后的债权的公允价值作为重组后债权的账面价值。该项修订在增强准则之间的内在一致性的同时，也将要求债权人运用专业判断来确定原债权是否满足《企业会计准则第 22 号——金融工具》规定的金融资产终止确认条件，并根据判断结果采用不同的会计处理方法。

（3）对于以多项资产清偿债务或者组合方式进行债务重组的，按照修订后准则，债权人需要分别确定重组债权的公允价值、受让的金融资产的公允价值以及金融资产以外的其他受让资产的公允价值，并且按照受让的金融资产以外的各项资产的公允价值比例，对放弃债权的公允价值扣除受让金融资产和重组债权确认金额后的净额进行分配，并以此为基础按照相关规定分别确定各项资产的成本，而原准则仅要求估计受让资产的公允价值并且不涉及成本分配工作。

（4）债权重组损益的计算也由原准则下的受让资产的公允价值与放弃债权的账面价值之差，修改为放弃债权的公允价值与其账面价值之差。

17.5 债务人的会计处理

准则修订前后的重要变化。

（1）对于以资产清偿债务方式进行债务重组的，修订后准则不再要求区分债务重组损益和资产处置损益，而是合并作为债务重组相关损益反映。相应地，修订后准则也不再要求债务人评估所转让的非现金资产的公允价值。这同时意味着，对于以多项资产清偿债务的债务重组，也不再有必要区分不同资产类型，并将损益总额分配至不同资产的处置损益中分别确认。

（2）对于将债务转为权益工具方式进行债务重组的，修订后准则仍要求债务人初始确认权益工具时应当按照权益工具的公允价值计量，但对于权益工具的公允价值不能可靠计量的，修订后准则要求按照所清偿债务的公允价值计量。

（3）对于采用修改其他条款方式进行债务重组的，修订后准则要求债务人对重组债务按照《企业会计准则第22号——金融工具》的规定进行确认和计量，而不再要求直接将修改其他债务条件后的债务的公允价值作为重组后债务的账面价值。该项修订在增强准则之间的内在一致性的同时，也将要求债务人运用专业判断来确定原债务是否满足《企业会计准则第22号——金融工具》规定的金融负债终止确认条件，并根据判断结果采用不同的会计处理方法。

17.6 披露

准则修订前后的重要变化：修订后准则新增分组披露的要求，将对债务重组的信息分解程度要求更高，以便为财务报表使用者提供更多有用信息。

17.7 应用案例

【案例17-1】 以现金清偿某项债务。甲企业于2019年6月20日销售一批材料给乙企业，不含税价格为200 000元，增值税税率为13%。按合同规定，乙企业应于2020年6月20日前偿付货款。由于乙企业发生财务困难，无法按合同规定的期限偿还债务，经双方协议于2020年7月1日进行债务重组。债务重组协议规定，甲企业同意减免乙企业30 000元债务，余额用现金立即偿清。

解析：乙企业的会计处理如下。

（1）计算债务重组收益。

应付账款账面价值226 000元

减：支付的现金196 000元

债务重组收益30 000元

（2）会计分录如下。

借：应付账款　　　　　　　　　　　　　　　　　　　　　　226 000

　　贷：银行存款　　　　　　　　　　　　　　　　　　　　196 000

　　　　营业外收入——债务重组收益　　　　　　　　　　　 30 000

【案例17-2】 以库存材料、商品抵偿债务。甲企业欠乙企业购货款350 000元。由于甲企业发生财务困难，短期内不能支付货款。经协商，甲企业以其生产的产品偿还债务。该产品的公允价值为200 000元，实际成本为120 000元。甲企业为一般纳税企业，增值税税率为13%。乙企业接受甲企业以产品偿还债务时，将该产品作为产成品入库；乙企业未对该项应收账款计提坏账准备。

解析：根据上述资料，甲企业应进行如下会计处理。

（1）计算债务重组收益。

应付账款账面价值350 000元

减：所转让产品的公允价值200 000元

　　增值税销项税额26 000（200 000×13%）元

债务重组收益124 000元

（2）会计分录如下。

借：应付账款	350 000
贷：主营业务收入	200 000
应交税费——应交增值税（销项税额）	26 000
营业外收入——债务重组收益	124 000
借：主营业务成本	120 000
贷：库存商品	120 000

在本例中，销售产品取得的利润体现在主营业务利润中，债务重组收益作为营业外收入处理。如果债务人以库存材料清偿债务，则债务人应进行其他业务收入和成本处理。

【案例17-3】 以固定资产抵偿债务。A企业于2020年1月1日销售给B企业一批材料，价值400 000元（包括应收取的增值税税额）。B企业到2020年1月31日尚未支付货款。B企业发生财务困难，短期内不能支付货款。经协商，A企业同意B企业以一台设备偿还债务。该项设备的账面原价350 000元，已提折旧50 000元，设备的公允价值为360 000元（假如企业转让该项设备不需要交纳增值税）。A企业对该项应收账款已提取坏账准备20 000元。

解析：根据上述资料，B企业应进行如下会计处理。

（1）计算固定资产清理损益。

固定资产公允价值360 000元

减：固定资产净值300 000元

处置固定资产净收益60 000元

（2）计算债务重组收益。

应付账款账面价值400 000元

减：固定资产公允价值360 000元

债务重组收益40 000元

（3）会计分录如下。

将固定资产净值转入固定资产清理。

借：固定资产清理	300 000	
累计折旧	50 000	
贷：固定资产		350 000

结转债务重组收益。

借：应付账款	400 000	
贷：固定资产清理		360 000
营业外收入——债务重组收益		40 000

结转处置固定资产的收益。

借：固定资产清理	60 000	
贷：营业外收入——处置固定资产净收益		60 000

【案例17-4】 以有价证券抵偿债务。A企业于2019年7月1日销售给B企业一批产品，价值450 000元（包括应收取的增值税税额）。B企业于2019年7月1日开出6个月承兑的商业汇票。B企业到2019年12月31日尚未支付货款。B企业发生财务困难，短时间内不能支付货款。经协商，A企业同意B企业以其所拥有的2019年1月1日发行的3年期国债偿还债务。该国债的账面价值总额为400 000元，公允价值总额为420 000元。假如A企业为该项应收账款提取了坏账准备2 250元。

解析：根据上述资料，B企业应进行如下会计处理。

（1）计算债务重组收益。

应付票据账面价值450 000元

减：国债的公允价值420 000元

债务重组收益30 000元

（2）计算转让国债收益。

国债的公允价值420 000元

减：国债的账面价值400 000元

转让国债收益20 000元

（3）会计分录如下。

借：应付票据	450 000	
贷：长期债权投资		400 000
投资收益		20 000
营业外收入——债务重组收益		30 000

债务人以有价证券，如股票、债券等清偿债务，应按有价证券的公允价值与其账面价值的差额，作为转让有价证券损益处理；有价证券的公允价值与应付债务的账面价值的差额，作为债务重组收益。

【案例17-5】 债务转为资本。A企业应收B企业账款的账面余额为52 000元，由于B企业发生财务困难，无法偿付应付账款。经双方协商，A企业同意B企业以普通股偿还债务，假设普通股的面值为每股1元，B企业以20 000股抵偿该项债务，股票每股发行价为2.5元。

A企业未对应收账款提取坏账准备。

解析：根据上述资料，B企业应进行如下会计处理。

（1）计算债务重组收益。

应收账款账面价值52 000元

减：股票的公允价值50 000元

债务重组收益2 000元

（2）计算应计入资本公积的金额。

股票的公允价值50 000元

减：股票的面值总额20 000元

应计入资本公积的金额30 000元

（3）会计分录如下。

借：应付账款　　　　　　　　　　　　　　　　　　　　　52 000
　　贷：股本　　　　　　　　　　　　　　　　　　　　　　20 000
　　　　资本公积——股本溢价　　　　　　　　　　　　　　30 000
　　　　营业外收入——债务重组收益　　　　　　　　　　　 2 000

【案例17-6】 不附有或有条件的债务重组。A企业2019年12月31日应收B企业票据的账面余额为65 400元，其中5 400元为累积未付的利息，票面利率9%。由于B企业连年亏损，资金困难，不能偿付应于2019年12月31日前支付的应付票据。经双方协商，于2019年末进行债务重组。A企业同意将债务本金减至50 000元；免去债务人所欠的全部利息；将利率从9%降低到5%，并将债务到期日延至2021年12月31日，利息按年支付。

解析：根据上述资料，B企业应进行如下会计处理。

（1）计算债务重组收益。

应付票据账面价值65 400元

减：将来应付金额55 000　［50 000×（1+5%×2）］元

债务重组收益10 400元

（2）债务重组时的会计分录如下。

借：应付票据　　　　　　　　　　　　　　　　　　　　　65 400
　　贷：应付账款——A企业（债务重组）　　　　　　　　　55 000
　　　　营业外收入——债务重组收益　　　　　　　　　　　10 400

（3）2020年12月31日支付利息。

借：应付账款——A企业（债务重组）　　　　　　　　　　　2 500
　　贷：银行存款　　　　　　　　　　　　　　（50 000×5%）2 500

（4）2021年12月31日偿还本金和最后一年利息。

借：应付账款——A企业（债务重组）　　　　　　　　　　　52 500
　　贷：银行存款　　　　　　　　　　　　　　　　　　　　52 500

【案例17-7】 附有或有条件的债务重组。2019年6月30日，奋进公司从某银行取得年利率10%、三年期的贷款1 000 000元。现因奋进公司财务困难，于2021年12月31日进行债务重组，银行同意延长到期日至2025年12月31日，利率降至7%，免除积欠利息250 000元，本金减至800 000元，利息按年支付，但附有一条件：债务重组后，如奋进公司自第二年起有盈利，则利率恢复至10%；若无盈利，仍维持7%利率。

解析：奋进公司的会计处理如下。

（1）计算债务重组收益。

长期借款账面价值 1 250 000元

减：将来应付金额 1 096 000元

  其中：面值 800 000元

    应付利息 224 000 （800 000×7%×4）元

    或有支出 72 000 [800 000×（10%−7%）×3]元

债务重组收益 154 000元

债务重组后的债务账面价值含有将来应付本金800 000元，将来正常应付利息224 000元和72 000元的或有支出，因此，以后各期发生的正常利息支出和或有支出应作为冲减重组后债务的账面价值处理。

（2）会计分录如下。

①2021年12月31日债务重组时。

借：长期借款	1 250 000
贷：长期借款——债务重组	1 096 000
营业外收入——债务重组收益	154 000

②2022年12月31日支付利息时。

借：长期借款——债务重组	56 000
贷：银行存款	（800 000×7%）56 000

债务重组后的债务账面价值含利息支出，因此，利息支出作为冲减债务账面价值处理。

③假设奋进公司自债务重组后的第二年起盈利，2023年12月31日至2024年12月31日支付利息时，奋进公司应按10%的利率支付利息，每年需支付利息80 000（800 000×10%）元，其中含或有支出24 000元。

借：长期借款——债务重组	80 000
贷：银行存款	80 000

2025年12月31日支付最后一次利息80 000元和本金800 000元时。

借：长期借款——债务重组	880 000
贷：银行存款	880 000

④假设奋进公司自债务重组后的第二年起仍没有盈利，2023年12月31日至2024年12月31日支付利息时。

借：长期借款——债务重组	56 000
贷：银行存款	56 000

2025年12月31日支付最后一期利息56 000元和本金800 000元时，还需将原计入债

务账面价值的或有支出 72 000 元转入营业外收入。

借：长期借款——债务重组　　　　　　　　　　　　928 000
　　贷：银行存款　　　　　　　　　　　　　　　　　　856 000
　　　　营业外收入——债务重组收益　　　　　　　　　　72 000

【案例 17-8】　以案例 17-1 为例，以现金清偿某项债务。

解析：甲企业的会计处理如下。

（1）计算债务重组损失。

应收账款账面余额 226 000 元

减：收到的现金 196 000 元

债务重组损失 30 000 元

由于甲企业未对该项债权提取坏账准备，所以这里的差额 30 000 元即为债务重组损失。

（2）会计分录如下。

借：银行存款　　　　　　　　　　　　　　　　　　　196 000
　　营业外支出——债务重组损失　　　　　　　　　　　 30 000
　　贷：应收账款　　　　　　　　　　　　　　　　　　226 000

【案例 17-9】　以案例 17-2 为例，以库存材料、商品抵偿债务。

解析：乙企业的会计处理如下。

（1）计算债务重组损失。

应收账款账面余额 350 000 元

减：受让资产的公允价值 226 000 元

债务重组损失 124 000 元

由于乙企业未对该应收账款提坏账准备，因此差额 124 000 元即为债务重组损失。

（2）会计分录如下。

借：库存商品　　　　　　　　　　　　　　　　　　　200 000
　　应交税费——应交增值税（进项税额）　　　　　　　 26 000
　　营业外支出——债务重组损失　　　　　　　　　　　124 000
　　贷：应收账款　　　　　　　　　　　　　　　　　　350 000

【案例 17-10】　以案例 17-3 为例，以固定资产抵偿债务。

解析：A 企业的会计处理如下。

（1）计算债务重组损失。

应收账款账面余额 400 000 元

减：受让资产的公允价值 360 000 元

两者差额 40 000 元

减：坏账准备 20 000 元

债务重组损失 20 000 元

（2）会计分录如下。

借：固定资产		360 000
坏账准备		20 000
营业外损失——债务重组损失		20 000
贷：应收账款		400 000

【案例17-11】 以案例17-4为例，以有价证券抵偿债务。

解析：A企业的会计处理如下。

（1）计算债务重组损失。

应收账款账面余额 450 000 元

减：受让资产的公允价值 420 000 元

两者差额 30 000 元

减：坏账准备 2 250 元

债务重组损失 27 750 元

（2）会计分录如下。

借：短期投资（或长期投资）		420 000
营业外支出——债务重组损失		27 750
坏账准备		2 250
贷：应收账款		450 000

【案例17-12】 以案例17-5为例，债务转为资本。

解析：A企业的会计处理如下。

（1）计算债务重组损失。

应收账款账面余额 52 000 元

减：所转股权的公允价值 50 000 元

债务重组损失 2 000 元

（2）会计分录如下。

借：长期股权投资		50 000
营业外支出——债务重组损失		2 000
贷：应收账款		52 000

【案例17-13】 以案例17-6为例。修改其他债务条件，不附有或有条件的债务重组。

解析：A企业的会计处理如下。

（1）计算债务重组损失。

应收票据账面余额 65 400 元

减：将来应收金额 [50 000×（1+5%×2）] 55 000 元

债务重组损失 10 400 元

会计分录如下。

借：应收账款——B公司（债务重组）		55 000

　　　　营业外支出——债务重组损失　　　　　　　　　　　　　　　　　10 400
　　　　　　贷：应收票据　　　　　　　　　　　　　　　　　　　　　　65 400
　（2）2020年12月31日收到利息。
　　　　借：银行存款　　　　　　　　　　　　　　　　　　　　　　　　2 500
　　　　　　贷：应收账款——B企业（债务重组）　　　　　　（50 000×5%）2 500
　（3）2021年12月31日收到本金和最后一年利息。
　　　　借：银行存款　　　　　　　　　　　　　　　　　　　　　　　 52 500
　　　　　　贷：应收账款——B企业（债务重组）　　　　　　　　　　　 52 500

【案例17-14】　以案例17-7为例，修改其他债务条件，附有或有条件的债务重组，并假设银行没有对该贷款计提贷款呆账准备。

解析：债权银行的会计处理如下。

（1）计算债务重组损失。

中长期贷款的账面金额1 250 000元

减：将来应收金额（800 000+800 000×7%×4）　1 024 000元

债务重组损失226 000元

（2）会计分录如下。

①2021年12月31日。
　　　借：中长期贷款——债务重组　　　　　　　　　　　　　　　1 024 000
　　　　　营业外支出——债务重组损失　　　　　　　　　　　　　　 226 000
　　　　　　贷：中长期贷款　　　　　　　　　　　　　　　　　　 1 250 000

②2022年12月31日收取利息。
　　　借：银行存款　　　　　　　　　　　　　　　　　　　　　　　56 000
　　　　　贷：中长期贷款——债务重组　　　　　　　　　（800 000×7%）56 000

由于债务重组后债权的账面余额含正常利息收入，所以收到的利息作为冲减债权的账面余额处理。

③因假设奋进公司自债务重组后第二年起有盈利，2023年12月31日至2024年12月31日收取利息时。
　　　借：银行存款　　　　　　　　　　　　　　　　　　　　　　　80 000
　　　　　贷：中长期贷款——债务重组　　　　　　　　　　　　　　 56 000
　　　　　　　主营业务收入——利息收入　　　　　　　　　　　　　 24 000

由于奋进公司自债务重组后第二年起有盈利，银行应按10%的利率计收利息，并在以后的三年里，债权人每年计收80 000（800 000×10%）元的利息，其中含或有收益24 000[800 000×（10%-7%）]元，正常利息收入56 000（800 000×7%）元已含在中长期贷款的账面余额中。

2025年12月31日收取本息时。
　　　借：银行存款　　　　　　　　　　　　　　　　　　　　　　 880 000
　　　　　贷：中长期贷款——债务重组　　　　　　　　　　　　　　856 000

主营业务收入——利息收入　　　　　　　　　　　　　　　　　　　24 000

④假设奋进公司自债务重组后第二年起没有盈利，2023年12月31日至2024年12月31日收取利息时。

借：银行存款　　　　　　　　　　　　　　　　　56 000
　　贷：中长期贷款——债务重组　　　　　　　　　　　　56 000

2025年12月31日收取本息时。

借：银行存款　　　　　　　　　　　　　　　　　856 000
　　贷：中长期贷款——债务重组　　　　　　　　　　　　856 000

由于奋进公司自第二年起没有盈利，银行应按7%的利率收利息，在以后的三年里，银行每年收取56 000（800 000×7%）元的利息。

第 18 章
新旧会计科目的变化与应用

18.1 债权投资（新）、持有至到期投资（旧）

新准则中，金融资产采用的核算科目是"债权投资"；不再有"持有至到期投资""可供出售金融资产"这两个科目，分别改成"债权投资""其他债权投资""其他权益工具投资"；其他权益工具投资处置时，以前累积公允价值变动计入其他综合收益的科目余额要转入留存收益。

新准则中，债权投资和债券投资的关系：债券属于债权，是债权的一种；债券是金融上的概念，债权是法律上的概念；公司发行债券，投资者投资债券成为债权人，前者是投资产品，后者是投资关系。

18.1.1 债权投资的重分类

以摊余成本计量的金融资产（债权投资）的重分类。

（1）以摊余成本计量的金融资产（债权投资）重分类为以公允价值计量且其变动计入当期损益的金融资产（交易性金融资产）。

原则：转换后的交易性金融资产以公允价值入账，公允价值与原债权投资账面价值的差额计入当期损益——公允价值变动损益。

（2）以摊余成本计量的金融资产（债权投资）重分类为以公允价值计量且其变动计入其他综合收益的金融资产（其他债权投资）。

原则：转换后的其他债权投资以公允价值入账，公允价值与原债权投资账面价值的差额计入其他综合收益。

18.1.2 其他债权投资的重分类

以公允价值计量且其变动计入其他综合收益的金融资产（其他债权投资）的重分类。

（1）"其他债权投资"转到"交易性金融资产"。

原则：转换后的交易性金融资产以公允价值入账，将之前计入其他综合收益的累积利得和损失转入当期损益（公允价值变动损益）。

（2）"其他债权投资"转到"债权投资"。

原则：视同转换后的债权投资，开始是以摊余成本体现在账上。

账务处理如下。

① 把其他债权投资的账面余额转到债权投资。

借：债权投资（摊余成本）
　　贷：其他债权投资

② 将原其他债权投资的公允价值变动冲回。

借：其他综合收益——公允价值变动
　　贷：其他债权投资——公允价值变动

③ 将原其他债权投资的减值转到债权投资减值准备。

借：其他综合收益——其他债权投资减值准备
　　贷：债权投资减值准备

18.1.3 债权投资（持有至到期投资）的初始计量

（1）相关交易费用应当计入初始确认金额。

（2）企业取得金融资产所支付的价款中包含的已到付息期但尚未发放的债券利息，应当单独确认为应收项目进行处理。

（3）账务处理。

借：债权投资——成本（面值）
　　应收利息（已到付息期但尚未发放的债券利息）
　　贷：银行存款
　　　　债权投资——利息调整（或借记）

18.1.4 债权投资（持有至到期投资）的后续计量

（1）债权投资按摊余成本进行后续计量，企业在初始确认时，就应当计算确定实际利率，并在其预期存续期间或适用的更短期间内保持不变。

（2）债权投资在持有期间应当按照摊余成本和实际利率计算确认利息收入，计入投资收益。

（3）债权投资的摊余成本等于其账面价值。

（4）账务处理。

借：应收利息或债权投资——应计利息（债券面值 × 票面利率）
　　贷：投资收益（期初摊余成本 × 实际利率）
　　　　债权投资——利息调整（或借记）

18.1.5 债权投资（持有至到期投资）的减值

资产负债表日，企业有客观证据表明所拥有的债权投资发生减值的，应当根据账面价值与预计未来现金流量现值之间的差额计算确认减值损失，计提减值准备。

借：资产减值损失
　　贷：债权投资损失准备

18.1.6 债权投资（持有至到期投资）的处置

处置债权投资时，债权人要将处置所取得对价的公允价值与债权投资（持有至到期投资）的账面价值的差额确认为投资收益。

借：银行存款

　　　　债权投资损失准备
　　　　　贷：债权投资（成本、利息调整、应计利息）
　　　　　　　投资收益（或借记）（差额）
　　债权投资的初始投资成本，应当按照取得投资时的公允价值及相关交易费用计价。其中，交易费用包括支付给代理机构、咨询公司、券商等的手续费和佣金，以及其他必要支出。

【案例18-1】 2018年1月1日，甲公司以1 060 000元的价格（包括买价和交易费用）购入乙公司面值为1 000 000元、3年期、年利率为10%的公司债券，准备持有至到期。该债券每年年末付息，到期偿还本金。

　　解析：投资时，甲公司应编制如下会计分录。

　　借：债权投资——成本　　　　　　　　　　　　　　1 000 000
　　　　　　　——利息调整　　　　　　　　　　　　　　60 000
　　　贷：银行存款　　　　　　　　　　　　　　　　　1 060 000

　　债权投资的溢价或折价应当采用实际利率法进行摊销。所谓实际利率法，是指按照金融资产或负债的实际利率计算其摊余成本及各期利息收入或利息费用的方法。

【案例18-2】 承案例18-1，甲公司债权投资（持有至到期投资）的现值为1 060 000元，经计算确定该项投资的实际利率为7.688 9%。根据这一结果，可以为甲公司编制债权投资（持有至到期投资）溢价摊销表，如表18-1所示。

表18-1　债权投资（持有至到期投资）溢价摊销表

单位：元

项目	应收利息	利息收入	溢价摊销	剩余成本
	（1）=面值×票面利率	（2）=上一期（4）×实际利率	（3）=（1）-（2）	（4）=上一期（4）-（3）
2018-01-01				1 060 000
2018-12-01	100 000	81 502	18 498	1 041 502
2019-12-31	100 000	80 080	19 920	1 021 582
2020-12-31	100 000	78 418	21 582	1 000 000

18.2　其他债权投资（新）、可供出售金融资产（旧）

18.2.1　其他债权投资的计量

　　其他债权投资（可供出售金融资产）的初始投资成本，应当按照取得投资时的公允价值及相关交易费用计价。

【案例18-3】 甲公司于2018年8月20日购入乙公司股票20 000股。甲公司将该项投资划归为其他债权投资。乙公司股票当日市价为每股12.6元，每股含有已宣告但尚未发放的现金股利0.2元。

解析：甲公司取得该项投资时，应编制如下会计分录。

借：其他债权投资——成本　　　　　　　　　　　　　　248 000
　　应收股利　　　　　　　　　　　　　　　　　　　　4 000
　　贷：银行存款　　　　　　　　　　　　　　　　　　　　252 000

其他债权投资，在持有期间按其公允价值计量。因公允价值变动形成的利得或损失，除减值损失外，应直接计入其他综合收益，并在该项投资终止确认时转出，计入当期损益。

18.2.2　其他债权投资的会计处理

【案例18-4】　承案例18-3，假设2018年12月31日，甲公司持有的乙公司股票每股市价为13元。

解析：甲公司该项其他债权投资公允价值变动调整的会计分录如下。

借：其他债权投资——公允价值变动　　（20 000×13 - 248 000）12 000
　　贷：其他综合收益　　　　　　　　　　　　　　　　　　12 000

【案例18-5】　承案例18-4，假设2019年3月20日，甲公司将持有的乙公司股票全部出售，共收回款项262 000元。

解析：甲公司出售该股票时应编制会计分录如下。

借：银行存款　　　　　　　　　　　　　　　　　　　　262 000
　　其他综合收益　　　　　　　　　　　　　　　　　　　12 000
　　贷：其他债权投资——成本　　　　　　　　　　　　　　248 000
　　　　　　　　　　——公允价值变动　　　　　　　　　　12 000
　　　　投资收益　　　　　　　　　　　　　　　　　　　　14 000

18.3　其他权益工具投资（新）、可供出售金融资产（旧）

18.3.1　其他权益工具投资的计量

其他权益工具投资（可供出售金融资产投资）的初始投资成本，应当按照取得投资时的公允价值及相关交易费用计价。

18.3.2　其他权益工具投资的会计处理

【案例18-6】　甲公司于2019年8月20日购入乙公司股票20 000股。甲公司将该项投资划归为其他权益工具投资。乙公司股票当日市价为每股12.6元，每股含有已宣告但尚未发放的现金股利0.2元。

解析：甲公司取得该项投资时，应编制如下会计分录。

借：其他权益工具投资——成本　　　　　　　　　　　　248 000
　　应收股利　　　　　　　　　　　　　　　　　　　　4 000
　　贷：银行存款　　　　　　　　　　　　　　　　　　　　252 000

可供出售金融资产，在持有期间按其公允价值计量，因公允价值变动形成的利得或损失，除减值损失外，应直接计入其他综合收益，并在该项投资终止确认时转出，计入当期损益。

【案例 18-7】 承案例 18-6，假设 2019 年 12 月 31 日，甲公司持有的乙公司股票每股市价为 13 元。

解析：甲公司对该项其他权益工具投资公允价值变动调整的会计分录如下。

借：其他权益工具投资——公允价值变动　　　　　　　　　12 000
　　贷：其他综合收益　　　　　　　　　　　　　　　　　　12 000

【案例 18-8】 承案例 18-7，假设 2020 年 3 月 20 日，甲公司将持有的乙公司股票全部出售，共收回款项 262 000 元。

解析：甲公司出售该股票时应编制如下会计分录。

借：银行存款　　　　　　　　　　　　　　　　　　　　262 000
　　其他综合收益　　　　　　　　　　　　　　　　　　　12 000
　　贷：其他权益工具投资——成本　　　　　　　　　　　248 000
　　　　　　　　　　　　——公允价值变动　　　　　　　12 000
　　　　投资收益　　　　　　　　　　　　　　　　　　　14 000

18.4　持有待售资产减值准备

企业初始计量或在资产负债表日重新计量持有待售的非流动资产或处置组时，其账面价值高于公允价值减去出售费用后的净额的，应当将账面价值减记至公允价值减去出售费用后的净额，减记的金额确认为资产减值损失，计入当期损益，同时计提持有待售资产减值准备。

对于取得日划分为持有待售类别的非流动资产或处置组，企业应当在初始计量时比较假定其不划分为持有待售类别情况下的初始计量金额和公允价值减去出售费用后的净额，以两者孰低计量。除企业合并中取得的非流动资产或处置组外，由非流动资产或处置组以公允价值减去出售费用后的净额作为初始计量金额而产生的差额，应当计入当期损益。

18.5　合同资产

合同资产，是指企业已向客户转让商品而有权收取对价的权利，且该权利取决于时间流逝之外的其他因素。

对于一项《企业会计准则第 14 号——收入》规范的合同，如果企业已将商品转让给客户（即企业已履行履约义务），则在客户尚未付款的情况下，企业应当将该有权收取对价的权利列报为一项资产。

如果企业拥有无条件向客户收取对价的权利，则企业应当将该项资产作为应收款项单独列示；如果该权利取决于时间流逝之外的其他因素，则企业应当将该收款权利作为合同资产单独列示。

【案例 18-9】 2019 年 5 月 1 日，甲公司与乙公司订立了一项销售合同，合同约定甲公司向乙公司销售商品 A 和商品 B。商品 A 的交付时点为 2019 年 6 月 30 日，商品 B 的交付时点为 2018 年 8 月 31 日。

合同约定，商品 A 交付时乙公司暂不付款，而待商品 B 交付完成时才一次性全额支付货款 1 000 万元。2019 年 6 月 30 日，甲公司向乙公司交付了商品 A，2019 年 8 月 31 日交付了商品 B。乙公司于 2019 年 9 月 10 日全额支付了货款。假定商品 A、商品 B 的市场公允价值均为 500 万元。

解析：甲公司的会计处理过程如下。

（1）在合同签订日，甲公司不进行会计处理。

（2）2019 年 6 月 30 日，甲公司履行了向乙公司转让商品 A 的履约义务。根据合同，甲公司拥有一项因转让商品而有权收取对价 500 万元的合同权利，且该权利取决于时间流逝之外的其他因素。甲公司应当确认收入 500 万元，同时应确认合同资产 500 万元。

（3）2019 年 8 月 31 日，甲公司履行了向乙公司转让商品 B 的履约义务。根据合同，甲公司拥有一项无条件收取现金对价 500 万元的合同权利，同时因转让商品 A 而具有的有条件的收取对价的合同权利也转变为一项无条件收取现金对价的合同权利。甲公司应当确认收入 500 万元，并且应当冲销合同资产 500 万元，同时确认应收款项 1 000 万元。

（4）2019 年 9 月 10 日，甲公司收到货款 1 000 万元，同时冲销应收款项 1 000 万元。

18.6　合同资产减值准备

"合同资产减值准备"科目核算与合同资产有关的减值准备，可以按照合同进行明细核算。合同资产发生减值的，按照减值的金额编制如下会计分录。

借：资产减值损失
　　贷：合同资产减值准备

转回已计提的资产减值准备时，编制如下会计分录。

借：合同资产减值准备
　　贷：资产减值损失

18.7　合同履约成本

根据《企业会计准则第 14 号——收入》的规定，企业为履行合同发生的成本，不属于其他企业会计准则规范范围且同时满足下列条件的，应当作为合同履约成本确认为一项资产。

（1）该成本与一份当前或预期取得的合同直接相关，包括直接人工、直接材料、制造费用（或类似费用）、明确由客户承担的成本以及仅因该合同而发生的其他成本。

（2）该成本增加了企业未来用于履行履约义务的资源。

（3）该成本预期能够收回。

合同履约成本是指生产产品或劳务的料工费的耗费，发生时应根据行业的不同，分别用"生产成本""制造费用""劳务成本""开发成本""工程施工"等科目进行核算，产品或劳务完工时记入"库存商品""开发产品"等科目。销售时再转入"主营业务成本"等科目，与收入相配比来核算。

18.8　合同履约成本减值准备

企业在对合同履约成本和合同取得成本计提减值准备时，需要使用以下数据。
（1）合同履约成本和合同取得成本的账面价值。
（2）企业因转让与该资产相关的商品预期能够取得的剩余对价。
（3）为转让该相关商品估计将要发生的成本。

合同履约成本和合同取得成本的账面价值高于下列两项的差额的，超出部分应当计提减值准备，并确认为资产减值损失。
（1）企业因转让与该资产相关的商品预期能够取得的剩余对价。
（2）为转让该相关商品估计将要发生的成本。

18.9　合同取得成本

合同取得成本是指为签合同发生的差旅费、销售佣金等，差旅费应记入"销售费用"科目核算；但销售佣金应记入"生产成本"等科目核算，再转入"库存商品"等科目。

企业为取得合同发生的增量成本预期能够收回的，应当作为合同取得成本确认为一项资产；但是该资产摊销期限不超过一年的，可以在发生时计入当期损益。增量成本，是指企业不取得合同就不会发生的成本（如销售佣金等）。

企业为取得合同发生的、除预期能够收回的增量成本之外的其他支出（如无论是否取得合同均会发生的差旅费等），应当在发生时计入当期损益，但是，明确由客户承担的除外。

18.10　合同取得成本减值准备

对合同取得成本计提减值准备时需要使用的数据，与对合同履约成本计提减值准备时需要使用的数据一样，包括以下几项。
（1）合同履约成本和合同取得成本的账面价值。
（2）企业因转让与该资产相关的商品预期能够取得的剩余对价。
（3）为转让该相关商品估计将要发生的成本。

企业对合同取得成本计提减值准备时的主要账务处理：与合同取得成本有关的资产发生减值的，按应减记的金额，借记"资产减值损失"科目，贷记"合同取得成本减值准备"科目。企业转回已计提的资产减值准备时，编制相反的会计分录。

"合同取得成本减值准备"科目期末贷方余额，反映企业已计提但尚未转销的合同取得成本减值准备。

18.11 应收退货成本

《企业会计准则第 14 号——收入》第三十二条规定：对于附有销售退回条款的销售，企业应当在客户取得相关商品控制权时，按照因向客户转让商品而预期有权收取的对价金额（即不包含预期因销售退回将退还的金额）确认收入，按照预期因销售退回将退还的金额确认负债；同时，按照预期将退回商品转让时的账面价值，扣除收回该商品预计发生的成本（包括退回商品的价值减损）后的余额，确认为一项资产，这项资产就属于"应收退货成本"。

国家税务总局公告 2016 年第 47 号规定：增值税一般纳税人开具增值税专用发票（以下简称"专用发票"）后，发生销货退回、开票有误、应税服务中止等情形但不符合发票作废条件，或者因销货部分退回及发生销售折让，需要开具红字专用发票的，只有真正发生销售退回时，才可以开具红字专用发票，冲减当期销项税。

企业因售出商品的质量不合格等原因而在售价上给的减让属于销售折让；企业因售出商品质量、品种不符合要求等原因而发生的退货属于销售退回。企业如果已经确认销售收入的售出商品发生销售折让和销售退回，则应当在发生当期冲减当期销售商品收入。

因此，应收退货成本在会计和税法中的确认存在差异：在税法上强调实际发生，已开具发票则应确认销售收入；在会计上则应合理估计退货成本，对预计退回的部分不确认为收入，由此产生会税差异。

【案例 18-10】 甲公司是一家办公家具销售公司。2019 年 10 月 1 日，甲公司向乙公司销售 5 000 件办公家具，单位销售价格为 500 元，单位成本为 400 元，开出的增值专用发票上注明的销售价格为 250 万元，增值税为 32.5 万元。办公家具已经发出，但款项尚未收到。根据协议约定，乙公司应于 2019 年 12 月 31 日之前支付货款。在合同中约定了退货条款，乙公司在 2020 年 3 月 31 日之前有权退还办公家具。甲公司根据过去的经验，估计该批办公家具的退货率约为 20%。

在 2019 年 12 月 31 日，甲公司对退货率进行了重新评估，认为只有 10% 的办公家具会被退回。甲公司为增值税一般纳税人，办公家具发出时纳税义务已经发生，实际发生退回时取得税务机关开具的红字增值税专用发票。假定办公家具发出时控制权转移给乙公司。

解析：甲公司的账务处理如下。（单位：万元）

（1）2019 年 10 月 1 日发出办公家具时。

借：应收账款　　　　　　　　　　　　　　　　　　　　　　　282.5
　　贷：主营业务收入　　　　　　　　　　　　　　　　　　　　200
　　　　预计负债——应付退货款　　　　　　（5 000×0.05×20%）50
　　　　应交税费——应交增值税（销项税额）　　　（250×15%）32.5
借：主营业务成本　　　　　　　　　　　　　　　　　　　　　　160
　　应收退货成本　　　　　　　　　　　　　（5 000×0.04×20%）40
　　贷：库存商品　　　　　　　　　　　　　　　　　　　　　　200

（2）2019 年 12 月 31 日前收到货款时。

借：银行存款　　　　　　　　　　　　　　　　　　　　　　　282.5

       贷：应收账款   282.5
（3）2019年12月31日，甲公司对退货率进行重新评估。
    借：预计负债——应付退货款   （5 000×0.05×10%）25
       贷：主营业务收入   25
    借：主营业务成本   20
       贷：应收退货成本   （5 000×0.04×10%）20
（4）确认递延所得税资产。
    借：递延所得税资产   1.25
       贷：所得税费用   1.25
（5）2020年3月31日发生销售退回，实际退货量为400件，比原预计退货500件少退了100件，退货款项已经支付。
    借：库存商品   （400×0.04）16
       应交税费——应交增值税（销项税额）   （400×0.05×13%）2.6
       预计负债——应付退货款   25
       贷：应收退货成本   （400×0.04）16
          主营业务收入   （100×0.05）5
          银行存款   （400×0.05×1.13）22.6
    借：主营业务成本   （100×0.04）4
       贷：应收退货成本   4
（6）冲回确认的递延所得税资产。
    借：所得税费用   1.25
       贷：递延所得税资产   1.25

18.12 合同负债

合同负债是指企业已收或应收客户对价而应向客户转让商品的义务。

如果企业尚未将商品转让给客户，但客户已支付了对价或者企业已经拥有一项无条件收取对价金额的权利，则企业应当在客户付款或付款到期时将向客户转让商品的合同义务列报为一项合同负债。

【案例18-11】 2019年5月1日，甲公司与乙公司订立了一项销售合同，合同约定甲公司于2018年9月30日向乙公司销售商品一批。同时约定，乙公司在2019年5月31日前预先向甲公司支付合同总价的100%，即500万元。在乙公司预付货款以前，该项合同可以撤销。乙公司并未按照合同约定的时限支付合同价款，而是在2019年6月30日予以支付。

解析：甲公司于2019年9月30日向乙公司转让相应商品时的会计处理过程如下。

（1）对于未来出售一项非金融项目的确定承诺，且该合同并非可以现金或其他金融工具进行净额结算，该项合同属于一项"待执行合同"。在合同签订日，甲公司不进行会计处理。

（2）根据合同约定，在乙公司预付500万元货款以前，该项合同可以撤销，因此，甲公司不具有无条件收取现金的合同权利，在2019年5月31日不进行会计处理。

（3）2019年6月30日，甲公司收到预付货款500万元，同时应确认合同负债500万元，以反映甲公司向乙公司转让商品的合同义务。

（4）2019年9月30日，甲公司履行了转让商品的合同义务，甲公司应当冲销合同负债，同时确认收入500万元。

【案例18-12】 基本情况同案例18-1，唯一不同的是该合同不可撤销。

解析：甲公司的会计处理过程如下。

（1）在合同签订日，甲公司同样不进行会计处理。

（2）根据合同约定，2019年5月31日，甲公司拥有一项无条件收取现金的合同权利。该项权利对应一项向乙公司转让商品的合同义务。因此，甲公司应当同时确认一项应收款项和合同负债，金额为500万元。

（3）2019年6月30日，甲公司收到预付货款500万元，同时冲销应收款项500万元。

（4）2019年9月30日，甲公司履行了转让商品的合同义务，甲公司应当冲销合同负债，同时确认收入500万元。

18.13 持有待售负债

该项目反映资产负债表日处置组中与划分为持有待售类别的资产直接相关的负债的期末账面价值。

18.14 其他权益工具

【案例18-13】 甲公司为上市金融企业，20×7年至20×9年期间有关投资如下。

（1）20×7年1月1日，甲公司按面值购入100万份乙公司公开发行的分次付息、一次还本债券、款项已用银行存款支付。该债券每份面值100元，票面年利率5%，每年年末支付利息，期限为5年。甲公司将该债券投资分类为以公允价值计量且其变动计入其他综合收益的金融资产。

20×7年6月1日，甲公司自公开市场购入1 000万股丙公司股票，每股20元，实际支付价款20 000万元。甲公司将该股票投资分类为以公允价值计量且其变动计入其他综合收益的金融资产。

（2）20×7年10月，受金融危机影响，丙公司股票价格开始下跌。20×7年12月31日，丙公司股票收盘价为每股16元。20×8年，丙公司股票价格持续下跌。20×8年12月31日，丙公司股票收盘价为每股10元。

20×7年11月，受金融危机影响，乙公司债券价格开始下跌。20×7年12月31日，乙公司债券价格为每份90元。20×8年，乙公司债券价格持续下跌。20×8年12月31日，乙公司债券价格为每份50元，但乙公司仍能如期支付债券利息。

（3）20×9年宏观经济形势好转。20×9年12月31日，丙公司股票收盘价上升至每股

18元，乙公司债券价格上升至每份85元。

本题不考虑所得税及其他相关税费。甲公司对以公允价值计量且其变动计入其他综合收益的金融资产计提减值的政策是：价格下跌持续时间在一年以上或价格下跌至成本的50%以下（含50%）。

要求如下。

（1）编制甲公司取得乙公司债券和丙公司股票时的会计分录。

（2）计算甲公司20×7年因持有乙公司债券和丙公司股票对当年损益或权益的影响金额，并编制相关会计分录。

（3）计算甲公司20×8年12月31日对持有的乙公司债券和丙公司股票应确认的减值损失金额，并编制相关会计分录。

（4）计算甲公司20×9年调整乙公司债券和丙公司股票账面价值对当期损益或权益的影响金额，并编制相关会计分录。

解析：（1）编制甲公司取得乙公司债券和丙公司股票时的会计分录。（单位：万元）

① 取得乙公司债券的会计分录。

借：其他债权投资——成本	10 000
贷：银行存款	10 000

② 取得丙公司股票的会计分录。

借：其他权益工具投资——成本	20 000
贷：银行存款	20 000

（2）计算甲公司20×7年因持有乙公司债券和丙公司股票对当年损益或权益的影响金额，并编制相关会计分录。（单位：万元）

① 持有乙公司债券影响当期损益的金额=10 000×5%=500（万元），会计分录如下。

借：应收利息	500
贷：投资收益	500
借：银行存款	500
贷：应收利息	500

持有乙公司债券影响当期权益金额=100×90-10 000=-1 000（万元），会计分录如下。

借：其他综合收益	1 000
贷：其他债权投资——公允价值变动	1 000

② 持有丙公司股票影响当期权益的金额=1 000×16-20 000=-4 000（万元），会计分录如下。

借：其他综合收益	4 000
贷：其他权益工具投资——公允价值变动	4 000

（3）计算甲公司20×8年因持有乙公司债券和丙公司股票而应确认的减值损失金额，并编制相关会计分录。（单位：万元）

① 因持有乙公司债券而应确认的减值损失金额=10 000-100×50=5 000（万元），会计分录如下。

借：资产减值损失 5 000
　　贷：其他债权投资——公允价值变动 4 000
　　　　其他综合收益 1 000

②因持有丙公司股票而应确认的减值损失金额=0（万元），会计分录如下。

借：其他综合收益 6 000
　　贷：其他权益工具投资——公允价值变动 6 000

（4）计算甲公司20×9年因调整乙公司债券和丙公司股票账面价值而影响的当期损益或权益的金额，并编制相关会计分录。（单位：万元）

①因调整乙公司债券账面价值而影响的当期损益的金额=100×85-100×50=3 500（万元），会计分录如下。

借：其他债权投资——公允价值变动 3 500
　　贷：资产减值损失 3 500

②因调整丙公司股票账面价值而影响的当期权益的金额=1 000×18-1 000×10=8 000（万元），会计分录如下。

借：其他权益工具投资——公允价值变动 8 000
　　贷：其他综合收益 8 000

18.15　其他综合收益

其他综合收益是指企业根据会计准则规定未在当期损益中确认的各项利得和损失。

企业在计算利润表中的其他综合收益时，应当扣除所得税影响；在计算合并利润表中的其他综合收益时，除了扣除所得税影响以外，还需要分别计算归属于母公司所有者的其他综合收益和归属于少数股东的其他综合收益。

这是一个由新会计准则中新设定的科目，替代以前"资本公积-其他资本公积"的部分用途。

属于其他综合收益的情况包括以下情况：

一是以公允价值计量且其变动计入其他综合收益的金融资产。

二是确认按照权益法核算的在被投资单位其他综合收益中所享有的份额导致的其他资本公积的增加或减少。

三是计入其他资本公积的现金流量套期工具利得或损失中属于有效套期的部分，以及其后续的转出。

四是境外经营外币报表折算差额的增加或减少。

五是与计入其他综合收益项目相关的所得税影响。针对不确认为当期损益而直接计入所有者权益的所得税影响。

【案例18-14】　甲公司将其购入的乙公司股票作为可供出售金融资产核算：2018年12月1日，购买时成本为100万元；2019年12月31日，该股票的公允价值120万元。请计算该投资对甲公司2019年损益的影响，并编制相关会计分录。

该股票变动额为 20（120-100）万元，但是计入权益账户"其他综合收益"中，对 2019 年损益的影响为 0。

借：可供出售金融资产——公允价值变动　　　　　　　　　　　　20
　　贷：其他综合收益　　　　　　　　　　　　　　　　　　　　　　20

18.16　其他收益

2017 年 12 月 25 日，财政部颁布了财会〔2017〕30 号文件，对企业财务报表调整新增了"其他收益"项目，用于对接 2017 年修订后的《企业会计准则第 16 号——政府补助》，即与企业日常经营活动相关的政府补助计入"其他收益"。

根据 2018 年 1 月 12 日财政部会计司发布的《关于一般企业财务报表格式有关问题的解读》：对于利润表新增的"其他收益"行项目，企业应当按照《企业会计准则第 16 号——政府补助》的相关规定，对 2017 年 1 月 1 日存在的政府补助采用未来适用法处理，无需对可比期间的比较数据进行调整。

《企业会计准则第 16 号——政府补助》第十一条规定：与企业日常活动相关的政府补助，应当按照经济业务实质，计入其他收益或冲减相关成本费用。与企业日常活动无关的政府补助，应当计入营业外收支。第十六条规定：企业应当在利润表中的"营业利润"项目之上单独列报"其他收益"项目，计入其他收益的政府补助在该项目中反映。

18.17　资产处置损益

"资产处置损益"是新增加的会计科目，主要用来核算固定资产、无形资产等因出售、转让等产生的处置利得或损失。

发生处置净损失的，借记"资产处置损益"科目；如为净收益，则贷记"资产处置损益"科目。

"资产处置损益"科目核算企业出售划分为持有待售的非流动资产（金融工具、长期股权投资和投资性房地产除外）或处置组（子公司和业务除外）时确认的处置利得或损失，以及处置未划分为持有待售的固定资产、在建工程、生产性生物资产及无形资产而产生的处置利得或损失。

"资产处置损益"科目按照处置的资产类别或处置组进行明细核算。债务重组中因处置非流动资产产生的利得或损失和非货币性资产交换中换出非流动资产产生的利得或损失也在"资产处置损益"科目核算。期末，应将"资产处置损益"科目余额转入"本年利润"科目，"资产处置损益"科目结转后应无余额。

18.18　税金及附加（新）、营业税金及附加（旧）

《财政部关于印发〈增值税会计处理规定〉的通知》（财会〔2016〕22 号）规定：全面试行营业税改征增值税后，"营业税金及附加"科目名称调整为"税金及附加"科目，"税金及除加"科目核算企业经营活动发生的消费税、城市维护建设税、资源税、教育费附加及房产税、城镇土地使用税、车船税、印花税等相关税费;利润表中的"营业税金及附加"项目调整为"税金及附加"项目。

财政部关于修订印发《企业会计准则第 14 号——收入》的通知

附注 1

国务院有关部委、有关直属机构，各省、自治区、直辖市、计划单列市财政厅（局），新疆生产建设兵团财务局，财政部驻各省、自治区、直辖市、计划单列市财政监察专员办事处，有关中央管理企业：

为了适应社会主义市场经济发展需要，规范收入的会计处理，提高会计信息质量，根据《企业会计准则——基本准则》，我部对《企业会计准则第 14 号——收入》进行了修订，现予印发。现就做好该准则实施工作通知如下：

一、在境内外同时上市的企业以及在境外上市并采用《国际财务报告准则》或《企业会计准则》编制财务报表的企业，自 2018 年 1 月 1 日起施行；其他境内上市企业，自 2020 年 1 月 1 日起施行；执行《企业会计准则》的非上市企业，自 2021 年 1 月 1 日起施行。同时，允许企业提前执行。执行本准则的企业，不再执行我部于 2006 年 2 月 15 日印发的《财政部关于印发〈企业会计准则第 1 号——存货〉等 38 项具体准则的通知》（财会〔2006〕3 号）中的《企业会计准则第 14 号——收入》和《企业会计准则第 15 号——建造合同》，以及我部于 2006 年 10 月 30 日印发的《财政部关于印发〈企业会计准则——应用指南〉的通知》（财会〔2006〕18 号）中的《〈企业会计准则第 14 号——收入〉应用指南》。

二、母公司执行本准则，但子公司尚未执行本准则的，母公司在编制合并财务报表时，应当按照本准则规定调整子公司的财务报表。母公司尚未执行本准则，而子公司已执行本准则的，母公司在编制合并财务报表时，可以将子公司的财务报表按照母公司的会计政策进行调整后合并，也可以将子公司按照本准则编制的财务报表直接合并，母公司将子公司按照本准则编制的财务报表直接合并的，应当在合并财务报表中披露该事实，并且对母公司和子公司的会计政策及其他相关信息分别进行披露。

企业对合营企业和联营企业的长期股权投资采用权益法核算的，比照上述原则进行处理，但不切实可行的除外。

三、企业以存货换取客户的固定资产、无形资产等的，按照本准则的规定进行会计处理；其他非货币性资产交换，按照《企业会计准则第 7 号——非货币性资产交换》的规定进行会计处理。

执行中有何问题，请及时反馈我部。

财政部
2017 年 7 月 5 日

《企业会计准则第 14 号——收入》

第一章 总则

第一条 为了规范收入的确认、计量和相关信息的披露，根据《企业会计准则——基本准则》，制定本准则。

第二条 收入，是指企业在日常活动中形成的、会导致所有者权益增加的、与所有者投入资本无关的经济利益的总流入。

第三条 本准则适用于所有与客户之间的合同，但下列各项除外：

（一）由《企业会计准则第 2 号——长期股权投资》《企业会计准则第 22 号——金融工具确认和计量》《企业会计准则第 23 号——金融资产转移》《企业会计准则第 24 号——套期会计》《企业会计准则第 33 号——合并财务报表》以及《企业会计准则第 40 号——合营安排》规范的金融工具及其他合同权利和义务，分别适用《企业会计准则第 2 号——长期股权投资》《企业会计准则第 22 号——金融工具确认和计量》《企业会计准则第 23 号——金融资产转移》《企业会计准则第 24 号——套期会计》《企业会计准则第 33 号——合并财务报表》以及《企业会计准则第 40 号——合营安排》。

（二）由《企业会计准则第 21 号——租赁》规范的租赁合同，适用《企业会计准则第 21 号——租赁》。

（三）由保险合同相关会计准则规范的保险合同，适用保险合同相关会计准则。

本准则所称客户，是指与企业订立合同以向该企业购买其日常活动产出的商品或服务（以下简称"商品"）并支付对价的一方。

本准则所称合同，是指双方或多方之间订立有法律约束力的权利义务的协议。合同有书面形式、口头形式以及其他形式。

第二章 确认

第四条 企业应当在履行了合同中的履约义务，即在客户取得相关商品控制权时确认收入。

取得相关商品控制权，是指能够主导该商品的使用并从中获得几乎全部的经济利益。

第五条 当企业与客户之间的合同同时满足下列条件时，企业应当在客户取得相关商品控制权时确认收入：

（一）合同各方已批准该合同并承诺将履行各自义务；

（二）该合同明确了合同各方与所转让商品或提供劳务（以下简称"转让商品"）相关的权利和义务；

（三）该合同有明确的与所转让商品相关的支付条款；

（四）该合同具有商业实质，即履行该合同将改变企业未来现金流量的风险、时间分布或金额；

（五）企业因向客户转让商品而有权取得的对价很可能收回。

在合同开始日即满足前款条件的合同，企业在后续期间无需对其进行重新评估，除非有迹象表明相关事实和情况发生重大变化。合同开始日通常是指合同生效日。

第六条 在合同开始日不符合本准则第五条规定的合同，企业应当对其进行持续评估，并在其满足本准则第五条规定时按照该条的规定进行会计处理。

对于不符合本准则第五条规定的合同，企业只有在不再负有向客户转让商品的剩余义务，且已向客户收取的对价无需退回时，才能将已收取的对价确认为收入；否则，应当将已收取的对价作为负债进行会计处理。没有商业实质的非货币性资产交换，不确认收入。

第七条 企业与同一客户（或该客户的关联方）同时订立或在相近时间内先后订立的两份或多份合同，在满足下列条件之一时，应当合并为一份合同进行会计处理：

（一）该两份或多份合同基于同一商业目的而订立并构成一揽子交易。

（二）该两份或多份合同中的一份合同的对价金额取决于其他合同的定价或履行情况。

（三）该两份或多份合同中所承诺的商品（或每份合同中所承诺的部分商品）构成本准则第九条规定的单项履约义务。

第八条 企业应当区分下列三种情形对合同变更分别进行会计处理：

（一）合同变更增加了可明确区分的商品及合同价款，且新增合同价款反映了新增商品单独售价的，应当将该合同变更部分作为一份单独的合同进行会计处理。

（二）合同变更不属于本条（一）规定的情形，且在合同变更日已转让的商品或已提供的服务（以下简称"已转让的商品"）与未转让的商品或未提供的服务（以下简称"未转让的商品"）之间可明确区分的，应当视为原合同终止，同时，将原合同未履约部分与合同变更部分合并为新合同进行会计处理。

（三）合同变更不属于本条（一）规定的情形，且在合同变更日已转让的商品与未转让的商品之间不可明确区分的，应当将该合同变更部分作为原合同的组成部分进行会计处理，由此产生的对已确认收入的影响，应当在合同变更日调整当期收入。

本准则所称合同变更，是指经合同各方批准对原合同范围或价格作出的变更。

第九条 合同开始日，企业应当对合同进行评估，识别该合同所包含的各单项履约义务，并确定各单项履约义务是在某一时段内履行，还是在某一时点履行，然后，在履行了各单项履约义务时分别确认收入。

履约义务，是指合同中企业向客户转让可明确区分商品的承诺。履约义务既包括合同中明确的承诺，也包括由于企业已公开宣布的政策、特定声明或以往的习惯做法等导致合同订立时客户合理预期企业将履行的承诺。企业为履行合同而应开展的初始活动，通常不构成履约义务，除非该活动向客户转让了承诺的商品。

企业向客户转让一系列实质相同且转让模式相同的、可明确区分商品的承诺，也应当作为单项履约义务。

转让模式相同，是指每一项可明确区分商品均满足本准则第十一条规定的、在某一时段内履行履约义务的条件，且采用相同方法确定其履约进度。

第十条 企业向客户承诺的商品同时满足下列条件的，应当作为可明确区分商品：

（一）客户能够从该商品本身或从该商品与其他易于获得资源一起使用中受益；

（二）企业向客户转让该商品的承诺与合同中其他承诺可单独区分。

下列情形通常表明企业向客户转让该商品的承诺与合同中其他承诺不可单独区分：

1. 企业需提供重大的服务以将该商品与合同中承诺的其他商品整合成合同约定的组合产出转让给客户。

2. 该商品将对合同中承诺的其他商品予以重大修改或定制。

3. 该商品与合同中承诺的其他商品具有高度关联性。

第十一条 满足下列条件之一的，属于在某一时段内履行履约义务；否则，属于在某一时点履行履约义务：

（一）客户在企业履约的同时即取得并消耗企业履约所带来的经济利益。

（二）客户能够控制企业履约过程中在建的商品。

（三）企业履约过程中所产出的商品具有不可替代用途，且该企业在整个合同期间内有权就累计至今已完成的履约部分收取款项。

具有不可替代用途，是指因合同限制或实际可行性限制，企业不能轻易地将商品用于其他用途。

有权就累计至今已完成的履约部分收取款项，是指在由于客户或其他方原因终止合同的情况下，企业有权就累计至今已完成的履约部分收取能够补偿其已发生成本和合理利润的款项，并且该权利具有法律约束力。

第十二条 对于在某一时段内履行的履约义务，企业应当在该段时间内按照履约进度确认收入，但是，履约进度不能合理确定的除外。企业应当考虑商品的性质，采用产出法或投入法确定恰当的履约进度。其中，产出法是根据已转移给客户的商品对于客户的价值确定履约进度；投入法是根据企业为履行履约义务的投入确定履约进度。对于类似情况下的类似履约义务，企业应当采用相同的方法确定履约进度。

当履约进度不能合理确定时，企业已经发生的成本预计能够得到补偿的，应当按照已经发生的成本金额确认收入，直到履约进度能够合理确定为止。

第十三条 对于在某一时点履行的履约义务，企业应当在客户取得相关商品控制权时点确认收入。在判断客户是否已取得商品控制权时，企业应当考虑下列迹象：

（一）企业就该商品享有现时收款权利，即客户就该商品负有现时付款义务。

（二）企业已将该商品的法定所有权转移给客户，即客户已拥有该商品的法定所有权。

（三）企业已将该商品实物转移给客户，即客户已实物占有该商品。

（四）企业已将该商品所有权上的主要风险和报酬转移给客户，即客户已取得该商品所有权上的主要风险和报酬。

（五）客户已接受该商品。

（六）其他表明客户已取得商品控制权的迹象。

第三章　计量

第十四条　企业应当按照分摊至各单项履约义务的交易价格计量收入。

交易价格，是指企业因向客户转让商品而预期有权收取的对价金额。企业代第三方收取的款项以及企业预期将退还给客户的款项，应当作为负债进行会计处理，不计入交易价格。

第十五条　企业应当根据合同条款，并结合其以往的习惯做法确定交易价格。在确定交易价格时，企业应当考虑可变对价、合同中存在的重大融资成分、非现金对价、应付客户对价等因素的影响。

第十六条　合同中存在可变对价的，企业应当按照期望值或最可能发生金额确定可变对价的最佳估计数，但包含可变对价的交易价格，应当不超过在相关不确定性消除时累计已确认收入极可能不会发生重大转回的金额。企业在评估累计已确认收入是否极可能不会发生重大转回时，应当同时考虑收入转回的可能性及其比重。

每一资产负债表日，企业应当重新估计应计入交易价格的可变对价金额。可变对价金额发生变动的，按照本准则第二十四条和第二十五条规定进行会计处理。

第十七条　合同中存在重大融资成分的，企业应当按照假定客户在取得商品控制权时即以现金支付的应付金额确定交易价格。该交易价格与合同对价之间的差额，应当在合同期间内采用实际利率法摊销。

合同开始日，企业预计客户取得商品控制权与客户支付价款间隔不超过一年的，可以不考虑合同中存在的重大融资成分。

第十八条　客户支付非现金对价的，企业应当按照非现金对价的公允价值确定交易价格。非现金对价的公允价值不能合理估计的，企业应当参照其承诺向客户转让商品的单独售价间接确定交易价格。非现金对价的公允价值因对价形式以外的原因而发生变动的，应当作为可变对价，按照本准则第十六条规定进行会计处理。

单独售价，是指企业向客户单独销售商品的价格。

第十九条　企业应付客户（或向客户购买本企业商品的第三方，本条下同）对价的，应当将该应付对价冲减交易价格，并在确认相关收入与支付（或承诺支付）客户对价二者孰晚的时点冲减当期收入，但应付客户对价是为了向客户取得其他可明确区分商品的除外。

企业应付客户对价是为了向客户取得其他可明确区分商品的，应当采用与本企业其他采购相一致的方式确认所购买的商品。企业应付客户对价超过向客户取得可明确区分商品公允价值的，超过金额应当冲减交易价格。向客户取得的可明确区分商品公允价值不能合理估计的，企业应当将应付客户对价全额冲减交易价格。

第二十条　合同中包含两项或多项履约义务的，企业应当在合同开始日，按照各单项履约义务所承诺商品的单独售价的相对比例，将交易价格分摊至各单项履约义务。企业不得因合同开始日之后单独售价的变动而重新分摊交易价格。

第二十一条　企业在类似环境下向类似客户单独销售商品的价格，应作为确定该商品单独售价的最佳证据。单独售价无法直接观察的，企业应当综合考虑其能够合理取得的全部相关信息，采用市场调整法、成本加成法、余值法等方法合理估计单独售价。在估计单独售价时，企业应当最大限度地采用可观察的输入值，并对类似的情况采用一致的估计方法。

市场调整法，是指企业根据某商品或类似商品的市场售价考虑本企业的成本和毛利等进行适当调整后，确定其单独售价的方法。

成本加成法，是指企业根据某商品的预计成本加上其合理毛利后的价格，确定其单独售价的方法。

余值法，是指企业根据合同交易价格减去合同中其他商品可观察的单独售价后的余值，确定某商品单独售价的方法。

第二十二条　企业在商品近期售价波动幅度巨大，或者因未定价且未曾单独销售而使售价无法可靠确定时，可采用余值法估计其单独售价。

第二十三条　对于合同折扣，企业应当在各单项履约义务之间按比例分摊。

有确凿证据表明合同折扣仅与合同中一项或多项（而非全部）履约义务相关的，企业应当将该合同折扣分摊至相关一项或多项履约义务。

合同折扣仅与合同中一项或多项（而非全部）履约义务相关，且企业采用余值法估计单独售价的，应当首先按照前款规定在该一项或多项（而非全部）履约义务之间分摊合同折扣，然后采用余值法估计单独售价。

合同折扣，是指合同中各单项履约义务所承诺商品的单独售价之和高于合同交易价格的金额。

第二十四条　对于可变对价及可变对价的后续变动额，企业应当按照本准则第二十条至第二十三条规定，将其分摊至与之相关的一项或多项履约义务，或者分摊至构成单项履约义务的一系列可明确区分商品中的一项或多项商品。

对于已履行的履约义务，其分摊的可变对价后续变动额应当调整变动当期的收入。

第二十五条　合同变更之后发生可变对价后续变动的，企业应当区分下列三种情形分别进行会计处理：

（一）合同变更属于本准则第八条（一）规定情形的，企业应当判断可变对价后续变动与哪一项合同相关，并按照本准则第二十四条规定进行会计处理。

（二）合同变更属于本准则第八条（二）规定情形，且可变对价后续变动与合同变更前已承诺可变对价相关的，企业应当首先将该可变对价后续变动额以原合同开始日确定的基础进行分摊，然后再将分摊至合同变更日尚未履行履约义务的该可变对价后续变动额以新合同开始日确定的基础进行二次分摊。

（三）合同变更之后发生除本条（一）、（二）规定情形以外的可变对价后续变动的，企业应当将该可变对价后续变动额分摊至合同变更日尚未履行的履约义务。

第四章　合同成本

第二十六条　企业为履行合同发生的成本，不属于其他企业会计准则规范范围且同时满足下列条件的，应当作为合同履约成本确认为一项资产：

（一）该成本与一份当前或预期取得的合同直接相关，包括直接人工、直接材料、制造费用（或类似费用）、明确由客户承担的成本以及仅因该合同而发生的其他成本；

（二）该成本增加了企业未来用于履行履约义务的资源；

（三）该成本预期能够收回。

第二十七条 企业应当在下列支出发生时，将其计入当期损益：

（一）管理费用。

（二）非正常消耗的直接材料、直接人工和制造费用（或类似费用），这些支出为履行合同发生，但未反映在合同价格中。

（三）与履约义务中已履行部分相关的支出。

（四）无法在尚未履行的与已履行的履约义务之间区分的相关支出。

第二十八条 企业为取得合同发生的增量成本预期能够收回的，应当作为合同取得成本确认为一项资产；但是，该资产摊销期限不超过一年的，可以在发生时计入当期损益。

增量成本，是指企业不取得合同就不会发生的成本（如销售佣金等）。

企业为取得合同发生的、除预期能够收回的增量成本之外的其他支出（如无论是否取得合同均会发生的差旅费等），应当在发生时计入当期损益，但是，明确由客户承担的除外。

第二十九条 按照本准则第二十六条和第二十八条规定确认的资产（以下简称"与合同成本有关的资产"），应当采用与该资产相关的商品收入确认相同的基础进行摊销，计入当期损益。

第三十条 与合同成本有关的资产，其账面价值高于下列两项的差额的，超出部分应当计提减值准备，并确认为资产减值损失：

（一）企业因转让与该资产相关的商品预期能够取得的剩余对价；

（二）为转让该相关商品估计将要发生的成本。

以前期间减值的因素之后发生变化，使得前款（一）减（二）的差额高于该资产账面价值的，应当转回原已计提的资产减值准备，并计入当期损益，但转回后的资产账面价值不应超过假定不计提减值准备情况下该资产在转回日的账面价值。

第三十一条 在确定与合同成本有关的资产的减值损失时，企业应当首先对按照其他相关企业会计准则确认的、与合同有关的其他资产确定减值损失；然后，按照本准则第三十条规定确定与合同成本有关的资产的减值损失。

企业按照《企业会计准则第 8 号——资产减值》测试相关资产组的减值情况时，应当将按照前款规定确定与合同成本有关的资产减值后的新账面价值计入相关资产组的账面价值。

第五章 特定交易的会计处理

第三十二条 对于附有销售退回条款的销售，企业应当在客户取得相关商品控制权时，按照因向客户转让商品而预期有权收取的对价金额（即,不包含预期因销售退回将退还的金额）确认收入，按照预期因销售退回将退还的金额确认负债；同时，按照预期将退回商品转让时的账面价值，扣除收回该商品预计发生的成本（包括退回商品的价值减损）后的余额，确认为一项资产，按照所转让商品转让时的账面价值，扣除上述资产成本的净额结转成本。

每一资产负债表日，企业应当重新估计未来销售退回情况，如有变化，应当作为会计估计变更进行会计处理。

第三十三条 对于附有质量保证条款的销售，企业应当评估该质量保证是否在向客户保证所销售商品符合既定标准之外提供了一项单独的服务。企业提供额外服务的，应当作为单项履约义务，按照本准则规定进行会计处理；否则，质量保证责任应当按照《企业会计准则第 13 号——或有事项》规定进行会计处理。在评估质量保证是否在向客户保证所销售商品符合既定标准之外提供了一项单独的服务时，企业应当考虑该质量保证是否为法定要求、质量保证期限以及企业承诺履行任务的性质等因素。客户能够选择单独购买质量保证的，该质量保证构成单项履约义务。

第三十四条 企业应当根据其在向客户转让商品前是否拥有对该商品的控制权，来判断其从事交易时的身份是主要责任人还是代理人。企业在向客户转让商品前能够控制该商品的，该企业为主要责任人，应当按照已收或应收对价总额确认收入；否则，该企业为代理人，应当按照预期有权收取的佣金或手续费的金额确认收入，该金额应当按照已收或应收对价总额扣除应支付给其他相关方的价款后的净额，或者按照既定的佣金金额或比例等确定。

企业向客户转让商品前能够控制该商品的情形包括：

（一）企业自第三方取得商品或其他资产控制权后，再转让给客户。

（二）企业能够主导第三方代表本企业向客户提供服务。

（三）企业自第三方取得商品控制权后，通过提供重大的服务将该商品与其他商品整合成某组合产出转让给客户。

在具体判断向客户转让商品前是否拥有对该商品的控制权时，企业不应仅局限于合同的法律形式，而应当综合考虑所有相关事实和情况，这些事实和情况包括：

（一）企业承担向客户转让商品的主要责任。

（二）企业在转让商品之前或之后承担了该商品的存货风险。

（三）企业有权自主决定所交易商品的价格。

（四）其他相关事实和情况。

第三十五条 对于附有客户额外购买选择权的销售，企业应当评估该选择权是否向客户提供了一项重大权利。企业提供重大权利的，应当作为单项履约义务，按照本准则第二十条至第二十四条规定将交易价格分摊至该履约义务，在客户未来行使购买选择权取得相关商品控制权时，或者该选择权失效时，确认相应的收入。客户额外购买选择权的单独售价无法直接观察的，企业应当综合考虑客户行使和不行使该选择权所能获得的折扣的差异、客户行使该选择权的可能性等全部相关信息后，予以合理估计。

客户虽然有额外购买商品选择权，但客户行使该选择权购买商品时的价格反映了这些商品单独售价的，不应被视为企业向该客户提供了一项重大权利。

第三十六条 企业向客户授予知识产权许可的，应当按照本准则第九条和第十条规定评估该知识产权许可是否构成单项履约义务，构成单项履约义务的，应当进一步确定其是在某一时段内履行还是在某一时点履行。

企业向客户授予知识产权许可，同时满足下列条件时，应当作为在某一时段内履行的履约义务确认相关收入；否则，应当作为在某一时点履行的履约义务确认相关收入：

（一）合同要求或客户能够合理预期企业将从事对该项知识产权有重大影响的活动；

（二）该活动对客户将产生有利或不利影响；

（三）该活动不会导致向客户转让某项商品。

第三十七条 企业向客户授予知识产权许可，并约定按客户实际销售或使用情况收取特许权使用费的，应当在下列两项孰晚的时点确认收入：

（一）客户后续销售或使用行为实际发生；

（二）企业履行相关履约义务。

第三十八条 对于售后回购交易，企业应当区分下列两种情形分别进行会计处理：

（一）企业因存在与客户的远期安排而负有回购义务或企业享有回购权利的，表明客户在销售时点并未取得相关商品控制权，企业应当作为租赁交易或融资交易进行相应的会计处理。其中，回购价格低于原售价的，应当视为租赁交易，按照《企业会计准则第21号——租赁》的相关规定进行会计处理；回购价格不低于原售价的，应当视为融资交易，在收到客户款项时确认金融负债，并将该款项和回购价格的差额在回购期间内确认为利息费用等。企业到期未行使回购权利的，应当在该回购权利到期时终止确认金融负债，同时确认收入。

（二）企业负有应客户要求回购商品义务的，应当在合同开始日评估客户是否具有行使该要求权的重大经济动因。客户具有行使该要求权重大经济动因的，企业应当将售后回购作为租赁交易或融资交易，按照本条（一）规定进行会计处理；否则，企业应当将其作为附有销售退回条款的销售交易，按照本准则第三十二条规定进行会计处理。

售后回购，是指企业销售商品的同时承诺或有权选择日后再将该商品（包括相同或几乎相同的商品，或以该商品作为组成部分的商品）购回的销售方式。

第三十九条 企业向客户预收销售商品款项的，应当首先将该款项确认为负债，待履行了相关履约义务时再转为收入。当企业预收款项无需退回，且客户可能会放弃其全部或部分合同权利时，企业预期将有权获得与客户所放弃的合同权利相关的金额的，应当按照客户行使合同权利的模式按比例将上述金额确认为收入；否则，企业只有在客户要求其履行剩余履约义务的可能性极低时，才能将上述负债的相关余额转为收入。

第四十条 企业在合同开始（或接近合同开始）日向客户收取的无需退回的初始费（如俱乐部的入会费等）应当计入交易价格。企业应当评估该初始费是否与向客户转让已承诺的商品相关。该初始费与向客户转让已承诺的商品相关，并且该商品构成单项履约义务的，企业应当在转让该商品时，按照分摊至该商品的交易价格确认收入；该初始费与向客户转让已承诺的商品相关，但该商品不构成单项履约义务的，企业应当在包含该商品的单项履约义务履行时，按照分摊至该单项履约义务的交易价格确认收入；该初始费与向客户转让已承诺的商品不相关的，该初始费应当作为未来将转让商品的预收款，在未来转让该商品时确认为收入。

企业收取了无需退回的初始费且为履行合同应开展初始活动，但这些活动本身并没有向客户转让已承诺的商品的，该初始费与未来将转让的已承诺商品相关，应当在未来转让该商品时确认为收入，企业在确定履约进度时不应考虑这些初始活动；企业为该初始活动发生的支出应当按照本准则第二十六条和第二十七条规定确认为一项资产或计入当期损益。

第六章 列报

第四十一条 企业应当根据本企业履行履约义务与客户付款之间的关系在资产负债表中列示合同资产或合同负债。企业拥有的、无条件（即，仅取决于时间流逝）向客户收取对价的权利应当作为应收款项单独列示。

合同资产，是指企业已向客户转让商品而有权收取对价的权利，且该权利取决于时间流逝之外的其他因素。如企业向客户销售两项可明确区分的商品，企业因已交付其中一项商品而有权收取款项，但收取该款项还取决于企业交付另一项商品的，企业应当将该收款权利作为合同资产。

合同负债，是指企业已收或应收客户对价而应向客户转让商品的义务。如企业在转让承诺的商品之前已收取的款项。

按照本准则确认的合同资产的减值的计量和列报应当按照《企业会计准则第 22 号——金融工具确认和计量》和《企业会计准则第 37 号——金融工具列报》的规定进行会计处理。

第四十二条 企业应当在附注中披露与收入有关的下列信息：

（一）收入确认和计量所采用的会计政策、对于确定收入确认的时点和金额具有重大影响的判断以及这些判断的变更，包括确定履约进度的方法及采用该方法的原因、评估客户取得所转让商品控制权时点的相关判断，在确定交易价格、估计计入交易价格的可变对价、分摊交易价格以及计量预期将退还给客户的款项等类似义务时所采用的方法、输入值和假设等。

（二）与合同相关的下列信息：

1. 与本期确认收入相关的信息，包括与客户之间的合同产生的收入、该收入按主要类别（如商品类型、经营地区、市场或客户类型、合同类型、商品转让的时间、合同期限、销售渠道等）分解的信息以及该分解信息与每一报告分部的收入之间的关系等。

2. 与应收款项、合同资产和合同负债的账面价值相关的信息，包括与客户之间的合同产生的应收款项、合同资产和合同负债的期初和期末账面价值、对上述应收款项和合同资产确认的减值损失、在本期确认的包括在合同负债期初账面价值中的收入、前期已经履行（或部分履行）的履约义务在本期调整的收入、履行履约义务的时间与通常的付款时间之间的关系以及此类因素对合同资产和合同负债账面价值的影响的定量或定性信息、合同资产和合同负债的账面价值在本期内发生的重大变动情况等。

3. 与履约义务相关的信息，包括履约义务通常的履行时间、重要的支付条款、企业承诺转让的商品的性质（包括说明企业是否作为代理人）、企业承担的预期将退还给客户的款项等类似义务、质量保证的类型及相关义务等。

4. 与分摊至剩余履约义务的交易价格相关的信息，包括分摊至本期末尚未履行（或部分未履行）履约义务的交易价格总额、上述金额确认为收入的预计时间的定量或定性信息、未包括在交易价格的对价金额（如可变对价）等。

（三）与合同成本有关的资产相关的信息，包括确定该资产金额所做的判断、该资产的摊销方法、按该资产主要类别（如为取得合同发生的成本、为履行合同开展的初始活动发生的成本等）披露的期末账面价值以及本期确认的摊销及减值损失金额等。

（四）企业根据本准则第十七条规定因预计客户取得商品控制权与客户支付价款间隔未超过一年而未考虑合同中存在的重大融资成分，或者根据本准则第二十八条规定因合同取得成本的摊销期限未超过一年而将其在发生时计入当期损益的，应当披露该事实。

第七章 衔接规定

第四十三条 首次执行本准则的企业，应当根据首次执行本准则的累积影响数，调整首次执行本准则当年年初留存收益及财务报表其他相关项目金额，对可比期间信息不予调整。企业可以仅对在首次执行日尚未完成的合同的累积影响数进行调整。同时，企业应当在附注中披露，与收入相关会计准则制度的原规定相比，执行本准则对当期财务报表相关项目的影响金额，如有重大影响的，还需披露其原因。

已完成的合同，是指企业按照与收入相关会计准则制度的原规定已完成合同中全部商品的转让的合同。尚未完成的合同，是指除已完成的合同之外的其他合同。

第四十四条 对于最早可比期间期初之前或首次执行本准则当年年初之前发生的合同变更，企业可予以简化处理，即无须按照本准则第八条规定进行追溯调整，而是根据合同变更的最终安排，识别已履行的和尚未履行的履约义务、确定交易价格以及在已履行的和尚未履行的履约义务之间分摊交易价格。

企业采用该简化处理方法的，应当对所有合同一致采用，并且在附注中披露该事实以及在合理范围内对采用该简化处理方法的影响所作的定性分析。

第八章 附则

第四十五条 本准则自 2018 年 1 月 1 日起施行。

附注 2
财政部关于印发《企业会计准则第 21 号——租赁》的通知

国务院有关部委、有关直属机构,各省、自治区、直辖市、计划单列市财政厅(局),新疆生产建设兵团财政局,财政部驻各省、自治区、直辖市、计划单列市财政监察专员办事处,有关中央管理企业:

为了适应社会主义市场经济发展需要,规范租赁的会计处理,提高会计信息质量,根据《企业会计准则——基本准则》,我部对《企业会计准则第 21 号——租赁》进行了修订,现予印发。有关事项通知如下:

一、在境内外同时上市的企业以及在境外上市并采用《国际财务报告准则》或《企业会计准则》编制财务报表的企业,自 2019 年 1 月 1 日起施行;其他执行《企业会计准则》的企业自 2021 年 1 月 1 日起施行。

二、母公司或子公司在境外上市且按照《国际财务报告准则》或《企业会计准则》编制其境外财务报表的企业,可以提前执行本准则,但不应早于其同时执行我部 2017 年 3 月 31 日印发的《企业会计准则第 22 号——金融工具确认和计量》和 2017 年 7 月 5 日印发的《企业会计准则第 14 号——收入》的日期。

三、执行本准则的企业,不再执行我部于 2006 年 2 月 15 日印发的《财政部关于印发〈企业会计准则第 1 号——存货〉等 38 项具体准则的通知》(财会〔2006〕3 号)中的《企业会计准则第 21 号——租赁》,以及我部于 2006 年 10 月 30 日印发的《财政部关于印发〈企业会计准则——应用指南〉的通知》(财会〔2006〕18 号)中的《〈企业会计准则第 21 号——租赁〉应用指南》。

执行中有何问题,请及时反馈我部。

财政部
2018 年 12 月 7 日

《企业会计准则第 21 号——租赁》

第一章 总则

第一条 为了规范租赁的确认、计量和相关信息的列报，根据《企业会计准则——基本准则》，制定本准则。

第二条 租赁，是指在一定期间内，出租人将资产的使用权让与承租人以获取对价的合同。

第三条 本准则适用于所有租赁，但下列各项除外：

（一）承租人通过许可使用协议取得的电影、录像、剧本、文稿等版权、专利等项目的权利，以出让、划拨或转让方式取得的土地使用权，适用《企业会计准则第 6 号——无形资产》。

（二）出租人授予的知识产权许可，适用《企业会计准则第 14 号——收入》。

勘探或使用矿产、石油、天然气及类似不可再生资源的租赁，承租人承租生物资产，采用建设经营移交等方式参与公共基础设施建设、运营的特许经营权合同，不适用本准则。

第二章 租赁的识别、分拆和合并

第一节 租赁的识别

第四条 在合同开始日，企业应当评估合同是否为租赁或者包含租赁。如果合同中一方让渡了在一定期间内控制一项或多项已识别资产使用的权利以换取对价，则该合同为租赁或者包含租赁。

除非合同条款和条件发生变化，企业无需重新评估合同是否为租赁或者包含租赁。

第五条 为确定合同是否让渡了在一定期间内控制已识别资产使用的权利，企业应当评估合同中的客户是否有权获得在使用期间内因使用已识别资产所产生的几乎全部经济利益，并有权在该使用期间主导已识别资产的使用。

第六条 已识别资产通常由合同明确指定，也可以在资产可供客户使用时隐性指定。但是，即使合同已对资产进行指定，如果资产的供应方在整个使用期间拥有对该资产的实质性替换权，则该资产不属于已识别资产。

同时符合下列条件时，表明供应方拥有资产的实质性替换权：

（一）资产供应方拥有在整个使用期间替换资产的实际能力；

（二）资产供应方通过行使替换资产的权利将获得经济利益。

企业难以确定供应方是否拥有对该资产的实质性替换权的，应当视为供应方没有对该资产的实质性替换权。

如果资产的某部分产能或其他部分在物理上不可区分，则该部分不属于已识别资产，除非其实质上代表该资产的全部产能，从而使客户获得因使用该资产所产生的几乎全部经济利益。

第七条 在评估是否有权获得因使用已识别资产所产生的几乎全部经济利益时，企业应当在约定的客户可使用资产的权利范围内考虑其所产生的经济利益。

第八条 存在下列情况之一的，可视为客户有权主导对已识别资产在整个使用期间内的使用：

（一）客户有权在整个使用期间主导已识别资产的使用目的和使用方式。

（二）已识别资产的使用目的和使用方式在使用期开始前已预先确定，并且客户有权在整个使用期间自行或主导他人按照其确定的方式运营该资产，或者客户设计了已识别资产并在设计时已预先确定了该资产在整个使用期间的使用目的和使用方式。

第二节 租赁的分拆和合并

第九条 合同中同时包含多项单独租赁的，承租人和出租人应当将合同予以分拆，并分别各项单独租赁进行会计处理。

合同中同时包含租赁和非租赁部分的，承租人和出租人应当将租赁和非租赁部分进行分拆，除非企业适用本准则第十二条的规定进行会计处理，租赁部分应当分别按照本准则进行会计处理，非租赁部分应当按照其他适用的企业会计准则进行会计处理。

第十条 同时符合下列条件的，使用已识别资产的权利构成合同中的一项单独租赁：

（一）承租人可从单独使用该资产或将其与易于获得的其他资源一起使用中获利；

（二）该资产与合同中的其他资产不存在高度依赖或高度关联关系。

第十一条 在分拆合同包含的租赁和非租赁部分时，承租人应当按照各租赁部分单独价格及非租赁部分的单独价格之和的相对比例分摊合同对价，出租人应当根据《企业会计准则第14号——收入》关于交易价格分摊的规定分摊合同对价。

第十二条 为简化处理，承租人可以按照租赁资产的类别选择是否分拆合同包含的租赁和非租赁部分。承租人选择不分拆的，应当将各租赁部分及与其相关的非租赁部分分别合并为租赁，按照本准则进行会计处理。但是，对于按照《企业会计准则第22号——金融工具确认和计量》应分拆的嵌入衍生工具，承租人不应将其与租赁部分合并进行会计处理。

第十三条 企业与同一交易方或其关联方在同一时间或相近时间订立的两份或多份包含租赁的合同，在符合下列条件之一时，应当合并为一份合同进行会计处理：

（一）该两份或多份合同基于总体商业目的而订立并构成一揽子交易，若不作为整体考虑则无法理解其总体商业目的。

（二）该两份或多份合同中的某份合同的对价金额取决于其他合同的定价或履行情况。

（三）该两份或多份合同让渡的资产使用权合起来构成一项单独租赁。

第三章 承租人的会计处理

第一节 确认和初始计量

第十四条 在租赁期开始日，承租人应当对租赁确认使用权资产和租赁负债，应用本准则第三章第三节进行简化处理的短期租赁和低价值资产租赁除外。

使用权资产，是指承租人可在租赁期内使用租赁资产的权利。

租赁期开始日，是指出租人提供租赁资产使其可供承租人使用的起始日期。

第十五条 租赁期，是指承租人有权使用租赁资产且不可撤销的期间。

承租人有续租选择权，即有权选择续租该资产，且合理确定将行使该选择权的，租赁期还应当包含续租选择权涵盖的期间。

承租人有终止租赁选择权，即有权选择终止租赁该资产，但合理确定将不会行使该选择权的，租赁期应当包含终止租赁选择权涵盖的期间。

发生承租人可控范围内的重大事件或变化，且影响承租人是否合理确定将行使相应选择权的，承租人应当对其是否合理确定将行使续租选择权、购买选择权或不行使终止租赁选择权进行重新评估。

第十六条　使用权资产应当按照成本进行初始计量。该成本包括：

（一）租赁负债的初始计量金额；

（二）在租赁期开始日或之前支付的租赁付款额，存在租赁激励的，扣除已享受的租赁激励相关金额；

（三）承租人发生的初始直接费用；

（四）承租人为拆卸及移除租赁资产、复原租赁资产所在场地或将租赁资产恢复至租赁条款约定状态预计将发生的成本。前述成本属于为生产存货而发生的，适用《企业会计准则第1号——存货》。

承租人应当按照《企业会计准则第13号——或有事项》对本条第（四）项所述成本进行确认和计量。

租赁激励，是指出租人为达成租赁向承租人提供的优惠，包括出租人向承租人支付的与租赁有关的款项、出租人为承租人偿付或承担的成本等。

初始直接费用，是指为达成租赁所发生的增量成本。增量成本是指若企业不取得该租赁，则不会发生的成本。

第十七条　租赁负债应当按照租赁期开始日尚未支付的租赁付款额的现值进行初始计量。

在计算租赁付款额的现值时，承租人应当采用租赁内含利率作为折现率；无法确定租赁内含利率的，应当采用承租人增量借款利率作为折现率。

租赁内含利率，是指使出租人的租赁收款额的现值与未担保余值的现值之和等于租赁资产公允价值与出租人的初始直接费用之和的利率。

承租人增量借款利率，是指承租人在类似经济环境下为获得与使用权资产价值接近的资产，在类似期间以类似抵押条件借入资金须支付的利率。

第十八条　租赁付款额，是指承租人向出租人支付的与在租赁期内使用租赁资产的权利相关的款项，包括：

（一）固定付款额及实质固定付款额，存在租赁激励的，扣除租赁激励相关金额；

（二）取决于指数或比率的可变租赁付款额，该款项在初始计量时根据租赁期开始日的指数或比率确定；

（三）购买选择权的行权价格，前提是承租人合理确定将行使该选择权；

（四）行使终止租赁选择权需支付的款项，前提是租赁期反映出承租人将行使终止租赁选择权；

（五）根据承租人提供的担保余值预计应支付的款项。

实质固定付款额,是指在形式上可能包含变量但实质上无法避免的付款额。

可变租赁付款额,是指承租人为取得在租赁期内使用租赁资产的权利,向出租人支付的因租赁期开始日后的事实或情况发生变化(而非时间推移)而变动的款项。取决于指数或比率的可变租赁付款额包括与消费者价格指数挂钩的款项、与基准利率挂钩的款项和为反映市场租金费率变化而变动的款项等。

第十九条 担保余值,是指与出租人无关的一方向出租人提供担保,保证在租赁结束时租赁资产的价值至少为某指定的金额。

未担保余值,是指租赁资产余值中,出租人无法保证能够实现或仅由与出租人有关的一方予以担保的部分。

第二节 后续计量

第二十条 在租赁期开始日后,承租人应当按照本准则第二十一条、第二十二条、第二十七条及第二十九条的规定,采用成本模式对使用权资产进行后续计量。

第二十一条 承租人应当参照《企业会计准则第4号——固定资产》有关折旧规定,对使用权资产计提折旧。

承租人能够合理确定租赁期届满时取得租赁资产所有权的,应当在租赁资产剩余使用寿命内计提折旧。无法合理确定租赁期届满时能够取得租赁资产所有权的,应当在租赁期与租赁资产剩余使用寿命两者孰短的期间内计提折旧。

第二十二条 承租人应当按照《企业会计准则第8号——资产减值》的规定,确定使用权资产是否发生减值,并对已识别的减值损失进行会计处理。

第二十三条 承租人应当按照固定的周期性利率计算租赁负债在租赁期内各期间的利息费用,并计入当期损益。按照《企业会计准则第17号——借款费用》等其他准则规定应当计入相关资产成本的,从其规定。

该周期性利率,是按照本准则第十七条规定所采用的折现率,或者按照本准则第二十五条、二十六条和二十九条规定所采用的修订后的折现率。

第二十四条 未纳入租赁负债计量的可变租赁付款额应当在实际发生时计入当期损益。按照《企业会计准则第1号——存货》等其他准则规定应当计入相关资产成本的,从其规定。

第二十五条 在租赁期开始日后,发生下列情形的,承租人应当重新确定租赁付款额,并按变动后租赁付款额和修订后的折现率计算的现值重新计量租赁负债:

(一)因依据本准则第十五条第四款规定,续租选择权或终止租赁选择权的评估结果发生变化,或者前述选择权的实际行使情况与原评估结果不一致等导致租赁期变化的,应当根据新的租赁期重新确定租赁付款额;

(二)因依据本准则第十五条第四款规定,购买选择权的评估结果发生变化的,应当根据新的评估结果重新确定租赁付款额。

在计算变动后租赁付款额的现值时,承租人应当采用剩余租赁期间的租赁内含利率作为修订后的折现率;无法确定剩余租赁期间的租赁内含利率的,应当采用重估日的承租人增量借款利率作为修订后的折现率。

第二十六条 在租赁期开始日后,根据担保余值预计的应付金额发生变动,或者因用于确定租赁付款额的指数或比率变动而导致未来租赁付款额发生变动的,承租人应当按照变动后租赁付款额的现值重新计量租赁负债。在这些情形下,承租人采用的折现率不变;但是,租赁付款额的变动源自浮动利率变动的,使用修订后的折现率。

第二十七条 承租人在根据本准则第二十五条、第二十六条或因实质固定付款额变动重新计量租赁负债时,应当相应调整使用权资产的账面价值。使用权资产的账面价值已调减至零,但租赁负债仍需进一步调减的,承租人应当将剩余金额计入当期损益。

第二十八条 租赁发生变更且同时符合下列条件的,承租人应当将该租赁变更作为一项单独租赁进行会计处理:

(一)该租赁变更通过增加一项或多项租赁资产的使用权而扩大了租赁范围;

(二)增加的对价与租赁范围扩大部分的单独价格按该合同情况调整后的金额相当。

租赁变更,是指原合同条款之外的租赁范围、租赁对价、租赁期限的变更,包括增加或终止一项或多项租赁资产的使用权,延长或缩短合同规定的租赁期等。

第二十九条 租赁变更未作为一项单独租赁进行会计处理的,在租赁变更生效日,承租人应当按照本准则第九条至第十二条的规定分摊变更后合同的对价,按照本准则第十五条的规定重新确定租赁期,并按照变更后租赁付款额和修订后的折现率计算的现值重新计量租赁负债。

在计算变更后租赁付款额的现值时,承租人应当采用剩余租赁期间的租赁内含利率作为修订后的折现率;无法确定剩余租赁期间的租赁内含利率的,应当采用租赁变更生效日的承租人增量借款利率作为修订后的折现率。租赁变更生效日,是指双方就租赁变更达成一致的日期。

租赁变更导致租赁范围缩小或租赁期缩短的,承租人应当相应调减使用权资产的账面价值,并将部分终止或完全终止租赁的相关利得或损失计入当期损益。其他租赁变更导致租赁负债重新计量的,承租人应当相应调整使用权资产的账面价值。

第三节 短期租赁和低价值资产租赁

第三十条 短期租赁,是指在租赁期开始日,租赁期不超过 12 个月的租赁。

包含购买选择权的租赁不属于短期租赁。

第三十一条 低价值资产租赁,是指单项租赁资产为全新资产时价值较低的租赁。

低价值资产租赁的判定仅与资产的绝对价值有关,不受承租人规模、性质或其他情况影响。低价值资产租赁还应当符合本准则第十条的规定。

承租人转租或预期转租租赁资产的,原租赁不属于低价值资产租赁。

第三十二条 对于短期租赁和低价值资产租赁,承租人可以选择不确认使用权资产和租赁负债。

作出该选择的,承租人应当将短期租赁和低价值资产租赁的租赁付款额,在租赁期内各个期间按照直线法或其他系统合理的方法计入相关资产成本或当期损益。其他系统合理的方法能够更好地反映承租人的受益模式的,承租人应当采用该方法。

第三十三条 对于短期租赁,承租人应当按照租赁资产的类别作出本准则第三十二条所述的会计处理选择。

对于低价值资产租赁，承租人可根据每项租赁的具体情况作出本准则第三十二条所述的会计处理选择。

第三十四条　按照本准则第三十二条进行简化处理的短期租赁发生租赁变更或者因租赁变更之外的原因导致租赁期发生变化的，承租人应当将其视为一项新租赁进行会计处理。

第四章　出租人的会计处理

第一节　出租人的租赁分类

第三十五条　出租人应当在租赁开始日将租赁分为融资租赁和经营租赁。

租赁开始日，是指租赁合同签署日与租赁各方就主要租赁条款作出承诺日中的较早者。

融资租赁，是指实质上转移了与租赁资产所有权有关的几乎全部风险和报酬的租赁。其所有权最终可能转移，也可能不转移。

经营租赁，是指除融资租赁以外的其他租赁。

在租赁开始日后，出租人无需对租赁的分类进行重新评估，除非发生租赁变更。租赁资产预计使用寿命、预计余值等会计估计变更或发生承租人违约等情况变化的，出租人不对租赁的分类进行重新评估。

第三十六条　一项租赁属于融资租赁还是经营租赁取决于交易的实质，而不是合同的形式。如果一项租赁实质上转移了与租赁资产所有权有关的几乎全部风险和报酬，出租人应当将该项租赁分类为融资租赁。

一项租赁存在下列一种或多种情形的，通常分类为融资租赁：

（一）在租赁期届满时，租赁资产的所有权转移给承租人。

（二）承租人有购买租赁资产的选择权，所订立的购买价款与预计行使选择权时租赁资产的公允价值相比足够低，因而在租赁开始日就可以合理确定承租人将行使该选择权。

（三）资产的所有权虽然不转移，但租赁期占租赁资产使用寿命的大部分。

（四）在租赁开始日，租赁收款额的现值几乎相当于租赁资产的公允价值。

（五）租赁资产性质特殊，如果不作较大改造，只有承租人才能使用。

一项租赁存在下列一项或多项迹象的，也可能分类为融资租赁：

（一）若承租人撤销租赁，撤销租赁对出租人造成的损失由承租人承担。

（二）资产余值的公允价值波动所产生的利得或损失归属于承租人。

（三）承租人有能力以远低于市场水平的租金继续租赁至下一期间。

第三十七条　转租出租人应当基于原租赁产生的使用权资产，而不是原租赁的标的资产，对转租赁进行分类。

但是，原租赁为短期租赁，且转租出租人应用本准则第三十二条对原租赁进行简化处理的，转租出租人应当将该转租赁分类为经营租赁。

第二节　出租人对融资租赁的会计处理

第三十八条　在租赁期开始日，出租人应当对融资租赁确认应收融资租赁款，并终止确认融资租赁资产。

出租人对应收融资租赁款进行初始计量时，应当以租赁投资净额作为应收融资租赁款的入账价值。

租赁投资净额为未担保余值和租赁期开始日尚未收到的租赁收款额按照租赁内含利率折现的现值之和。

租赁收款额，是指出租人因让渡在租赁期内使用租赁资产的权利而应向承租人收取的款项，包括：

（一）承租人需支付的固定付款额及实质固定付款额，存在租赁激励的，扣除租赁激励相关金额；

（二）取决于指数或比率的可变租赁付款额，该款项在初始计量时根据租赁期开始日的指数或比率确定；

（三）购买选择权的行权价格，前提是合理确定承租人将行使该选择权；

（四）承租人行使终止租赁选择权需支付的款项，前提是租赁期反映出承租人将行使终止租赁选择权；

（五）由承租人、与承租人有关的一方以及有经济能力履行担保义务的独立第三方向出租人提供的担保余值。

在转租的情况下，若转租的租赁内含利率无法确定，转租出租人可采用原租赁的折现率（根据与转租有关的初始直接费用进行调整）计量转租投资净额。

第三十九条　出租人应当按照固定的周期性利率计算并确认租赁期内各个期间的利息收入。该周期性利率，是按照本准则第三十八条规定所采用的折现率，或者按照本准则第四十四条规定所采用的修订后的折现率。

第四十条　出租人应当按照《企业会计准则第22号——金融工具确认和计量》和《企业会计准则第23号——金融资产转移》的规定，对应收融资租赁款的终止确认和减值进行会计处理。

出租人将应收融资租赁款或其所在的处置组划分为持有待售类别的，应当按照《企业会计准则第42号——持有待售的非流动资产、处置组和终止经营》进行会计处理。

第四十一条　出租人取得的未纳入租赁投资净额计量的可变租赁付款额应当在实际发生时计入当期损益。

第四十二条　生产商或经销商作为出租人的融资租赁，在租赁期开始日，该出租人应当按照租赁资产公允价值与租赁收款额按市场利率折现的现值两者孰低确认收入，并按照租赁资产账面价值扣除未担保余值的现值后的余额结转销售成本。

生产商或经销商出租人为取得融资租赁发生的成本，应当在租赁期开始日计入当期损益。

第四十三条　融资租赁发生变更且同时符合下列条件的，出租人应当将该变更作为一项单独租赁进行会计处理：

（一）该变更通过增加一项或多项租赁资产的使用权而扩大了租赁范围；

（二）增加的对价与租赁范围扩大部分的单独价格按该合同情况调整后的金额相当。

第四十四条　融资租赁的变更未作为一项单独租赁进行会计处理的，出租人应当分别下列情形对变更后的租赁进行处理：

（一）假如变更在租赁开始日生效，该租赁会被分类为经营租赁的，出租人应当自租赁变更生效日开始将其作为一项新租赁进行会计处理，并以租赁变更生效日前的租赁投资净额作为租赁资产的账面价值；

（二）假如变更在租赁开始日生效，该租赁会被分类为融资租赁的，出租人应当按照《企业会计准则第22号——金融工具确认和计量》关于修改或重新议定合同的规定进行会计处理。

第三节 出租人对经营租赁的会计处理

第四十五条 在租赁期内各个期间，出租人应当采用直线法或其他系统合理的方法，将经营租赁的租赁收款额确认为租金收入。其他系统合理的方法能够更好地反映因使用租赁资产所产生经济利益的消耗模式的，出租人应当采用该方法。

第四十六条 出租人发生的与经营租赁有关的初始直接费用应当资本化，在租赁期内按照与租金收入确认相同的基础进行分摊，分期计入当期损益。

第四十七条 对于经营租赁资产中的固定资产，出租人应当采用类似资产的折旧政策计提折旧；对于其他经营租赁资产，应当根据该资产适用的企业会计准则，采用系统合理的方法进行摊销。

出租人应当按照《企业会计准则第8号——资产减值》的规定，确定经营租赁资产是否发生减值，并进行相应会计处理。

第四十八条 出租人取得的与经营租赁有关的未计入租赁收款额的可变租赁付款额，应当在实际发生时计入当期损益。

第四十九条 经营租赁发生变更的，出租人应当自变更生效日起将其作为一项新租赁进行会计处理，与变更前租赁有关的预收或应收租赁收款额应当视为新租赁的收款额。

第五章 售后租回交易

第五十条 承租人和出租人应当按照《企业会计准则第14号——收入》的规定，评估确定售后租回交易中的资产转让是否属于销售。

第五十一条 售后租回交易中的资产转让属于销售的，承租人应当按原资产账面价值中与租回获得的使用权有关的部分，计量售后租回所形成的使用权资产，并仅就转让至出租人的权利确认相关利得或损失；出租人应当根据其他适用的企业会计准则对资产购买进行会计处理，并根据本准则对资产出租进行会计处理。

如果销售对价的公允价值与资产的公允价值不同，或者出租人未按市场价格收取租金，则企业应当将销售对价低于市场价格的款项作为预付租金进行会计处理，将高于市场价格的款项作为出租人向承租人提供的额外融资进行会计处理；同时，承租人按照公允价值调整相关销售利得或损失，出租人按市场价格调整租金收入。

在进行上述调整时，企业应当基于以下两者中更易于确定的项目：销售对价的公允价值与资产公允价值之间的差额、租赁合同中付款额的现值与按租赁市价计算的付款额现值之间的差额。

第五十二条 售后租回交易中的资产转让不属于销售的，承租人应当继续确认被转让资产,同时确认一项与转让收入等额的金融负债,并按照《企业会计准则第22号——金融工具确认和计量》对该金融负债进行会计处理;出租人不确认被转让资产,但应当确认一项与转让收入等额的金融资产,并按照《企业会计准则第22号——金融工具确认和计量》对该金融资产进行会计处理。

第六章 列报

第一节 承租人的列报

第五十三条 承租人应当在资产负债表中单独列示使用权资产和租赁负债。其中,租赁负债通常分别非流动负债和一年内到期的非流动负债列示。

在利润表中,承租人应当分别列示租赁负债的利息费用与使用权资产的折旧费用。租赁负债的利息费用在财务费用项目列示。

在现金流量表中,偿还租赁负债本金和利息所支付的现金应当计入筹资活动现金流出,支付的按本准则第三十二条简化处理的短期租赁付款额和低价值资产租赁付款额以及未纳入租赁负债计量的可变租赁付款额应当计入经营活动现金流出。

第五十四条 承租人应当在附注中披露与租赁有关的下列信息:

(一)各类使用权资产的期初余额、本期增加额、期末余额以及累计折旧额和减值金额;

(二)租赁负债的利息费用;

(三)计入当期损益的按本准则第三十二条简化处理的短期租赁费用和低价值资产租赁费用;

(四)未纳入租赁负债计量的可变租赁付款额;

(五)转租使用权资产取得的收入;

(六)与租赁相关的总现金流出;

(七)售后租回交易产生的相关损益;

(八)其他按照《企业会计准则第37号——金融工具列报》应当披露的有关租赁负债的信息。

承租人应用本准则第三十二条对短期租赁和低价值资产租赁进行简化处理的,应当披露这一事实。

第五十五条 承租人应当根据理解财务报表的需要,披露有关租赁活动的其他定性和定量信息。此类信息包括:

(一)租赁活动的性质,如对租赁活动基本情况的描述;

(二)未纳入租赁负债计量的未来潜在现金流出;

(三)租赁导致的限制或承诺;

(四)售后租回交易除第五十四条第(七)项之外的其他信息;

(五)其他相关信息。

第二节 出租人的列报

第五十六条 出租人应当根据资产的性质,在资产负债表中列示经营租赁资产。

第五十七条　出租人应当在附注中披露与融资租赁有关的下列信息：

（一）销售损益、租赁投资净额的融资收益以及与未纳入租赁投资净额的可变租赁付款额相关的收入；

（二）资产负债表日后连续五个会计年度每年将收到的未折现租赁收款额，以及剩余年度将收到的未折现租赁收款额总额；

（三）未折现租赁收款额与租赁投资净额的调节表。

第五十八条　出租人应当在附注中披露与经营租赁有关的下列信息：

（一）租赁收入，并单独披露与未计入租赁收款额的可变租赁付款额相关的收入；

（二）将经营租赁固定资产与出租人持有自用的固定资产分开，并按经营租赁固定资产的类别提供《企业会计准则第4号——固定资产》要求披露的信息；

（三）资产负债表日后连续五个会计年度每年将收到的未折现租赁收款额，以及剩余年度将收到的未折现租赁收款额总额。

第五十九条　出租人应当根据理解财务报表的需要，披露有关租赁活动的其他定性和定量信息。此类信息包括：

（一）租赁活动的性质，如对租赁活动基本情况的描述；

（二）对其在租赁资产中保留的权利进行风险管理的情况；

（三）其他相关信息。

第七章　衔接规定

第六十条　对于首次执行日前已存在的合同，企业在首次执行日可以选择不重新评估其是否为租赁或者包含租赁。选择不重新评估的，企业应当在财务报表附注中披露这一事实，并一致应用于前述所有合同。

第六十一条　承租人应当选择下列方法之一对租赁进行衔接会计处理，并一致应用于其作为承租人的所有租赁：

（一）按照《企业会计准则第28号——会计政策、会计估计变更和差错更正》的规定采用追溯调整法处理。

（二）根据首次执行本准则的累积影响数，调整首次执行本准则当年年初留存收益及财务报表其他相关项目金额，不调整可比期间信息。采用该方法时，应当按照下列规定进行衔接处理：

1. 对于首次执行日前的融资租赁，承租人在首次执行日应当按照融资租入资产和应付融资租赁款的原账面价值，分别计量使用权资产和租赁负债。

2. 对于首次执行日前的经营租赁，承租人在首次执行日应当根据剩余租赁付款额按首次执行日承租人增量借款利率折现的现值计量租赁负债，并根据每项租赁选择按照下列两者之一计量使用权资产：

（1）假设自租赁期开始日即采用本准则的账面价值（采用首次执行日的承租人增量借款利率作为折现率）；

（2）与租赁负债相等的金额，并根据预付租金进行必要调整。

3. 在首次执行日，承租人应当按照《企业会计准则第 8 号——资产减值》的规定，对使用权资产进行减值测试并进行相应会计处理。

第六十二条　首次执行日前的经营租赁中，租赁资产属于低价值资产且根据本准则第三十二条的规定选择不确认使用权资产和租赁负债的，承租人无需对该经营租赁按照衔接规定进行调整，应当自首次执行日起按照本准则进行会计处理。

第六十三条　承租人采用本准则第六十一条第（二）项进行衔接会计处理时，对于首次执行日前的经营租赁，可根据每项租赁采用下列一项或多项简化处理：

1. 将于首次执行日后 12 个月内完成的租赁，可作为短期租赁处理。

2. 计量租赁负债时，具有相似特征的租赁可采用同一折现率；使用权资产的计量可不包含初始直接费用。

3. 存在续租选择权或终止租赁选择权的，承租人可根据首次执行日前选择权的实际行使及其他最新情况确定租赁期，无需对首次执行日前各期间是否合理确定行使续租选择权或终止租赁选择权进行估计。

4. 作为使用权资产减值测试的替代，承租人可根据《企业会计准则第 13 号——或有事项》评估包含租赁的合同在首次执行日前是否为亏损合同，并根据首次执行日前计入资产负债表的亏损准备金额调整使用权资产。

5. 首次执行本准则当年年初之前发生租赁变更的，承租人无需按照本准则第二十八条、第二十九条的规定对租赁变更进行追溯调整，而是根据租赁变更的最终安排，按照本准则进行会计处理。

第六十四条　承租人采用本准则第六十三条规定的简化处理方法的，应当在财务报表附注中披露所采用的简化处理方法以及在合理可能的范围内对采用每项简化处理方法的估计影响所作的定性分析。

第六十五条　对于首次执行日前划分为经营租赁且在首次执行日后仍存续的转租赁，转租出租人在首次执行日应当基于原租赁和转租赁的剩余合同期限和条款进行重新评估，并按照本准则的规定进行分类。按照本准则重分类为融资租赁的，应当将其作为一项新的融资租赁进行会计处理。

除前款所述情形外，出租人无需对其作为出租人的租赁按照衔接规定进行调整，而应当自首次执行日起按照本准则进行会计处理。

第六十六条　对于首次执行日前已存在的售后租回交易，企业在首次执行日不重新评估资产转让是否符合《企业会计准则第 14 号——收入》作为销售进行会计处理的规定。

对于首次执行日前应当作为销售和融资租赁进行会计处理的售后租回交易，卖方（承租人）应当按照与首次执行日存在的其他融资租赁相同的方法对租回进行会计处理，并继续在租赁期内摊销相关递延收益或损失。

对于首次执行日前应当作为销售和经营租赁进行会计处理的售后租回交易，卖方（承租人）应当按照与首次执行日存在的其他经营租赁相同的方法对租回进行会计处理，并根据首次执行日前计入资产负债表的相关递延收益或损失调整使用权资产。

第六十七条 承租人选择按照本准则第六十一条第（二）项规定对租赁进行衔接会计处理的，还应当在首次执行日披露以下信息：

（一）首次执行日计入资产负债表的租赁负债所采用的承租人增量借款利率的加权平均值；

（二）首次执行日前一年度报告期末披露的重大经营租赁的尚未支付的最低租赁付款额按首次执行日承租人增量借款利率折现的现值，与计入首次执行日资产负债表的租赁负债的差额。

第八章 附则

第六十八条 本准则自 2019 年 1 月 1 日起施行。

附注 3
《企业会计准则第 7 号——非货币性资产交换》

第一章 总则

第一条 为了规范非货币性资产交换的确认、计量和相关信息的披露，根据《企业会计准则——基本准则》，制定本准则。

第二条 非货币性资产交换，是指企业主要以固定资产、无形资产、投资性房地产和长期股权投资等非货币性资产进行的交换。该交换不涉及或只涉及少量的货币性资产（即补价）。

货币性资产，是指企业持有的货币资金和收取固定或可确定金额的货币资金的权利。

非货币性资产，是指货币性资产以外的资产。

第三条 本准则适用于所有非货币性资产交换，但下列各项适用其他相关会计准则：

（一）企业以存货换取客户的非货币性资产的，适用《企业会计准则第 14 号——收入》。

（二）非货币性资产交换中涉及企业合并的，适用《企业会计准则第 20 号——企业合并》《企业会计准则第 2 号——长期股权投资》和《企业会计准则第 33 号——合并财务报表》。

（三）非货币性资产交换中涉及由《企业会计准则第 22 号——金融工具确认和计量》规范的金融资产的，金融资产的确认、终止确认和计量适用《企业会计准则第 22 号——金融工具确认和计量》和《企业会计准则第 23 号——金融资产转移》。

（四）非货币性资产交换中涉及由《企业会计准则第 21 号——租赁》规范的使用权资产或应收融资租赁款等的，相关资产的确认、终止确认和计量适用《企业会计准则第 21 号——租赁》。

（五）非货币性资产交换的一方直接或间接对另一方持股且以股东身份进行交易的，或者非货币性资产交换的双方均受同一方或相同的多方最终控制，且该非货币性资产交换的交易实质是交换的一方向另一方进行了权益性分配或交换的一方接受了另一方权益性投入的，适用权益性交易的有关会计处理规定。

第二章 确认

第四条 企业应当分别按照下列原则对非货币性资产交换中的换入资产进行确认，对换出资产终止确认：

（一）对于换入资产，企业应当在换入资产符合资产定义并满足资产确认条件时予以确认；

（二）对于换出资产，企业应当在换出资产满足资产终止确认条件时终止确认。

第五条 换入资产的确认时点与换出资产的终止确认时点存在不一致的，企业在资产负债表日应当按照下列原则进行处理：

（一）换入资产满足资产确认条件，换出资产尚未满足终止确认条件的，在确认换入资产的同时将交付换出资产的义务确认为一项负债。

（二）换入资产尚未满足资产确认条件，换出资产满足终止确认条件的，在终止确认换出资产的同时将取得换入资产的权利确认为一项资产。

第三章 以公允价值为基础计量

第六条 非货币性资产交换同时满足下列条件的，应当以公允价值为基础计量：

（一）该项交换具有商业实质；

（二）换入资产或换出资产的公允价值能够可靠地计量。

换入资产和换出资产的公允价值均能够可靠计量的，应当以换出资产的公允价值为基础计量，但有确凿证据表明换入资产的公允价值更加可靠的除外。

第七条 满足下列条件之一的非货币性资产交换具有商业实质：

（一）换入资产的未来现金流量在风险、时间分布或金额方面与换出资产显著不同。

（二）使用换入资产所产生的预计未来现金流量现值与继续使用换出资产不同，且其差额与换入资产和换出资产的公允价值相比是重大的。

第八条 以公允价值为基础计量的非货币性资产交换，对于换入资产，应当以换出资产的公允价值和应支付的相关税费作为换入资产的成本进行初始计量；对于换出资产，应当在终止确认时，将换出资产的公允价值与其账面价值之间的差额计入当期损益。

有确凿证据表明换入资产的公允价值更加可靠的，对于换入资产，应当以换入资产的公允价值和应支付的相关税费作为换入资产的初始计量金额；对于换出资产，应当在终止确认时，将换入资产的公允价值与换出资产账面价值之间的差额计入当期损益。

第九条 以公允价值为基础计量的非货币性资产交换，涉及补价的，应当按照下列规定进行处理：

（一）支付补价的，以换出资产的公允价值，加上支付补价的公允价值和应支付的相关税费，作为换入资产的成本，换出资产的公允价值与其账面价值之间的差额计入当期损益。

有确凿证据表明换入资产的公允价值更加可靠的，以换入资产的公允价值和应支付的相关税费作为换入资产的初始计量金额，换入资产的公允价值减去支付补价的公允价值，与换出资产账面价值之间的差额计入当期损益。

（二）收到补价的，以换出资产的公允价值，减去收到补价的公允价值，加上应支付的相关税费，作为换入资产的成本，换出资产的公允价值与其账面价值之间的差额计入当期损益。

有确凿证据表明换入资产的公允价值更加可靠的，以换入资产的公允价值和应支付的相关税费作为换入资产的初始计量金额，换入资产的公允价值加上收到补价的公允价值，与换出资产账面价值之间的差额计入当期损益。

第十条 以公允价值为基础计量的非货币性资产交换，同时换入或换出多项资产的，应当按照下列规定进行处理：

（一）对于同时换入的多项资产，按照换入的金融资产以外的各项换入资产公允价值相对比例，将换出资产公允价值总额（涉及补价的，加上支付补价的公允价值或减去收到补价的公允价值）扣除换入金融资产公允价值后的净额进行分摊，以分摊至各项换入资产的金额，加上应支付的相关税费，作为各项换入资产的成本进行初始计量。

有确凿证据表明换入资产的公允价值更加可靠的，以各项换入资产的公允价值和应支付的相关税费作为各项换入资产的初始计量金额。

（二）对于同时换出的多项资产，将各项换出资产的公允价值与其账面价值之间的差额，在各项换出资产终止确认时计入当期损益。

有确凿证据表明换入资产的公允价值更加可靠的，按照各项换出资产的公允价值的相对比例，将换入资产的公允价值总额（涉及补价的，减去支付补价的公允价值或加上收到补价的公允价值）分摊至各项换出资产，分摊至各项换出资产的金额与各项换出资产账面价值之间的差额，在各项换出资产终止确认时计入当期损益。

第四章 以账面价值为基础计量

第十一条 不满足本准则第六条规定条件的非货币性资产交换，应当以账面价值为基础计量。对于换入资产，企业应当以换出资产的账面价值和应支付的相关税费作为换入资产的初始计量金额；对于换出资产，终止确认时不确认损益。

第十二条 以账面价值为基础计量的非货币性资产交换，涉及补价的，应当按照下列规定进行处理：

（一）支付补价的，以换出资产的账面价值，加上支付补价的账面价值和应支付的相关税费，作为换入资产的初始计量金额，不确认损益。

（二）收到补价的，以换出资产的账面价值，减去收到补价的公允价值，加上应支付的相关税费，作为换入资产的初始计量金额，不确认损益。

第十三条 以账面价值为基础计量的非货币性资产交换，同时换入或换出多项资产的，应当按照下列规定进行处理：

（一）对于同时换入的多项资产，按照各项换入资产的公允价值的相对比例，将换出资产的账面价值总额（涉及补价的，加上支付补价的账面价值或减去收到补价的公允价值）分摊至各项换入资产，加上应支付的相关税费，作为各项换入资产的初始计量金额。换入资产的公允价值不能够可靠计量的，可以按照各项换入资产的原账面价值的相对比例或其他合理的比例对换出资产的账面价值进行分摊。

（二）对于同时换出的多项资产，各项换出资产终止确认时均不确认损益。

第五章 披露

第十四条 企业应当在附注中披露与非货币性资产交换有关的下列信息：

（一）非货币性资产交换是否具有商业实质及其原因。

（二）换入资产、换出资产的类别。

（三）换入资产初始计量金额的确定方式。

（四）换入资产、换出资产的公允价值以及换出资产的账面价值。

（五）非货币性资产交换确认的损益。

第六章　衔接规定

第十五条　企业对 2019 年 1 月 1 日至本准则施行日之间发生的非货币性资产交换，应根据本准则进行调整。企业对 2019 年 1 月 1 日之前发生的非货币性资产交换，不需要按照本准则的规定进行追溯调整。

第七章　附则

第十六条　本准则自 2019 年 6 月 10 日起施行。

第十七条　2006 年 2 月 15 日财政部印发的《财政部关于印发〈企业会计准则第 1 号——存货〉等 38 项具体准则的通知》（财会〔2006〕3 号）中的《企业会计准则第 7 号——非货币性资产交换》同时废止。

财政部此前发布的有关非货币性资产交换会计处理规定与本准则不一致的，以本准则为准。

附注 4
《企业会计准则第 12 号——债务重组》

第一章 总则

第一条 为了规范债务重组的确认、计量和相关信息的披露，根据《企业会计准则——基本准则》，制定本准则。

第二条 债务重组，是指在不改变交易对手方的情况下，经债权人和债务人协定或法院裁定，就清偿债务的时间、金额或方式等重新达成协议的交易。

本准则中的债务重组涉及的债权和债务是指《企业会计准则第 22 号——金融工具确认和计量》规范的金融工具。

第三条 债务重组一般包括下列方式，或下列一种以上方式的组合：

（一）债务人以资产清偿债务；

（二）债务人将债务转为权益工具；

（三）除本条第一项和第二项以外，采用调整债务本金、改变债务利息、变更还款期限等方式修改债权和债务的其他条款，形成重组债权和重组债务。

第四条 本准则适用于所有债务重组，但下列各项适用其他相关会计准则：

（一）债务重组中涉及的债权、重组债权、债务、重组债务和其他金融工具的确认、计量和列报，分别适用《企业会计准则第 22 号——金融工具确认和计量》和《企业会计准则第 37 号——金融工具列报》。

（二）通过债务重组形成企业合并的，适用《企业会计准则第 20 号——企业合并》。

（三）债权人或债务人中的一方直接或间接对另一方持股且以股东身份进行债务重组的，或者债权人与债务人在债务重组前后均受同一方或相同的多方最终控制，且该债务重组的交易实质是债权人或债务人进行了权益性分配或接受了权益性投入的，适用权益性交易的有关会计处理规定。

第二章 债权人的会计处理

第五条 以资产清偿债务或者将债务转为权益工具方式进行债务重组的，债权人应当在相关资产符合其定义和确认条件时予以确认。

第六条 以资产清偿债务方式进行债务重组的，债权人初始确认受让的金融资产以外的资产时，应当按照下列原则以成本计量：

存货的成本，包括放弃债权的公允价值和使该资产达到当前位置和状态所发生的可直接归属于该资产的税金、运输费、装卸费、保险费等其他成本。

对联营企业或合营企业投资的成本,包括放弃债权的公允价值和可直接归属于该资产的税金等其他成本。

投资性房地产的成本,包括放弃债权的公允价值和可直接归属于该资产的税金等其他成本。

固定资产的成本,包括放弃债权的公允价值和使该资产达到预定可使用状态前所发生的可直接归属于该资产的税金、运输费、装卸费、安装费、专业人员服务费等其他成本。

生物资产的成本,包括放弃债权的公允价值和可直接归属于该资产的税金、运输费、保险费等其他成本。

无形资产的成本,包括放弃债权的公允价值和可直接归属于使该资产达到预定用途所发生的税金等其他成本。

放弃债权的公允价值与账面价值之间的差额,应当计入当期损益。

第七条 将债务转为权益工具方式进行债务重组导致债权人将债权转为对联营企业或合营企业的权益性投资的,债权人应当按照本准则第六条的规定计量其初始投资成本。放弃债权的公允价值与账面价值之间的差额,应当计入当期损益。

第八条 采用修改其他条款方式进行债务重组的,债权人应当按照《企业会计准则第22号——金融工具确认和计量》的规定,确认和计量重组债权。

第九条 以多项资产清偿债务或者组合方式进行债务重组的,债权人应当首先按照《企业会计准则第22号——金融工具确认和计量》的规定确认和计量受让的金融资产和重组债权,然后按照受让的金融资产以外的各项资产的公允价值比例,对放弃债权的公允价值扣除受让金融资产和重组债权确认金额后的净额进行分配,并以此为基础按照本准则第六条的规定分别确定各项资产的成本。放弃债权的公允价值与账面价值之间的差额,应当计入当期损益。

第三章 债务人的会计处理

第十条 以资产清偿债务方式进行债务重组的,债务人应当在相关资产和所清偿债务符合终止确认条件时予以终止确认,所清偿债务账面价值与转让资产账面价值之间的差额计入当期损益。

第十一条 将债务转为权益工具方式进行债务重组的,债务人应当在所清偿债务符合终止确认条件时予以终止确认。债务人初始确认权益工具时应当按照权益工具的公允价值计量,权益工具的公允价值不能可靠计量的,应当按照所清偿债务的公允价值计量。所清偿债务账面价值与权益工具确认金额之间的差额,应当计入当期损益。

第十二条 采用修改其他条款方式进行债务重组的,债务人应当按照《企业会计准则第22号——金融工具确认和计量》和《企业会计准则第37号——金融工具列报》的规定,确认和计量重组债务。

第十三条 以多项资产清偿债务或者组合方式进行债务重组的,债务人应当按照本准则第十一条和第十二条的规定确认和计量权益工具和重组债务,所清偿债务的账面价值与转让资产的账面价值以及权益工具和重组债务的确认金额之和的差额,应当计入当期损益。

第四章 披露

第十四条 债权人应当在附注中披露与债务重组有关的下列信息：

（一）根据债务重组方式，分组披露债权账面价值和债务重组相关损益。

（二）债务重组导致的对联营企业或合营企业的权益性投资增加额，以及该投资占联营企业或合营企业股份总额的比例。

第十五条 债务人应当在附注中披露与债务重组有关的下列信息：

（一）根据债务重组方式，分组披露债务账面价值和债务重组相关损益。

（二）债务重组导致的股本等所有者权益的增加额。

第五章 衔接规定

第十六条 企业对2019年1月1日至本准则施行日之间发生的债务重组，应根据本准则进行调整。企业对2019年1月1日之前发生的债务重组，不需要按照本准则的规定进行追溯调整。

第六章 附则

第十七条 本准则自2019年6月17日起施行。

第十八条 2006年2月15日财政部印发的《财政部关于印发〈企业会计准则第1号——存货〉等38项具体准则的通知》（财会〔2006〕3号）中的《企业会计准则第12号——债务重组》同时废止。

财政部此前发布的有关债务重组会计处理规定与本准则不一致的，以本准则为准。

附注 5
财务法律法规应用与财务会计合规处理

第一节 财务法律法规——会计法应用要点

一、会计核算

（一）下列经济业务事项，应当办理会计手续，进行会计核算

（1）款项和有价证券的收付。

（2）财物的收发、增减和使用。

（3）债权债务的发生和结算。

（4）资本、基金的增减。

（5）收入、支出、费用、成本的计算。

（6）财务成果的计算和处理。

（7）需要办理会计手续、进行会计核算的其他事项。

（二）会计凭证

会计凭证包括原始凭证和记账凭证。

办理《中华人民共和国会计法》（以下简称《会计法》）第十条所列的经济业务事项，必须填制或者取得原始凭证并及时送交会计机构。

会计机构、会计人员必须按照国家统一的会计制度的规定对原始凭证进行审核，对不真实、不合法的原始凭证有权不予接受，并向单位负责人报告；对记载不准确、不完整的原始凭证予以退回，并要求按照国家统一的会计制度的规定更正、补充。

原始凭证记载的各项内容均不得涂改；原始凭证有错误的，应当由出具单位重开或者更正，更正处应当加盖出具单位印章。原始凭证金额有错误的，应当由出具单位重开，不得在原始凭证上更正。

记账凭证应当根据经过审核的原始凭证及有关资料编制。

国家税务总局
关于发布《企业所得税税前扣除凭证管理办法》的公告
2018 年第 28 号

为加强企业所得税税前扣除凭证管理，规范税收执法，优化营商环境，国家税务总局制定了《企业所得税税前扣除凭证管理办法》，现予以发布。

特此公告。

国家税务总局
2018 年 6 月 6 日

以收款凭证及内部凭证可税前扣除的小额零星经营业务为判断标准。

小额零星经营业务的判断标准是个人从事应税项目经营业务的销售额不超过增值税相关政策规定的起征点。

《财政部 税务总局关于实施小微企业普惠性税收减免政策的通知》（财税〔2019〕13 号）和《国家税务总局关于小规模纳税人免征增值税政策有关征管问题的公告》（国家税务总局公告 2019 年第 4 号）规定：2019 年 1 月 1 日至 2021 年 12 月 31 日期间，小规模纳税人发生增值税应税销售行为，合计月销售额未超过 10 万元（按季纳税的季度销售额未超过 30 万元）的，免征增值税。

这两个文件的发布，也就标志着从 2019 年 1 月 1 日开始，已将小规模纳税人免征增值税的月销售额标准由原财税〔2017〕76 号文件规定的未超过 3 万元提升至合计月销售额未超过 10 万元。

从 2019 年开始，小额零星经营业务相应可按以下新的标准判断：个人从事增值税应税项目经营业务，按月纳税的，月销售额不超过 10 万元；按次纳税的，每次（日）销售额不超过 500 元。

如果个人销售额超过上述规定，相关支出仍应以发票（包括按照规定由税务机关代开的发票）作为税前扣除凭证。

（三）会计账簿登记

会计账簿登记，必须以经过审核的会计凭证为依据，并符合有关法律、行政法规和国家统一的会计制度的规定。会计账簿包括总账、明细账、日记账和其他辅助性账簿。

会计账簿应当按照连续编号的页码顺序登记。会计账簿记录发生错误或者隔页、缺号、跳行的，应当按照国家统一的会计制度规定的方法更正，并由会计人员和会计机构负责人（会计主管人员）在更正处盖章。

使用电子计算机进行会计核算的，其会计账簿的登记、更正，应当符合国家统一的会计制度的规定。

（四）公司、企业会计核算的特别规定

公司、企业必须根据实际发生的经济业务事项，按照国家统一的会计制度的规定确认、计量和记录资产、负债、所有者权益、收入、费用、成本和利润。

公司、企业进行会计核算不得有下列行为。

（1）随意改变资产、负债、所有者权益的确认标准或者计量方法，虚列、多列、不列或者少列资产、负债、所有者权益。

（2）虚列或者隐瞒收入，推迟或者提前确认收入。

（3）随意改变费用、成本的确认标准或者计量方法，虚列、多列、不列或者少列费用、成本。

（4）随意调整利润的计算、分配方法，编造虚假利润或者隐瞒利润。

（5）违反国家统一的会计制度规定的其他行为。

二、会计监督

各单位应当建立、健全本单位内部会计监督制度。单位内部会计监督制度应当符合下列要求。

（1）记账人员与经济业务事项和会计事项的审批人员、经办人员、财物保管人员的职责权限应当明确，并相互分离、相互制约。

（2）重大对外投资、资产处置、资金调度和其他重要经济业务事项的决策和执行的相互监督、相互制约程序应当明确。

（3）财产清查的范围、期限和组织程序应当明确。

（4）对会计资料定期进行内部审计的办法和程序应当明确。

单位负责人应当保证会计机构、会计人员依法履行职责，不得授意、指使、强令会计机构、会计人员违法办理会计事项。

会计机构、会计人员对违反《会计法》和国家统一的会计制度规定的会计事项，有权拒绝办理或者按照职权予以纠正。

三、法律责任

违反《会计法》规定，有下列行为之一的，由县级以上人民政府财政部门责令限期改正，可以对单位并处三千元以上五万元以下的罚款；对其直接负责的主管人员和其他直接责任人员，可以处二千元以上二万元以下的罚款；属于国家工作人员的，还应当由其所在单位或者有关单位依法给予行政处分。

（1）不依法设置会计账簿的。

（2）私设会计账簿的。

（3）未按照规定填制、取得原始凭证或者填制、取得的原始凭证不符合规定的。

（4）以未经审核的会计凭证为依据登记会计账簿或者登记会计账簿不符合规定的。

（5）随意变更会计处理方法的。

（6）向不同的会计资料使用者提供的财务会计报告编制依据不一致的。

（7）未按照规定使用会计记录文字或者记账本位币的。

（8）未按照规定保管会计资料，致使会计资料毁损、灭失的。

（9）未按照规定建立并实施单位内部会计监督制度或者拒绝依法实施的监督或者不如实提供有关会计资料及有关情况的。

有关法律对第一款所列行为的处罚另有规定的，依照有关法律的规定办理。

【案例1】 甲企业管理服务公司租赁了赵先生个人的房屋用于生产经营，2019年5月在向赵先生支付房租6万元时（建议以银行转账方式支付）：既可以取得赵先生在税务机关申请代开的增值税普通发票（若申请代开增值税专用发票则不能享受免征增值税的优惠），也可以取得载明了赵先生个人姓名及居民身份证号码、支出项目（房屋租金）、收款金额（6

万元）等相关信息的收款凭证以及公司自制的内部凭证，作为公司支付该项租金的税前扣除凭证。

同时，甲企业管理服务公司还应依照个人所得税法及相关规定，代扣代缴赵先生的个人所得税，并于次月依法办理全员全额扣缴申报。

【案例2】 乙商务咨询服务有限公司于2019年5月20日购买了张女士销售的水果，在向张女士支付300元款项时（建议以微信支付等方式付款）：取得载明了张女士个人姓名及居民身份证号码、支出项目（水果）、收款金额（300元）等相关信息的收款凭证以及公司自制的内部凭证，作为公司支付该项费用的税前扣除凭证即可。

至于支付该项款项涉及的个人所得税，由张女士自行依法办理纳税申报。

第二节 财务法律法规——票据法应用要点

一、票据关系及票据行为

票据出票人制作票据，应当按照法定条件在票据上签章，并按照所记载的事项承担票据责任。

持票人行使票据权利，应当按照法定程序在票据上签章，并出示票据。其他票据债务人在票据上签章的，按照票据所记载的事项承担票据责任。

《中华人民共和国票据法》（以下简称《票据法》）所称票据权利，是指持票人向票据债务人请求支付票据金额的权利，包括付款请求权和追索权。

《票据法》所称票据责任，是指票据债务人向持票人支付票据金额的义务。

票据权利在下列期限内不行使而消灭。

（1）持票人对票据的出票人和承兑人的权利，自票据到期日起2年。见票即付的汇票、本票，自出票日起2年。

（2）持票人对支票出票人的权利，自出票日起6个月。

（3）持票人对前手的追索权，自被拒绝承兑或者被拒绝付款之日起6个月。

（4）持票人对前手的再追索权，自清偿日或者被提起诉讼之日起3个月。票据的出票日、到期日由票据当事人依法确定。

持票人因超过票据权利时效或者因票据记载事项欠缺而丧失票据权利的，仍享有民事权利，可以请求出票人或者承兑人返还其与未支付的票据金额相当的利益。

二、汇票、本票、支票

在中华人民共和国境内的票据活动，适用《票据法》。《票据法》所称票据，是指汇票、本票和支票。

（一）汇票

汇票是出票人签发的，委托付款人在见票时或者在指定日期无条件支付确定的金额给收款人或者持票人的票据。汇票分为银行汇票和商业汇票。

出票是指出票人签发票据并将其交付给收款人的票据行为。

汇票的出票人必须与付款人具有真实的委托付款关系，并且具有支付汇票金额的可靠资金来源。不得签发无对价的汇票用以骗取银行或者其他票据当事人的资金。

出票人签发汇票后，即承担保证该汇票承兑和付款的责任。出票人在汇票得不到承兑或者付款时，应当向持票人清偿《票据法》第七十条、第七十一条规定的金额和费用。

持票人行使追索权，可以请求被追索人支付下列金额和费用。

（1）被拒绝付款的汇票金额。

（2）汇票金额自到期日或者提示付款日起至清偿日止，按照中国人民银行规定的利率计算的利息。

（3）取得有关拒绝证明和发出通知书的费用。被追索人清偿债务时，持票人应当交出汇票和有关拒绝证明，并出具所收到利息和费用的收据。

被追索人依照前条规定清偿后，可以向其他汇票债务人行使再追索权，请求其他汇票债务人支付下列金额和费用。

（1）已清偿的全部金额。

（2）前项金额自清偿日起至再追索清偿日止，按照中国人民银行规定的利率计算的利息。

（3）发出通知书的费用。行使再追索权的被追索人获得清偿时，应当交出汇票和有关拒绝证明，并出具所收到利息和费用的收据。

（二）本票

本票是出票人签发的，承诺自己在见票时无条件支付确定的金额给收款人或者持票人的票据。《票据法》所称本票，是指银行本票。

本票的出票人必须具有支付本票金额的可靠资金来源，并保证支付。

本票出票人的资格由中国人民银行审定，具体管理办法由中国人民银行规定。

本票的出票人在持票人提示见票时，必须承担付款的责任。

本票自出票日起，付款期限最长不得超过2个月。

本票的持票人未按照规定期限提示见票的，丧失对出票人以外的前手的追索权。

本票的背书、保证、付款行为和追索权的行使，除《票据法》第三章规定外，适用《票据法》第二章有关汇票的规定。

本票的出票行为，除《票据法》第三章规定外，适用《票据法》第二十四条关于汇票的规定。

（三）支票

支票是出票人签发的，委托办理支票存款业务的银行或者其他金融机构在见票时无条件支付确定的金额给收款人或者持票人的票据。

开立支票存款账户，申请人必须使用其本名，并提交证明其身份的合法证件。开立支票存款账户和领用支票，应当有可靠的资信，并存入一定的资金。开立支票存款账户，申请人应当预留其本名的签名式样和印鉴。

支票可以支取现金，也可以转账，用于转账时，应当在支票正面注明。支票中专门用于支取现金的，可以另行制作现金支票，现金支票只能用于支取现金。支票中专门用于转账的，可以另行制作转账支票，转账支票只能用于转账，不得支取现金。

三、票据的记载事项与填写要求

（一）汇票的记载事项与填写要求

汇票必须记载下列事项。

（1）表明"汇票"的字样。

（2）无条件支付的委托。

（3）确定的金额。

（4）付款人名称。

（5）收款人名称。

（6）出票日期。

（7）出票人签章。

汇票上未记载前款规定事项之一的，汇票无效。

汇票上记载付款日期、付款地、出票地等事项的，应当清楚、明确。

汇票上未记载付款日期的，为见票即付。

汇票上未记载付款地的，付款人的营业场所、住所或者经常居住地为付款地。

汇票上未记载出票地的，出票人的营业场所、住所或者经常居住地为出票地。

（二）本票的记载事项与填写要求

本票必须记载下列事项。

（1）表明"本票"的字样。

（2）无条件支付的承诺。

（3）确定的金额。

（4）收款人名称。

（5）出票日期。

（6）出票人签章。

本票上未记载前款规定事项之一的，本票无效。

本票上记载付款地、出票地等事项的，应当清楚、明确。

本票上未记载付款地的，出票人的营业场所为付款地。

本票上未记载出票地的，出票人的营业场所为出票地。

（三）支票的记载事项与填写要求

支票必须记载下列事项。

（1）表明"支票"的字样。

（2）无条件支付的委托。

（3）确定的金额。

（4）付款人名称。

（5）出票日期。

（6）出票人签章。

支票上未记载前款规定事项之一的，支票无效。

支票上的金额可以由出票人授权补记，未补记前的支票，不得使用。

支票上未记载收款人名称的，经出票人授权，可以补记。

支票的出票人所签发的支票金额不得超过其付款时在付款人处实有的存款金额。

出票人签发的支票金额超过其付款时在付款人处实有的存款金额的，为空头支票。禁止签发空头支票。

四、票据的背书转让

持票人可以将汇票权利转让给他人或者将一定的汇票权利授予他人行使。

出票人在汇票上记载"不得转让"字样的，汇票不得转让。

持票人行使第一款规定的权利时，应当背书并交付汇票。

背书是指在票据背面或者粘单上记载有关事项并签章的票据行为。

票据凭证不能满足背书人记载事项的需要，可以加附粘单，粘附于票据凭证上。

粘单上的第一记载人，应当在汇票和粘单的粘接处签章。

五、正确有效的背书方式

背书由背书人签章并记载背书日期。

背书未记载日期的，视为在汇票到期日前背书。

汇票以背书转让或者以背书将一定的汇票权利授予他人行使时，必须记载被背书人名称。

以背书转让的汇票，背书应当连续。

六、背书的形式、效力和责任

持票人以背书的连续，证明其汇票权利；非经背书转让，而以其他合法方式取得汇票的，依法举证，证明其汇票权利。

前款所称背书连续，是指在票据转让中，转让汇票的背书人与受让汇票的被背书人在汇票上的签章依次前后衔接。

以背书转让的汇票，后手应当对其直接前手背书的真实性负责。后手是指在票据签章人之后签章的其他票据债务人。

背书不得附有条件。背书时附有条件的，所附条件不具有汇票上的效力。将汇票金额的一部分转让的背书或者将汇票金额分别转让给二人以上的背书无效。

背书人在汇票上记载"不得转让"字样，其后手再背书转让的，原背书人对后手的被背书人不承担保证责任。

七、不得背书转让的情形

背书记载"委托收款"字样的，被背书人有权代背书人行使被委托的汇票权利。但是，被背书人不得再以背书转让汇票权利。汇票可以设定质押，质押时应当以背书记载"质押"字样。被背书人依法实现其质权时，可以行使汇票权利。

汇票被拒绝承兑、被拒绝付款或者超过付款提示期限的，不得背书转让；背书转让的，背书人应当承担汇票责任。

背书人以背书转让汇票后，即承担保证其后手所持汇票承兑和付款的责任。背书人在汇票得不到承兑或者付款时，应当向持票人清偿《票据法》第七十条、第七十一条规定的金额和费用。

八、票据的风险

票据金额以中文大写和数码同时记载，二者必须一致，二者不一致的，票据无效。

票据上的记载事项必须符合《票据法》的规定。

票据金额、日期、收款人名称不得更改，更改的票据无效。

以欺诈、偷盗或者胁迫等手段取得票据的，或者明知有前列情形，出于恶意取得票据的，不得享有票据权利。

持票人因重大过失取得不符合《票据法》规定的票据的，也不得享有票据权利。

失票人应当在通知挂失止付后3日内，也可以在票据丧失后，直接依法向人民法院申请公示催告，或者向人民法院提起诉讼。

九、票据使用中存在的风险

票据权利在下列期限内不行使而消灭。

（1）持票人对票据的出票人和承兑人的权利，自票据到期日起2年。见票即付的汇票、本票，自出票日起2年。

（2）持票人对支票出票人的权利，自出票日起6个月。

（3）持票人对前手的追索权，自被拒绝承兑或者被拒绝付款之日起6个月。

（4）持票人对前手的再追索权，自清偿日或者被提起诉讼之日起3个月。票据的出票日、到期日由票据当事人依法确定。

持票人因超过票据权利时效或者因票据记载事项欠缺而丧失票据权利的，仍享有民事权利，可以请求出票人或者承兑人返还其与未支付的票据金额相当的利益。

有下列票据欺诈行为之一的，依法追究刑事责任。

（1）伪造、变造票据的。

（2）故意使用伪造、变造的票据的。

（3）签发空头支票或者故意签发与其预留的本名签名式样或者印鉴不符的支票，骗取财物的。

（4）签发无可靠资金来源的汇票、本票，骗取资金的。

（5）汇票、本票的出票人在出票时作虚假记载，骗取财物的。

（6）冒用他人的票据，或者故意使用过期或者作废的票据，骗取财物的。

（7）付款人同出票人、持票人恶意串通，实施前六项所列行为之一的。

有前条所列行为之一，情节轻微，不构成犯罪的，依照国家有关规定给予行政处罚。

金融机构工作人员在票据业务中玩忽职守，对违反《票据法》规定的票据予以承兑、付款或者保证的,给予处分;造成重大损失,构成犯罪的,依法追究刑事责任。由于金融机构工作人员因前款行为给当事人造成损失的,由该金融机构和直接责任人员依法承担赔偿责任。

票据的付款人对见票即付或者到期的票据,故意压票,拖延支付的,由金融行政管理部门处以罚款,对直接责任人员给予处分。票据的付款人故意压票,拖延支付,给持票人造成损失的,依法承担赔偿责任。

十、电子票据的特点与风险防范

(一)电子票据的特点

(1)票据业务的交易效率更高。
(2)票据的运作成本不断降低。
(3)票据业务的操作风险接近于零。
(4)管理方便,所有资料均在网银上,提高银行和企业管理票据的水平。
(5)托收方便。
(6)有助于全国统一票据市场的形成,促进金融市场的连通和发展,降低市场融资成本。

(二)电子票据的风险

(1)电子票据在《票据法》中尚未确立合法的地位。
(2)社会认知程度较低,因而流动性不高。
(3)商业银行与客户发生纠纷时客户无法取证而银行则可轻易取证,从而加大客户风险。
(4)电子票据与纸质票据难以相互转换。
(5)市场风险。
(6)系统风险。
(7)道德风险。
(8)操作风险。

(三)电子票据的风险防范

(1)明确电子票据法律概念,确立电子票据。
(2)依法建立电子票据登记机构。
(3)完善电子票据安全制度,维护交易双方合法权益。
(4)将电子票据纳入《票据法》"书面形式"之内。
(5)建立统一的电子票据平台,实现票据的电子化注册和集中托管。
(6)在电子票据发展中,引入"支付命令"等电子化权利转让制度。

【案例3】 定华茂公司向天易公司借款人民币500万元,湖南交通银行衡阳某分行(以下简称"交行")为该借款做担保并给天易公司出具了担保书。

之后,天易公司签发了以浙江某服装厂为收款人,到期日为20×8年8月底的500万元商业汇票一张,还同该厂签订了虚假的《购销合同》,将该汇票与合同一并提交给农业银行某县支行(以下简称"农行")请求承兑,双方签订了《委托承兑商业汇票协议》。

天易公司告知农行拟使用贴现的方式取得资金,并承诺把该汇票的贴现款项大部分汇回该行，由该行控制使用。

其后，农行承兑了此汇票。而后收款人浙江某服装厂持票到建设银行浙江某分行贴现，并将贴现所得现款以退货款形式退回给天易公司，后者则按《联营协议》的约定，将此款项全部借给华茂公司。

汇票到期后农行以受天易公司等诈骗为理由拒绝付款给贴现行，而当天易公司要求华茂公司及交行归还借款时，该行则以出借方签发汇票套取资金用于借贷不合法为由，拒绝承担保证人责任。

（1）此案中哪些属于票据关系？

（2）此案中有哪几种非票据关系？

（3）农行和交行的理由能否成立？为什么？

解析：（1）天易公司的出票、农行的承兑、浙江某服装厂向建行浙江某分行的贴现，构成了本案中的汇票的出票人、收款人、承兑人、背书人及被背书人之间的一系列的票据债权债务关系，即本案的票据关系。

（2）在本案中存在以下几种非票据关系。

① 票据原因关系。将套取的资金用于非法借贷是本案中一系列出票、承兑等票据行为的真正原因，它们在本案中是以各种合同关系体现出来的。

② 票据资金关系。该关系以天易公司同农业银行某县支行签订的《委托承兑商业汇票协议》体现出来。

（3）农行和交行的理由均不能成立。因为付款人一旦承兑，其即成为确定的付款人，承担保证到期支付票款的责任，不得以资金关系抗辩善意的持票人。

交行是票据基础关系的当事人，同样不得以他人的票据关系系非法来作为借贷担保关系的抗辩理由。

本案中，天易公司与华茂公司的借贷关系显然是无效的，交行应依法就其过错承担赔偿责任。

第三节 财务法律法规——合同法应用要点

一、合同主体、合同客体、合同内容

1999年3月15日第九届全国人民代表大会第二次会议通过颁布《中华人民共和国合同法》（以下简称《合同法》）。

合同的主体，即当事人是买方或卖方。

合同的客体，即标的物是货物。

合同的主要内容，即主要的权利和义务是卖方交付货物，买方接受货物并支付价金。而且一方的权利也是另一方的义务，双方的权利和义务是对等的。

二、不同形式的合同

当事人订立合同，有书面形式、口头形式和其他形式。法律、行政法规规定采用书面形式的，

应当采用书面形式。当事人约定采用书面形式的，应当采用书面形式。

合同的种类：买卖合同、供电合同、赠与合同、借款合同、租赁合同、融资租赁合同、承揽合同、建设工程合同、运输合同、技术合同、保管合同、仓储合同、委托合同、行纪合同、居间合同等。

三、书面合同与口头合同

（一）书面合同

书面形式是指合同书、信件和数据电文（包括电报、电传、传真、电子数据交换和电子邮件）等可以有形地表现所载内容的形式。

合同的内容由当事人约定，一般包括以下条款。

（1）当事人的名称或者姓名和住所。

（2）标的。

（3）数量。

（4）质量。

（5）价款或者报酬。

（6）履行期限、地点和方式。

（7）违约责任。

（8）解决争议的方法。

（二）口头合同

口头合同在举证方面，有可能会因为无法举证，造成一定的损失。合同的口头形式，无须当事人约定。凡当事人无约定或法律未规定特定形式的合同，均可以采取口头形式。

合同采取口头形式的优点是简便快捷，缺点在于发生纠纷时取证困难。所以，对于可以即时清结、关系比较简单的合同，适于采用这种形式。对于不能即时清结的合同以及较为复杂重要的合同则不宜采用这种合同形式。

在实践中，合同采取口头形式并不意味着不产生任何文字凭据，如人们在商店购物，有时也会要求店主开具发票或其他购物凭证，但这类文字材料只能视为合同成立的证明，而不能作为合同成立条件。反之，只要有证据表明口头合同的成立，双方均应严格履行，不履行或不完全履行口头合同，同样要承担违约责任。

四、格式合同与非格式合同

格式合同，又称标准合同、定型化合同，是指当事人一方预先拟定合同条款，对方只能表示全部同意或者不同意的合同。

现实生活中的车票、船票、飞机票、保险单、提单、仓单、出版合同等都是格式合同。

格式合同与普通合同的区别如下。

（1）格式合同的要约向公众发出，并且规定了在某一特定时期订立该合同的全部条款。

（2）格式合同的条款是单方事先制定的。

（3）格式合同条款的定型化导致了对方当事人不能就合同条款进行协商。

（4）格式合同（特别是提供商品和服务的格式合同）条款的制定方一般具有绝对的经济优势或垄断地位，而另一方为不特定的、分散的消费者。

在合同解释上，根据《合同法》规定，对格式条款的理解发生争议的，应当按照通常理解予以解释。对格式条款有两种以上解释的，应当做出不利于提供格式条款一方的解释。格式条款和非格式条款不一致的，应当采用非格式条款。

非格式合同是格式合同以外的其他合同，是指合同条款全部由双方当事人在订立合同时协商确定的合同，是法律未对合同内容做出直接规定的合同，实践中绝大多数的合同均属此类。

默示合同的"作为"与"不作为"默示分为两种。

（1）推定。

推定即行为人用语言外的可推知含义的作为间接表达内心意思的默示行为。所谓可推知，是从该行为中，一般人能够容易地推知其意思的内容。例如租赁合同届满，承租人继续交付租金并为出租人接受，便可推知其表示要延展租赁期间。

从行为人做出的特定积极行为推知其意思表示内容。如 a 公司司机外出时，车坏了，送去维修，修好后司机将车取走。汽修公司要求 a 公司支付维修费用，否则行使留置权。a 公司请求宽限一周。a 公司没有直接说还与不还，但是请求宽限的行为，可以推定 a 公司承认了债务，是一种默示行为。

（2）沉默。

沉默即行为人依法或者依约以不作为间接表达内心意思的默示行为。不作为即缄默、沉默不语。

《中华人民共和国民法通则》第六十六条规定本人知道他人以本人名义实施民事行为而不作否认表示的，视为同意；《合同法》第四十七条第二款规定法定代理人未作表示的，视为拒绝追认；《中华人民共和国继承法》第二十五条第二款规定受遗赠人到期没有表示的，视为放弃受遗赠等，都属法定沉默形式。此外，当事人可以约定以沉默作为意思表示。

从行为人的单纯沉默（消极不作为）中推知其意思表示的内容。

比如，a 要卖房子给 b，但是 b 一时之间拿不定主意，两人遂约定：b 考虑 10 天，10 天未作表示的，视为同意。10 天过去了，b 没有任何表示。a、b 之间的合同成立。事先有约定，约定不作为的行为是一种意思表示。

明示是使用直接语汇实施的表示行为，除常见的口头语言、文字、表情语汇外，还包括依习惯使用的特定形体语汇，如举手招呼出租汽车，即表示有租用该车之意。

① 口头形式。

口头形式即口头语言形式，如以口头语言洽谈并订立的合同、以口头语言委托代理人、以口头立遗嘱。口头形式的优点是便捷，但也具有不易保留证据的缺点。

② 书面形式。

书面形式即书面语言形式，主要指文字（文件、信函、电报）、图表、照片、技术工程用图、电子数据等形式。书面形式的特点是不便，但却有郑重庄严和"白纸黑字，铁案如山"的优点。书面形式又分一般书面形式和公证、登记等特别书面形式。

公证形式即以公证书对民事法律行为加以证明的形式。民事法律行为除法定须公证的以外，是否办理公证，应依当事人意思决定。

登记则是国家主管行政机关对于民事主体资格和物权变动等事实通过实质审查，予以确认并在专门登记簿上加以登记的管理手段。设立法人和个体工商户、取得和变更不动产物权、结婚等民事法律行为，依法必须登记。凡法定登记行为，只有依法完成登记才能发生效力。

五、区分要约、要约邀请和承诺

（一）要约和要约邀请的区别

（1）要约与要约邀请的性质不同。
（2）要约与要约邀请的内容不同。
（3）当事人的主观愿望不同。

（二）区别要约和要约邀请的方法

（1）依法律。
（2）合同的必要条款是否齐备是要约和要约邀请的重大区别。
（3）依交易习惯，特别是特定当事人之间的交易习惯。
（4）看行为人是以和对方订立合同为目的还是以邀请对方向自己发出要约为目的。

（三）合同法中承诺生效的时间的规定

【案例4】 2019年9月11日，甲公司以信件方式向乙公司发出出售100吨大米的要约，要求乙公司在收信后10日内予以答复。9月18日信件寄至乙公司。乙公司于9月25日寄出承诺信件，承诺生效时合同成立，故承诺生效的时间对当事人极其重要。

与要约生效时间的规则一样，承诺生效时间的规则也有到达主义和发信主义之分。

《合同法》采用的是到达主义：承诺通知到达要约人时生效；承诺不需要通知的，根据交易习惯或者要约的要求作出承诺的行为时生效。采用数据电文形式订立合同，收件人指定特定系统接收数据电文的，该数据电文进入该特定系统的时间，视为到达时间；未指定特定系统的，该数据电文进入收件人的任何系统首次时间，视为到达时间。

1. 默示形式的意思表示

我国民事与商事立法规定民事法律行为可采用明示和默示两种形式。"默示形式，是指行为人并不直接表示其内在意思，只是根据他的某种行为（作为或不作为）按照逻辑推理的方法，或者按照生活习惯推断出行为人内在意思的形式"。从权威民法学家的定义中可以看出，默示包括作为和不作为两种，不作为的默示即"根据行为人的沉默认定其具有某种意思"。

当事人因某种沉默状态而被认定须负相应的法律责任，导致权利的放弃和（或）义务的承担的不利后果，通常都会有"卒然临之""无故加之"的感觉。因此，法律对民事法律行为的默示形式是有严格限定的。我国法律关于不作为默示的规定还没有超过10处。

《最高人民法院关于贯彻执行〈中华人民共和国民法通则〉若干问题的意见》第66条规定："一方当事人向对方当事人提出民事权利的要求，对方未用语言或者文字明确表示意见，但其行为表明已接受的，可以认定为默示。不作为的默示只有在法律有规定或者当事人双方有约定的情况下，才可以视为意思表示。"从以上相关规定可以看出，不作为的默示更多的适用场合是在当事人双方有约定的情况。

2.《示范文本》不作为默示情形的条款

2013年4月，中华人民共和国住房和城乡建设部联合原国家工商行政管理总局（现已更名为"国家市场监督管理总局"）印发建市〔2013〕56号文件，发布的2013版《建设工程施工合同（示范文本）》（GF-2013-0201）（以下简称《示范文本》）中就有32处约定了不作为默示情形。

第四节 筹资核算与管理环节的财务会计合规处理

一、筹资核算环节的财务会计合规处理

（一）银行借款应按权责发生制原则计提利息

《企业会计制度》第十一条规定：企业的会计核算应当以权责发生制为基础。凡是当期已经实现的收入和已经发生或应当负担的费用，不论款项是否收付，都应当作为当期的收入和费用；凡是不属于当期的收入和费用，即使款项已在当期收付，也不应当作为当期的收入和费用。

《企业会计准则——基本准则》第九条规定：企业应当以权责发生制为基础进行会计确认、计量和报告。

根据上述规定，企业对从银行或其他金融机构借入的款项，不论支付的形式和时间，均应遵照权责发生制的原则根据合同利率按月计算应付利息，按规定分配计入相关成本费用或项目成本。

（二）长期借款会计核算应包含应付利息

《企业会计准则——应用指南》规定了会计科目和主要账务处理。

长期借款的相关规定如下。

（1）本科目核算企业从银行或其他金融机构借入的期限在1年以上（不含1年）的各项借款。

（2）本科目可按贷款单位和贷款种类，分为"本金""利息调整"等进行明细核算。

（3）长期借款的主要账务处理。

①企业借入长期借款，应按实际收到的金额，借记"银行存款"科目，贷记本科目（本金）。如存在差额，还应借记本科目（利息调整）。

②资产负债表日，应按摊余成本和实际利率计算确定的长期借款的利息费用，借记"在建工程""制造费用""财务费用""研发支出"等科目，按合同利率计算确定的应付未付利息，贷记"应付利息"科目，按其差额，贷记本科目（利息调整）。

实际利率与合同利率差异较小的，也可以采用合同利率计算确定利息费用。

③归还的长期借款本金，借记本科目（本金），贷记"银行存款"科目。同时，存在利息调整余额的，借记或贷记"在建工程""制造费用""财务费用""研发支出"等科目，贷记或借记本科目（利息调整）。

（4）本科目期末贷方余额，反映企业尚未偿还的长期借款。

企业发生存在的长期借款的利息计提、分配相关具体事项可详见《企业会计制度》或《企业会计准则第 17 号——借款费用》的规定并依照处理。

二、筹资环节的主要风险及其管控措施

（一）筹资环节的主要风险

这部分现金流风险：筹资方式、筹资金额和筹资渠道不合适，资金使用不当，分配股利不适当等。具体包括以下几项风险。

（1）缺乏完整的筹资战略规划导致的风险。

（2）缺乏对企业资金现状的全面认识导致的风险。

（3）缺乏完善的授权审批制度导致的风险。

（4）缺乏对筹资条款的认真审核导致的风险。

（5）因无法保证支付筹资成本导致的风险。

（6）缺乏严密的跟踪管理制度导致的风险。

（二）筹资环节的风险管控措施

在筹资环节，企业应编制切合实际的与经营规模相适应的筹资计划、优化筹资结构、实施全面预算、切实规划偿债等。筹资内部控制的关键控制点、控制目标与控制措施如附表 5-1 所示。

附表 5-1　筹资内部控制的关键控制点、控制目标与控制措施

关键控制点	控制目标	控制措施
提出筹资方案	进行筹资方案可行性论证	（1）进行筹资方案的战略性评估，包括筹资方案是否与企业发展战略相符合，筹资规模是否适当；（2）进行筹资方案的经济性评估，如筹资成本是否最低、资本结构是否恰当、筹资成本与资金收益是否匹配；（3）进行筹资方案的风险性评估，如筹资方案面临哪些风险，风险大小是否适当、可控，是否与收益匹配
筹资方案审批	选择批准最优筹资方案	（1）根据分级授权审批制度，按照规定程序严格审批经过可行性论证的筹资方案；（2）审批中应实行集体审议或联签制度，保证决策的科学性
制订筹资计划	制订切实可行的具体筹资计划，科学规划筹资活动，保证低成本、高效率筹资	（1）根据筹资方案，结合当时经济金融形势，分析不同筹资方式的资金成本，正确选择筹资方式和不同方式的筹资数量，财务部门或资金管理部门制订具体筹资计划；（2）根据授权审批制度报有关部门批准
实施筹资	保证筹资活动正确、合法、有效进行	（1）根据筹资计划进行筹资；（2）签订筹资协议，明确权利义务；（3）按照岗位分离与授权审批制度，各环节和各责任人正确履行审批监督责任，实施严密的筹资程序控制和岗位分离控制；（4）做好严密的筹资记录，发挥会计控制的作用
筹资活动评价与责任追究	保证筹集资金的正确有效使用，维护筹资信用	（1）促成各部门严格按照确定的用途使用资金；（2）监督检查，督促各环节严密保管未发行的股票、债券；（3）监督检查，督促正确计提、支付利息；（4）加强债务偿还和股利支付环节的监督管理；（5）评价筹资活动过程，追究违规人员责任

三、会计控制

（1）对筹资业务进行准确的账务处理。应通过相应的账户准确进行筹集资金核算、本息偿付、股利支付等工作。

（2）对筹资合同、收款凭证、入库凭证等，应妥善保管。

（3）做好资金管理工作，随时掌握资金情况。具体工作包括编制贷款申请表、内部资金调拨审批表、借款存量表、借款计划表、还款计划表等，掌握贷款资金的动向。

（4）与资金提供者定期进行账务核对，以保证资金及时到位与资金安全。

（5）协调好企业筹资的利率结构、期限结构等。

第五节 采购核算与管理环节的财务会计合规处理

一、原材料按实际成本计价的核算

"材料采购"账户的用途是：核算企业外购材料的买价和采购费用，计算确定材料采购的实际成本。

"材料采购"账户的结构是：借方记增加，贷方记减少。

（1）企业支付材料价款和运杂费等时，按应计入材料采购成本的金额，借记本科目，按可抵扣的增值税额，借记"应交税费——应交增值税（进项税额）"科目。

按实际支付或应付的款项，贷记"银行存款""现金""其他货币资金""应付账款""应付票据""预付账款"等科目。小规模纳税人等不能抵扣增值税的，购入材料按应支付的金额。借记本科目，贷记"银行存款""应付账款""应付票据"等科目。

（2）购入材料超过正常信用条件延期支付价款（如分期付款购买材料），实质上具有融资性质的，应按购买价款的现值金额，借记本科目；按可抵扣的增值税额，借记"应交税费——应交增值税（进项税额）"科目；按应付金额，贷记"长期应付款"科目；按其差额，借记"未确认融资费用"科目。

二、采购环节的主要风险及其管控措施

（一）案例

A 酒店于 10 月 1 日正式开始营业前夕，从瑞士一家珠宝公司以 160 万美元高价购入一盏国内外罕见的超豪华水晶灯饰。但两个月后，经调查，这灯竟是赝品。

（二）主要风险及其管控措施

1. 编制采购计划

主要风险：需求或采购计划不合理、不按实际需求安排采购或随意超计划采购，甚至与企业生产经营计划不协调等。

主要管控措施如下。

（1）生产、经营、项目建设等部门，应当根据实际需求准确、及时编制需求计划。

（2）科学安排采购计划，防止采购过多或过少。

（3）采购计划应纳入采购预算管理，防止采购成本过高或过低。

（4）采购计划应纳入采购预算管理，经相关负责人审批后，作为企业刚性指令严格执行。

2. 请购与审批

主要风险：缺乏采购申请制度，请购未经适当审批或超越授权审批，可能导致采购物资过量或短缺，影响正常生产经营。

主要管控措施如下。

（1）建立采购申请制度。

（2）具有请购权的部门对于预算内采购项目，应当严格按照预算执行进度办理请购手续。

（3）对不符合规定的采购申请，应要求请购部门调整请购内容或拒绝批准。

3. 采购与验收

（1）采购。

主要风险：缺乏对采购合同履行情况的有效跟踪，运输方式选择不合理，忽视运输风险，可能导致采购物资损失或无法保证供应。

主要管控措施如下。

① 依据采购合同中确定的主要条款跟踪合同履行情况，对有可能影响生产或工程进度的异常情况，应出具书面报告并及时提出解决方案。

② 对重要物资建立并执行合同履约过程中的巡视、点检和监造制度。

③ 根据生产建设进度和采购物资特性等因素，选择合理的运输工具和运输方式，办理运输、投保等事宜。

④ 实行全过程的采购登记制度或信息化管理，确保采购过程的可追溯性。

（2）验收。

主要风险：验收标准不明确、验收程序不规范、对验收中存在的异常情况不进行处理，可能造成账实不符、采购物资损失。

主要管控措施如下。

① 制定明确的采购验收标准，结合物资特性确定必检物资目录，规定此类物资出具质量检验报告后方可入库。

② 验收机构或人员发现异常情况应当立即向企业有权管理的相关机构报告，相关机构应当查明原因并及时处理。对于不合格物资，采购部门依据检验结果办理让步接收、退货、索赔等事宜。对延迟交货造成生产建设损失的，采购部门要按照合同约定索赔。

4. 选择供应商

主要风险：供应商选择不当，可能导致采购物资质次价高，甚至出现舞弊行为。

主要管控措施如下。

（1）建立科学的供应商评估和准入制度，对供应商资质、信誉情况的真实性和合法性进行审查，确定合格的供应商清单，健全企业统一的供应商网络。

（2）采购部门应当按照公平、公正和竞争的原则，择优确定供应商，在切实防范舞弊风险的基础上，与供应商签订质量保证协议。

（3）对供应商提供物资或劳务的质量、价格、交货及时性、供货条件及其资信、经营状况等进行实时管理和考核评价，提出供应商淘汰和更换名单，经审批后对供应商进行合理选择和调整，并在供应商管理系统中进行相应记录。

5. 确定采购价格

主要风险：采购定价机制不科学，采购定价方式选择不当，缺乏对重要物资品种价格的跟踪监控，导致采购价格不合理，可能造成企业资金损失。

主要管控措施如下。

（1）健全采购定价机制，采取协议采购、招标采购、询比价采购、动态竞价采购等多种方式，科学合理地确定采购价格。对标准化程度高、需求计划性强、价格相对稳定的物资，通过招标、联合谈判等公开、竞争方式签订框架协议。

（2）采购部门应当定期研究大宗通用重要物资的成本构成与市场价格变动趋势，确定重要物资品种的采购执行价格或参考价格。建立采购价格数据库，定期开展重要物资的市场供求形势及价格走势商情分析并合理利用。

6. 订立采购合同（框架协议）

主要风险：框架协议签订不当，可能导致物资采购不顺畅；未经授权对外订立采购合同，合同对方主体资格、履约能力等未达要求、合同内容存在重大疏漏和欺诈，可能导致企业合法权益受到侵害。

主要管控措施如下。

（1）对拟签订框架协议的供应商的主体资格、信用状况等进行风险评估；对框架协议的签订引入竞争制度，确保供应商具备履约能力。

（2）根据确定的供应商、采购方式、采购价格等情况，拟订采购合同，准确描述合同条款，明确双方权利、义务和违约责任，按照规定权限签署采购合同。

（3）对重要物资验收量与合同量之间允许的差异，应当统一规定。

7. 付款

主要风险：付款审核不严格、付款方式不恰当、付款金额控制不严，可能导致企业资金损失或信用受损。

主要管控措施如下。

（1）严格审查采购发票等票据的真实性、合法性和有效性，判断采购款项是否确实应予支付。

（2）根据国家有关支付结算的相关规定和企业生产经营的实际，合理选择付款方式，并严格遵循合同规定，防范付款方式不当带来的法律风险，保证资金安全。

（3）加强预付账款和定金的管理，涉及大额或长期的预付款项，应当定期进行追踪核查；发现有疑问的预付款项，应当及时采取措施，尽快收回款项。

三、会计控制

主要风险：缺乏有效的采购会计系统控制，未能全面真实地记录和反映企业采购各环节的资金流和实物流情况，相关会计记录与相关采购记录、仓储记录不一致，可能导致企业采购业务未能如实反映，以及采购物资和资金受损。

主要管控措施如下。

（1）企业应当加强对购买、验收、付款业务的会计系统控制，详细记录供应商情况、采购申请、采购合同、采购通知、验收证明、入库凭证、退货情况、商业票据、款项支付等情况，做好采购业务各环节的记录，确保会计记录、采购记录与仓储记录核对一致。

（2）指定专人通过函证等方式，定期向供应商寄发对账函，核对应付账款、应付票据、预付账款等往来款项；对供应商提出的异议应及时查明原因，报有权管理的部门或人员批准后，做出相应调整。

第六节 生产成本核算与管理环节的财务会计合规处理

一、生产成本核算环节的财务会计合规处理

（一）要素费用归集和分配的原则及一般方法

1. 要素费用归集和分配的原则

（1）分期核算原则。

（2）权责发生制原则。

（3）实际成本计价原则。

（4）可比性原则。

（5）重要性原则。

2. 要素费用分配的一般方法

为某种产品所消耗并能确认其负担数额的直接成本，都应直接计入该产品的成本；凡是为几种产品共同耗用或无法确定为哪种产品所耗用的间接成本，应按照一定标准分配计入有关的各种产品成本。

分配间接成本的标准，主要有以下三类。

（1）成果类，如产品的重量、体积、产量、产值等。

（2）消耗类，如生产工时、生产工人工资、机器工时、原材料消耗等。

（3）定额类，如定额消耗量、定额费用等。

分配率 = 待分配成本总额 ÷ 分配标准总额

某种产品或某分配对象应负担的成本 = 该产品或对象的分配标准额 × 分配率

（二）材料成本的归集和分配

1. 耗用材料成本的归集

（1）按实际成本计价进行耗用材料成本的归集。

材料明细账中发出材料的金额，应采用先进先出法、个别计价法、加权平均法等方法计

算登记,并按算出的实际单位成本对发料凭证进行计价。

(2)按计划成本计价进行耗用材料成本的归集。

为核算材料的实际成本与计划成本的差异,以便把发出材料的计划成本调整为实际成本,应设"材料成本差异"账户。

材料成本差异率 =(月初结存材料成本差异 + 本月收入材料成本差异)÷(月初结存材料计划成本 + 本月收入材料计划成本)

发出材料成本差异 = 发出材料计划成本 × 材料成本差异率

发出材料实际成本 = 发出材料计划成本 + 发出材料成本差异

2. 耗用材料成本的核算

(1)耗用原材料成本的核算。

① 定额耗用量是指一定产量下按照消耗定额计算的可以消耗的数量。首先根据各种产品实际产量乘以单位产品材料消耗定额,求得各产品材料定额耗用量;其次,根据共同耗用的材料实际消耗总数除以各种产品材料定额消耗总量,求出分配率;然后根据分配率和各有关产品的材料定额消耗量算出各有关产品应分配的材料数量;最后将各种产品实际耗用的材料数量乘以材料单价,就是应分配的材料成本。

某种产品材料定额耗用量 = 该产品实际产量 × 单位产品材料消耗定额

分配率 = 材料实际消耗总数 ÷ 各种产品材料定额消耗总量

某种产品应分配的材料数量 = 该种产品的材料定额消耗量 × 分配率

某种产品应分配的材料成本 = 该种产品实际耗用的材料数量 × 材料单价

② 材料定额成本比例法。

先根据各种产品实际产量和单位产品该种材料消耗定额计算出各种产品材料定额成本;再根据材料实际成本总额和各种产品材料定额成本之和算出分配率;最后根据各种产品材料定额成本和分配率计算出各种产品应分配的材料成本。

某种产品材料定额成本 = 该种产品实际产量 × 单位产品该种材料消耗定额

分配率 = 各种材料实际成本总额 ÷ 各种产品材料定额成本之和

某种产品应分配的材料成本 = 该种产品材料定额成本 × 分配率

对于几种产品共同耗用材料的分配,还有其他的分配方法。

若与产品面积、重量有密切关系,则可采用产量面积比例计算法、产品重量比例计算法等。

(2)耗用燃料成本分配的核算。

燃料也是材料,因而燃料成本分配的程序和方法与原材料的成本分配的程序和方法相同。在燃料成本比重较大,并与动力费用一起专门设立"燃料和动力"成本项目的情况下,应增设"燃料"账户,将所耗燃料成本单独进行核算。

如果燃料成本比重不大,可不在成本项目中设置"燃料和动力"项目,而在"原材料"账户下增设"燃料"二级账户。

3. 周转材料——低值易耗品的摊销

低值易耗品包括工具、模具、管理用具、玻璃器皿,以及在经营过程中周转使用的包装容器等各种用具物品。根据具体情况采用一次摊销法或五五摊销法进行摊销。

（1）一次摊销法。

在领用时，将其全部价值一次计入当月成本、费用。如采用计划成本核算的，应在领用月末结转其成本差异。这种方法一般适用于单位价值较低、使用期限较短或易于损坏的低值易耗品。

（2）五五摊销法。

五五摊销法又称五成法，是指低值易耗品在领用时摊销其价值的一半，在报废时再摊销其价值的一半。

（三）在产品数量核算

1. 在产品的含义

在产品处于不断的流动之中，就基本生产车间而言，投料等会使在产品增加，而半成品和产成品的验收入库又将使在产品减少。

2. 在产品盘盈、盘亏的核算

（1）当在产品发生盘盈时，应按盘盈在产品的实际成本进行核算，如实际成本一时无法取得，也可以按定额成本进行核算。盘盈在产品时，借记"基本生产成本"科目，贷记"待处理财产损溢"科目。经有关部门批准核销盘盈时，冲减管理费用，借记"待处理财产损溢"科目，贷记"管理费用"科目。

（2）在产品盘亏和毁损的核算。

在产品发生盘亏、毁损时，应按盘亏、毁损的数量乘以该批在产品实际单位成本，在查明原因之前，借记"待处理财产损溢"科目，贷记"基本生产成本"科目。待查明原因，经批准处理时编制如下分录。

借：原材料（收回的残值）

　　其他应收款（责任人赔偿部分）

　　营业外支出（意外灾害净损失部分）

　　管理费用（应计入管理费用部分）

　贷：待处理财产损溢

（四）在产品数量与完工产品成本计算的关系

月初在产品成本、本月生产成本、本月完工产品成本和月末在产品成本四者之间的关系，可用下列公式表示。

月初在产品成本＋本月生产成本＝本月完工产品成本＋月末在产品成本

本月完工产品成本＝月初在产品成本＋本月生产成本－月末在产品成本

（五）生产成本在完工产品和月末在产品之间的分配方法

（1）不计算在产品成本法。这种方法是将当月发生的生产成本，全部由当月完工产品负担。

（2）在产品成本按年初在产品成本计算法。这种方法是将年内各月末在产品成本均按年初在产品成本计算，某种产品本月发生的生产成本就是本月完工产品的成本。但在年末，应根据实际盘点的在产品数量具体计算在产品成本，据以计算12月的完工产品成本。

（3）在产品成本按所耗原材料成本计算法。这种方法是月末在产品只计算其所耗直接材料成本，不计算直接人工等加工成本。

（4）在产品成本按完工产品成本计算法。这种方法是将月末在产品视同完工产品，将各项生产成本的累计数按完工产品和在产品数量的比例进行分配，以确定月末完工产品成本和在产品成本。这种方法适用于月末在产品已基本加工完成，或已完工尚未验收入库的产品。

（5）约当产量法。所谓约当产量，是指将月末在产品数量按完工程度折合成完工产品的产量。约当产量法，就是将月末在产品数量按其完工程度折合成约当产量，然后按完工产品产量与月末在产品约当产量的比例分配计算完工产品成本和月末在产品成本。

采用约当产量法分配生产费用，其计算过程如下。

月末在产品约当产量＝月末在产品实际数量×在产品投料程度（或完工程度）

$$分配率 = \frac{月初在产品成本 + 本月生产耗费}{完工产品产量 + 月末在产品约当产量}$$

月末在产品成本＝月末在产品约当产量×分配率

在产品各项费用的投入程度不同，因此，要按成本项目分别计算在产品的约当产量。通常，原材料按投料程度计算约当产量，工资和其他加工费则按完工程度计算约当产量。

二、生产环节的成本风险及其管控措施

（一）生产环节的成本风险

下列元素都会引发成本风险。

（1）各种材料消耗定额、材料利用率、材料成材率等。

（2）耗用的人力资源，如劳动生产率、工时消耗定额、劳动者的技术水平、劳动者的能力、劳动者的工作态度等。

（3）耗用的外购动力、外购燃料、水资源。

（4）使用的各种设备的完好率、利用率、生产效率等。

（5）产品质量水平的变动及产品的合格率、返修率、废品率等。

（6）技术滞后性、生产安全性、材料耗用失控、车间私自承接劳务、私设仓库、各项消耗报告不实、成本核算不准，产品能否按期、按质、按量完成，安全运行等。

（7）车间制造费用的预算完成情况对目标成本的影响。

（二）生产环节的成本风险的管控措施

（1）建立成本预算管控制度。

（2）建立成本预算指标，按月考核兑现奖罚。

（3）建立材料消耗定额，按月考核兑现奖罚。

（4）建立成本分析制度，找出问题，采取相应的成本管控措施。

（5）强化科技，优化生产工艺流程，提高生产效率。

（6）推行材料替代和提倡材料综合利用，降低原材料成本。

（7）合理配置固定资产，提高固定资产利用率，降低固定成本。

（8）开展劳动竞赛和技能比赛，提高操作工技能，从而提高工效，降低产品单位成本。

（9）强化产品质量管理，提高产品质量，降低返工率。

（10）运用量本利分析法、目标成本、平衡计分卡等。

三、会计控制

会计控制要点如下。

（1）完善成本核算制度与流程，正确核算各种产品或劳务成本。

（2）按照成本习性，把生产成本划分为可控成本与不可控成本，并强化管控。

（3）按订单核算与分析成本，找出原因、制订措施。

（4）从业财融合角度，采用量本利分析法、雷达图分析法等有效分析方法，分析出生产环节成本升降因素。

（5）不断提高与生产、采购、销售等业务部门的沟通能力，并充分发挥财务会计专业技能，以实现对成本的有效管控。

第七节　销售核算与管理环节的财务会计合规处理

一、销售核算环节的财务会计合规处理

按照《企业会计准则第 14 号——收入》规定的五步法核算。

第一步：识别客户合同。

合同是指双方或多方之间订立的有法律约束力的权利义务的协议。《企业会计准则第 14 号——收入》的要求适用于与客户议定的并符合特定标准的每一项合同，包括合同合并（将多份合同合并为一份合同进行会计处理）和合同变更（范围或价格或两者同时变更）。

1. 合同识别的基本原则

当企业与客户之间的合同同时满足下列条件时，企业应当在客户取得相关商品控制权时确认收入并进行会计处理。

（1）合同各方已（通过书面、口头或其他依照商业惯例采用的形式）批准合同并承诺履行其相应的义务。

（2）该合同明确了合同各方与所转让商品或提供劳务相关的权利和义务。

（3）该合同有明确的与所转让商品相关的支付条款。

（4）合同具有商业实质（即主体未来现金流量的风险、时间或金额预计将因合同而发生改变）。

（5）企业因向客户转让商品而有权取得的对价很可能收回。

企业与同一客户（或该客户的关联方）同时订立或在相近时间内先后订立的两份或多份合同，在满足下列条件之一时，应当合并为一份合同进行会计处理。

（1）该两份或多份合同基于同一商业目的而订立并构成一揽子交易。

（2）该两份或多份合同中的一份合同的对价金额取决于其他合同的定价或履行情况。

（3）该两份或多份合同中所承诺的商品（或每份合同中所承诺的部分商品）构成《企业

会计准则第 14 号——收入》第九条规定的单项履约义务。

2. 合同在什么情况下需要合并处理（合并的目的是方便收入确认）

企业与同一客户（或者该客户的关联方）同时订立或在相近时间内先后订立的两份或多份合同，在满足以下任何一个条件时，合并为一份合同进行会计处理。

（1）基于共同商业目的合并为一揽子交易而订立。

（2）其中一份合同的对价金额取决于其他合同的定价或履约情况。

（3）这些合同中做承诺的商品或服务（或每份合同中所承诺的部分商品或服务）构成单项履约义务（一系列实质相同且转让模式相同的、可明确区分商品或服务的承诺）。

【案例5】 某物业管理公司与客户签订服务合同，合同期限为一年，打包价格为 100 万元。

解析：合约内容应包括：（1）约定区域保洁；（2）约定区域保安服务；（3）约定范围内的设备日常维护。

3. 合同变更如何处理

则原有合同范围或价格变更导致可明确区分的商品或服务增加或合同价款增加，并且新增合同价款反映了新增商品或服务单独售价的，则企业应当将该合同变更作为一份单独的合同进行会计处理。

第二步：识别合同中的履约义务——收入确认的基础。

《企业会计准则第 14 号——收入》引入了"履约义务"的概念。对于包含多重交易安排的合同而言，一份合同可能识别出多个单项履约义务；而多份合同在符合条件时可合并成一份合同，作为一个单项履约义务进行会计处理。

收入确认的会计处理单元是合同约定的单项履约义务，在企业履行了该项履约义务时确认收入。

例如，电信企业与客户签订的套餐营销案中通常可识别出多项履约义务，如手机终端、服务（语音、数据、宽带、增值服务）、免费赠送项目（如流量、语音、实物或电子券）、消费积分等，但总体可以分为终端销售与提供通信服务两大类履约义务。

第三步：确定交易价格。

注意企业代第三方收取的款项（如代收代缴的销售税金）以及企业预期将退还给客户的款项（如质保金），应作为负债处理。

（1）随着未来某事件的发生，客户承诺的对价发生改变。可变对价（可能因奖励、折扣、返利、退款、抵免、价格折让、绩效激励、罚款或其他类似项目）可能导致交易价格有所不同。

（2）若企业收取对价的权利取决于未来事项（如退货权、绩效奖励）的发生与不发生，则承诺的对价亦可能不同。

（3）企业在估计可变对价时，应使用能够更好地预测其根据事实和情况有权收取的金额的方法。

第四步：合同交易价格的分摊。

合同中包含两项或多项履约义务的，企业应当在合同开始日，按照各单项履约义务所承诺商品的单独售价的相对比例，将交易价格分摊至各单项履约义务。企业不得因合同开始日之后单独售价的变动而重新分摊交易价格。

单独售价确定有以下 3 种情况。

（1）必须在合同开始时单独估计售价。

（2）最佳证据为企业在类似环境下向类似客户单独销售商品的价格。

（3）单独售价无法直接观察的，企业应当综合考虑其能够合理取得的全部相关信息，采用市场调整法、成本加成法、余值法等方法合理估计单独售价。

第五步：收入确认——控制权转移。

《企业会计准则第 14 号——收入》通过区分履约义务的类型来界定控制权转移的路径，某一时段内履行的履约义务分进度持续转移控制权，确认收入的关键在于履约进度的判断。

而对于某一时点履行的履约义务，在判断客户是否已取得商品控制权时，企业应当考虑包括将商品所有权上的主要风险和报酬转移给客户等 5 种迹象。

二、销售环节的主要风险及其管控措施

（一）销售业务主要风险点

（1）销售计划缺乏或不合理。

（2）现有客户管理不足、潜在市场需求开发不够；客户档案不健全，缺乏合理的资信评估；销售款项不能收回或遭受欺诈。

（3）定价或调价不符合价格政策，未能结合市场供需状况、盈利测算等进行适时调整，造成价格过高或过低。

（4）合同内容存在重大疏漏和欺诈，未经授权对外订立销售合同，可能导致企业合法权益受到侵害。

（5）未经授权发货或发货不符合合同约定，可能导致货物损失或客户与企业的销售争议、销售款项不能收回。

（6）企业信用管理不到位，结算方式选择不当，票据管理不善，账款回收不力，收款过程中存在舞弊。

（7）客户服务水平低，消费者满意度不足，影响公司品牌形象，造成客户流失。

（二）销售计划管控措施

（1）企业应当根据发展战略和年度生产经营计划，结合企业实际情况，制订年度销售计划。在此基础上，企业应结合客户订单情况，制订月度销售计划，并按规定的权限和程序审批后下达执行。

（2）企业应定期对各产品（商品）的区域销售额、进销差价、销售计划与实际销售情况等进行分析，结合生产现状，及时调整销售计划。对于调整后的销售计划，企业需履行相应审批程序。

（三）客户开发与信用管控措施

（1）企业应当在进行充分市场调查的基础上，合理细分市场并确定目标市场。根据不同目标群体的具体需求，确定定价机制和信用方式；灵活运用销售折扣、销售折让、信用销售、

代销和广告宣传等多种策略和营销方式，促进销售目标实现，不断提高市场占有率。

（2）企业应建立和不断更新维护客户信用动态档案，由与销售部门相对独立的信用管理部门对客户付款情况进行持续跟踪和监控，提出划分、调整客户信用等级的方案。企业应根据客户信用等级和企业信用政策，拟定客户赊销限额和时限。销售、财会等部门具有相关权限的人员需审批客户赊销限额和时限。

（四）销售定价管控措施

（1）企业应根据有关价格政策，综合考虑企业财务目标、营销目标、产品成本、市场状况及竞争对手情况等多方面因素，确定产品基准定价。定期评价产品基准价格的合理性及定价或调价需经具有相应权限人员的审核批准。

（2）企业在执行基准定价的基础上，针对某些商品可以授予销售部门一定限度的价格浮动权。销售部门可结合产品市场特点，将价格浮动权向下实行逐级递减分配，同时明确权限执行人。价格浮动权限执行人必须严格遵守规定的价格浮动范围，不得擅自突破。

（3）销售折扣、销售折让等政策的制订应由具有相应权限人员审核批准。销售折扣、销售折让授予的实际金额、数量、原因及对象应予以记录，并归档备查。

（五）订立销售合同管控措施

（1）订立销售合同前，企业应当指定专门人员与客户进行业务洽谈、磋商或谈判，关注客户信用状况，明确销售定价、结算方式、权利与义务条款等相关内容。重大的销售业务谈判还应当吸收财会、法律等专业人员参加，并形成完整的书面记录。

（2）企业应当建立健全销售合同订立及审批管理制度，明确必须签订合同的范围，规范合同订立程序，确定具体的审核、审批程序和所涉及的部门人员及相应权责。审核、审批应当重点关注销售合同草案中提出的销售价格、信用政策、发货及收款方式等。重要的销售合同，应当征询法律专业人员的意见。

（3）销售合同草案经审批同意后，企业应授权有关人员与客户签订正式销售合同。

（六）发货管控措施

（1）销售部门应当按照经审核后的销售合同开具相关的销售通知单交仓储部门和财会部门。

（2）仓储部门应当落实出库、计量、运输等环节的岗位责任。

（3）运输合同或条款等应明确运输方式，商品短缺、毁损或变质的责任，到货验收方式，运输费用承担，保险等内容。

（4）企业应当做好发货各环节的记录，填制相应的凭证，设置销售台账，实现全过程的销售登记制度。

三、会计控制

主要风险：缺乏有效的销售业务会计系统控制，可能导致企业账实不符、账证不符、账账不符或者账表不符，影响销售收入、销售成本、应收款项等会计核算的真实性和可靠性。

主要管控措施如下。

（1）开票应当依据相关单据并经相关岗位审核。
（2）建立应收账款清收核查制度，销售部门应定期与客户对账。
（3）及时收集应收账款相关凭证资料并妥善保管。
（4）企业对于可能成为坏账的应收账款，应当按照国家统一的会计准则的规定计提坏账准备，并按照权限范围和审批程序进行审批。

第八节 资产核算与管理环节的财务会计合规处理

一、货币资金核算与管理环节的财务会计合规处理

（一）现金

（1）现金使用范围。现金收支业务遵循《中华人民共和国现金管理暂行条例》的规定。不属于规定使用范围内的款项都必须通过银行进行转账结算。

（2）现金清查的账务处理。清查现金后发现金溢余或短缺，除了设法查明原因外，应及时根据现金盘点报告表，通过"待处理财产损溢——待处理流动资产损溢"科目调整现金账面数。

（二）银行存款

企业应遵循《中国人民银行结算办法》办理银行支付结算。银行支付结算办法的种类包括：银行汇票、银行本票、支票、商业汇票（分为商业承兑汇票和银行承兑汇票两种）、汇兑（分为信汇和电汇两种）、委托收款、托收承付、信用卡、信用证。

对于未达账项，企业应于查明后编制银行存款余额调节表，以检查双方的账目是否相符。

（三）其他货币资金

1. 外埠存款

外埠存款是指企业到外地进行临时或零星采购时，汇往采购地银行开立采购专户的款项。该账户的存款不计利息，只付不收、付完清户。

2. 银行汇票存款

银行汇票存款是指企业为取得银行汇票，按照规定存入银行的款项。银行汇票存款的多余款项可由银行自动退交汇款人。

3. 银行本票存款

银行本票存款是指企业为取得银行本票按照规定存入银行的款项。银行本票存款只用于办理全额结算，票面金额与实际交易金额之间的差额，由交易双方自行结清。

4. 信用卡存款

信用卡存款是指企业为取得信用卡，按规定存入银行信用卡专户的款项。将资金存入信用卡以及用信用卡购买办公用品等，通过"其他货币资金——信用卡存款"科目核算。

5. 信用证保证金存款

信用证保证金存款是指采用信用证结算方式的企业为开具信用证而存入银行信用证保证金专户的款项，国际信用证存款指企业存入中国银行信用证保证金专户的款项。

企业采用信用证方式与供货单位结算货款时，根据开户银行盖章退回的信用证委托书回单，记入"其他货币资金——信用证存款"科目；企业在收到供货单位信用证结算凭证及所附发票账单时，结转"其他货币资金——信用证存款"科目。

二、应收账款核算与管理环节的财务会计合规处理

（一）应收账款

"应收账款"科目借方登记企业因赊销商品和提供服务等而应向购货方收取的款项；贷方登记实际收回或因发生坏账等转销的应收账款；期末余额一般在借方，表示企业尚未收回的赊销款。该账户一般应按结算单位名称设置明细账户。

备抵法下，企业如采用余额百分比法、账龄分析法估计坏账，首次计提坏账准备时，按估计的坏账金额，借记"信用减值损失"账户，贷记"坏账准备"账户，以后各会计期末分别针对不同情况调整"坏账准备"账户余额。如果当期按应收账款计算的应提坏账准备大于"坏账准备"账户已有的贷方余额，应按差额补提坏账准备；如果当期按应收账款计算的应提坏账准备小于"坏账准备"账户已有的贷方余额，应按差额冲减已提取的坏账准备。

（二）应收票据

（1）企业因销售商品、提供劳务等收到的商业汇票时，按商业汇票的面值，借记"应收票据"账户；按确认的营业收入，贷记"主营业务收入"账户；涉及增值税销项税额的，还应贷记"应交税费——应交增值税（销项税额）"账户。

（2）企业持未到期的商业汇票向银行贴现时，应按实际收到的金额（即到期值减去贴现息后的净额），借记"银行存款"账户；按实际收到的金额与商业汇票金额的差额，借记"财务费用"（贴现企业负连带责任）或"营业外支出"账户（贴现企业不负连带责任）；按商业汇票的金额，贷记"短期借款"或"应收票据"账户。

（3）企业在应收票据到期时，对于不带息票据，应按收回票据面值，借记"银行存款"账户，贷记"应收票据"账户；对于带息票据，应按收到的本息，借记"银行存款"账户，按票据面值，贷记"应收票据"账户，按应计利息，贷记"财务费用"账户。企业在商业承兑汇票到期时，如付款人无力付款，应将应收本金转入应收账款。

（4）企业将持有的商业汇票背书转让以取得所需物资时，应按取得物资成本，借记"材料采购""原材料""库存商品"等账户；按增值税专用发票上注明的可抵扣的增值税税额，借记"应交税费——应交增值税（进项税额）"账户；按商业汇票的票面金额，贷记"应收票据"账户；如有差额，借记或贷记"银行存款"等账户。

企业应当定期或者至少于每年终了时，对应收票据进行检查，预计其可能发生的坏账损失，并计提坏账准备。

三、长期股权投资核算与管理环节的财务会计合规处理

（一）长期股权投资核算范围发生变化

修订后的《企业会计准则第2号——长期股权投资》中，长期股权投资是指投资方对被投资单位实施控制、重大影响的权益性投资，以及对其合营企业的权益性投资。

旧《企业会计准则第 2 号——长期股权投资》中，长期股权投资还包括企业持有的对被投资单位不具有控制、共同控制或重大影响，并且在活跃市场中没有报价、公允价值不能可靠计量的权益性工具投资。修订后的《企业会计准则第 2 号——长期股权投资》准则将此按金融工具核算。

（二）长期股权投资后续计量模式成本法适用范围发生变化

修订后的《企业会计准则第 2 号——长期股权投资》准则中，长期股权投资成本法只适用于对子公司的投资。即便是对子公司的投资，如果投资主体属于《企业会计准则第 33 号——合并财务报表》规定的投资主体，其所持有的子公司不纳入合并报表范围，则对子公司的投资也视同一般性金融资产处理，不再按成本法进行相应的会计处理。

所获得利润或现金股利超过被投资单位接受投资后产生的累计净利润部分，直接作为当期的投资收益，不再冲减投资成本。

修订后的《企业会计准则第 2 号——长期股权投资》准则有关权益法的适用范围的规定更加具体。第一，对投资方直接持有的那部分股权，作为一个计量单元采用权益法核算；间接通过投资性主体所持有的那部分股权，则允许采用公允价值计量，公允价值变动计入当期损益，也允许采用权益法核算。第二，对于被划分为持有待售的那部分投资，作为一个投资单元，按照《企业会计准则第 4 号——固定资产》中有关持有待售资产的规定进行相应的会计处理；而未被划分为持有待售的那部分股权，则继续采用权益法进行后续计量。

修订后的《企业会计准则第 2 号——长期股权投资》规定，对于主体采用权益法核算的长期股权投资，针对被投资单位除了净利润、其他综合收益以及利润分配以外的所有者权益在其他方面的变动，不管投资方的持股比例是否发生变化，投资方都要根据持股比例调整自身的所有者权益，也计入所有者权益其他变动。

附注 6
工程项目成本与物资管理和财务核算与结算

第一节 工程项目成本管理

一、投标阶段的工程成本管理

标价的压低程度应确定在不亏损的限度内。投标要发生多种费用，如标书费、差旅费、咨询费、办公费、招待费等。投标费用大约占每年产值的 0.5%~1%，其中未中标工程的费用占招标费用的 1/3。

企业应结合本企业的技术、设备、经济管理水平等合理确定投标报价：在策略上可以采取不平衡报价，即在相同的总标价内，不同的分项工程采取不同的单价；对实际施工中可能增加工程量的分项工程采取高报价，对实际施工中变化不大或可能减少的工程量应采取低报价，这样就能在施工过程中为实现盈利创造条件。

二、施工准备阶段的工程项目成本管理

首先是要依据标书和签订的施工合同确定项目成本控制目标，对拟建工程进行成本分解，按单项工程提出成本控制目标。

做好施工之前的实地调查研究，包括施工环境、场地贮存条件、材料资源和人力资源条件调查。

对成本控制目标进行细化，根据工程的规模和性质等，做好工程组织设计、施工进度计划，优化施工方案，把工程成本控制工作分解到各部门。

三、施工过程中的工程项目成本管理

（1）加强现场管理，合理堆放材料，减少二次搬运和摊基损耗。严格执行收发料制度，进场要认真点验、保质保量，发料要严格按照计划发放，做到账物相符，台账清楚。特别要注意各个环节之间的相互监督，相互制约。

（2）对周转材料应包死基数，实行限额领料。

（3）对余料坚持回收，废物再利用。

（4）设备管理部门要根据工程质量、进度和设备能力的要求，合理地配备机械，外租机械设备，如塔吊、吊车、发电机、施工电梯等，分别采取按台班、按工作量或包月等不同的租赁形式进行租用。

（5）节约现场管理费用，精简管理机构，提高工作质量和效率。

四、竣工决算阶段的工程项目成本管理

在竣工决算阶段，项目部将有关决算资料提交预算部门，对中标预算、材料实耗、人工费等进行分析、比较、查漏补缺，确保工程竣工决算的正确性、完整性。

五、加强应收账款的管理

工程竣工后，企业要及时进行结算，以明确债权、债务关系。

该阶段的主要工作如下。

（1）对项目活动成本的结算进行控制。

（2）对项目活动成本的超支情况进行必要的核实和控制。

（3）总结项目成本控制经验，供后续项目活动成本控制使用。

（4）对项目后续活动成本进行科学预测等。

六、施工成本事前、事中、事后管理要点

（一）施工成本事前控制要点

（1）标书的编制。

（2）总承包合同的签订。

（3）工程成本的合理预测。

（4）签订合理、周密的分包和包清工合同。

（二）施工成本事中控制要点

（1）认真做好图纸会审工作。

（2）优化施工组织设计。

（3）确定适宜的质量成本。

（4）及时办理签证。

（三）施工成本事后控制要点

（1）竣工验收资料的准备。

（2）加强竣工决算管理。

（3）提高索赔意识。

（4）加强应收账款管理。

第二节　工程项目资金管理

一、工程项目资金管理的内容

项目开户的资金来源：预收工程备料款，工程进度款，内部借款。不得违反国家有关限制借款利率的规定。内部借款额度由项目部提出申请报公司审批。

项目收取的工程备料款、进度款以及合同外收入等资金都须存入该"内部资金账户"。项目部可按资金比例向公司提出申请，由财务部统一支付相关款项。

存入内部资金账户中的资金原则上按归属使用，资金不足时可向公司借款补充。借款须经公司相关部门审批后，方可办理借款手续。借款采取有偿使用原则，按规定收取利息。

（一）资金运用管理

项目部于每月 20 日前编制下月资金收支计划，于每年 12 月 15 日前编制下年度资金收支计划，报送财务部。财务部于每月 30 日前编制完成下月资金收支计划，于每年 12 月 25 日前编制完成下一年度预算收支计划。

项目部收到工程款后，要向公司上缴规定比例的管理费，此比例在项目启动时确定。

项目部支付分包款、材料费、机械费和其他费用时，按资金使用计划向公司提出申请，批准后由财务部统一支付。

项目部自主经费，财务部按照目标成本按月拨付给项目经理。

固定资产由公司统一购买和调配，项目部按月付给公司折旧费。

（二）资金业务管理

公司与项目部之间往来账于每日 25 日进行核对。

公司对项目部的借款，于借款到期日前 3 日通知借款项目经理归还借款；若因特殊情况不能按时归还时，应于借款到期日前 7 日内，提出书面报告重新申请借款，经公司审批后办理借款手续。公司占用项目资金时，需与项目部办理借款手续。借款利息按照银行同期贷款利率计算。

项目部之间互相拆借资金，必须通过公司相关部门审批后办理相关手续，借款利率按照银行同期贷款利率计算，计入或冲减相关项目成本。

二、支付流程

（一）工程进度款的一般支付流程

（1）施工单位根据实际完工情况及相关合同约定提出付款申请。付款申请需包含付款事由（合同依据）、形象进度说明、工程量清单、设计变更和工程签证等原始资料（如果合同规定需在进度款中支付），并有项目经理的签字，加盖单位公章。付款申请表可使用施工单位制式表格。

（2）请款单位将付款申请材料送交到现场工程监理处，由工程监理公司独立完成审核并出具意见。公司提供内部统一使用的工程进度款付款审批表，现场监理工程师及总监理工程师在该付款审批表上签字并加盖公章后，将施工单位的付款申请材料及付款审批表移交公司专业工程师审核。

（3）公司工程项目部专业工程师进行实质性审核，再由公司成本控制部进行复核，分别提出意见及签字后，报公司工程总监签署意见。

（4）付款申请材料连同上述审签意见一同递交公司常务副总经理。常务副总经理审核后给出支付意见，有疑问或者有理由拒付的由其组织相关部门重审并知会请款单位，同意支付的转送财务总监（或公司董事会特别指定的财务负责人）进行会签。

（5）财务总监（或公司董事会特别指定的财务负责人）签署意见后，呈报公司总经理最终审批。审批完成后,由专业工程师按公司财务规定办理申请支付手续。财务部对以上过程资料审核无误后予以支付,同时报公司董事会备案。

(二)工程结算款的一般支付流程

(1)施工单位根据竣工图、实际完工情况及相关合同约定提出付款申请。付款申请须包含双方确认的工程预算、材料计划报表、工程进度报表、工程结算汇总、工程签证、工程验收文件、整改项目验收单、工程移交单等。如果是工程保修款,则还需要有使用部门同意付款的确认单。付款申请表可使用施工单位制式表格。

(2)请款单位将付款申请材料送交到现场工程监理处,由工程监理公司独立完成审核并出具意见。公司提供统一内部使用的工程结算款付款审批表,现场监理工程师及总监理工程师在该付款审批表上签字并加盖公章后,将施工单位的付款申请材料及付款审批表移交公司专业工程师审核。

(3)公司专业工程师、公司工程总监、使用部门对相关项目进行确认,并由公司成本控制部会同公司财务部门复核各项费用。所有相关手续都以正式文件或表格的形式予以确认后,报常务副总经理和财务总监(或公司董事会特别指定的财务负责人)进行会签。

(4)常务副总经理和财务总监(或公司董事会特别指定的财务负责人)对相关文件复核后,报公司总经理最终审批。审批完成后,由专业工程师按公司财务规定办理申请支付手续。财务部对以上过程资料审核无误后予以支付,同时报公司董事会备案。

(5)如因工程紧急需要,或者公司总经理有特别安排的,可不依照上述流程,由总经理直接签批工程结算款付款申请,财务部门按照总经理批示具体办理付款手续。

(三)工程预付款的一般支付流程

(1)工程预付款由公司专业工程师根据合同约定,直接填写公司财务部门统一提供的付款申请书办理相关支付手续。财务部接到审核完毕的付款申请书后予以支付,同时报公司董事会备案。

(2)工程材料、设备采购款的一般支付流程。

工程材料、设备采购款的付款过程划分为预付款、进度款和结算款(含保修款)3个阶段,各阶段付款均需严格按照合同条件执行。

预付款支付由专业工程师根据合同约定直接填写公司财务部门统一提供的付款申请书办理支付手续。财务部接到审核完毕的付款申请书后予以支付,同时报公司董事会备案。

(四)零星工程付款的管理流程

现场工程项目管理应避免出现零星工程付款的情况,当确实无法避免的时候应首先考虑签署合同,并履行公司合同管理制度办理相关手续。如果因为特殊原因无法签署合同,可办理工程签证,并按公司签证管理办法办理审批手续。

三、工程项目资金管理职责

工程项目部会同监理负责对各项付款所载事项的数量、质量、进度等情况进行审核,成本控制部负责组织复核及造价确认,公司管理层组织对付款项目的审查,并统筹安排项目内资金的使用；财务总监（或公司董事会指定的财务负责人）和财务部对工程款支付全过程进行监控，审批用款计划，并统一调度项目资金。

工程项目部需提前预计合同约定的支付情况，并在工程建设月报和工程（付款）计划中反映，及时上报公司管理层审批，同时接受财务部门对资金的统一调度，适时办理付款手续。

财务部在工程款的实际审核与支付过程中，需严格审查各项文件和数据的真实性，按流程办理付款事宜，并将过程中发现的问题及时向公司管理层汇报。

四、工程款支付的其他规定

（1）公司制作统一格式的付款审批表，履行内部审批流程。

（2）工程项目部专业工程师应根据工程合同及预算制作《工程项目资金支付计划表》。

（3）工程预付款原则上不超过合同价格的20%，并不迟于工程开工后的第三个月开始抵扣；进度款支付额度不超过工程造价的80%，并保留不少于5%的保修款；特殊项目的采购合同可以征得公司管理层批准同意后适当调整此比例。

（4）为了加快审批流程，保证工程建设进度，内部规定各审批环节的审批时间原则上均不得超过2个工作日，公司管理层或公司董事会有特别指示的情况除外。

第三节 工程项目资产管理

一、工程项目固定资产管理

（一）固定资产的购置与验收

建立严格的固定资产交付使用验收制度。企业外购固定资产时，应当根据合同、供应商发货单等对所购固定资产的品种、规格、数量、质量、技术要求及其他内容进行验收，出具验收单，编制验收报告。企业自行建造的固定资产，应由建造部门、固定资产管理部门、使用部门共同填制固定资产移交使用验收单，验收合格后移交使用部门投入使用。

对于未通过验收的不合格资产，企业不得接收，必须按照合同等有关规定办理退换货或采取其他弥补措施。对于具有权属证明的资产，企业在取得时必须验证合法的权属证书。

（二）固定资产的使用管理

（1）对于企业生产线等关键设备的运作，操作人员上岗前应由具有资质的技术人员对其进行充分的岗前培训。特殊设备实行岗位许可制度，操作人员需持证上岗。企业必须对资产运转进行实时监控，保证资产使用流程与既定操作流程相符，确保资产安全运行，提高资产使用效率。

（2）定期对固定资产技术先进性进行评估。结合盈利能力和企业发展可持续性，资产使用部门根据需要提出技改方案，与财务部门一起进行预算可行性分析，并且经过管理部门的审核批准。

（3）管理部门需对技改方案的实施过程适时监控、加强管理。有条件的企业可以建立技改专项资金并定期或不定期进行审计。

（三）施工机械的维修和保养

（1）固定资产使用部门会同资产管理部门负责固定资产日常维修、保养，将资产日常维护流程体制化、程序化、标准化，并对资产进行定期检查。

（2）固定资产使用部门及管理部门建立固定资产运行管理档案，并据以制订合理的日常维修和大修理计划。

（3）固定资产实物管理部门审核施工单位资质和资信，并建立管理档案。修理项目应分类，明确需要招投标的项目。资产修理完成后，由施工单位出具交工验收报告，经资产使用和实物管理部门核对工程量并审批。重大项目应进行专项审计。

（四）设备技术文件的管理

对主要机械设备和技术资料（包括说明书、修理手册、原图、底图、精度检验标准等）按机型分类，建立账卡。

设备说明书：包括传动系统图、润滑系统图、电气系统图等。

设备单台档案：包括设备装箱单、安装记录、设备附件及工具清单、精度验收单、固定资产拨交单、精度普查记录、大修理移交单、一级保养验收单、二级保养验收单、设备事故报告单、开动台时记录、大修理更换件明细表、封存记录、启封记录及变更记录等。

备件图册：应能满足设备修理需要。

传导线路图：包括供电系统图、电缆走向坐标图、变配电室布置平面图、蒸汽管路图、压缩空气管路图、上下水管线路图、乙炔管路图等。

（五）固定资产的折旧管理

（1）折旧的基数。计算固定资产折旧的基数，一般为取得固定资产的原始成本，即固定的账面原价。

（2）预计净残值。固定资产的预计净残值，是指预计的固定资产报废时可以收回的残余价值扣除预计清理费用后的数额。

（3）预计使用年限。固定资产使用年限的长短，直接影响各期应计提的折旧额。在确定固定资产的预计使用年限时，不仅要考虑固定资产的有形损耗，还要考虑固定资产的无形损耗。

（4）已计提的固定资产减值准备。每计提一次减值准备，都视为一个新固定资产的出现。

（六）固定资产的处置与转让

对拟出售、投资转出或采取非货币性资产交换的固定资产，有关部门或人员应提出处置申请，对固定资产价值进行评估，并出具资产评估报告。

报经企业授权部门或人员批准后予以出售或转让。企业应特别关注固定资产处置中的关联交易和处置定价，固定资产处置价格应报经企业授权部门或人员审批后确定。

对于重大固定资产处置，企业应当考虑聘请具有资质的中介机构进行资产评估，采取集体审议或联签制度；涉及产权变更的，应及时办理产权变更手续。

（七）固定资产报废

对使用期满、正常报废的固定资产，固定资产使用部门或管理部门应填制固定资产报废单，经企业授权部门或人员批准后对该固定资产进行报废清理。

对使用期限未满、非正常报废的固定资产，固定资产使用部门应提出报废申请，注明报废理由、估计清理费用和可收回残值、预计处置价格等。企业应组织有关部门进行技术鉴定，按规定程序审批后进行报废清理。

二、工程项目竣工转固定资产管理

根据建设项目工程的规模大小和复杂程度，整个建设项目工程的验收可分为初步验收和竣工验收两个阶段进行。对于规模较大、较复杂的建设项目工程，企业应先进行初步验收，然后进行全部建设项目工程的竣工验收。对于规模较小、较简单的项目工程，企业可以一次进行全部项目工程的竣工验收。

建设项目工程在竣工验收之前，由建设单位组织施工、设计及使用等有关单位进行初步验收。初步验收前由施工单位按照国家规定，整理好文件、技术资料，向建设单位提出交工报告。建设单位接到报告后，应及时组织初步验收。

第四节　工程项目物资管理

一、工程项目物资管理目的

加强物资管理是提高施工项目工程经济效益的主要途径。项目施工的物资管理涉及对施工项目工程生产、经营活动所需的各种物资的计划、订购、保管。合理的管理工作，是施工项目工程管理的重要内容。

施工项目工程物资管理的任务，不仅要按质、按量、按期齐备地供应施工生产中所需用的物资，使施工生产按计划正常进行，而且要十分注意节约物资材料消耗，减少物资材料库的储备和资金的占用，降低物资材料的采购、保管等费用。

二、工程项目物资管理工作标准

（1）物资管理工作必须坚持"从生产出发，为生产服务"的观念，认真贯彻国家、企业经济管理的各项法规和制度，严格遵守物资纪律，保证企业生产经营活动的正常进行。

（2）加强物资科学管理。在物资计划、采购、供应、核算、统计等各个环节都要有根据地办理业务，做到计划有依据、分配有道理、消耗有定额、用料有核销。

（3）合理贮存和保管物资，定期清查仓库，合理调剂余缺，压缩库存，保证在库物资完整无损，降低仓储费用。

（4）物资消耗实际使用数量小于或等于设计数量，各类台账齐备、记录完整、信息反馈及时，物资不超耗、不浪费。

（5）进场物资质量符合工程质量要求，不出现不合格品进入工程施工的现象。现场材料堆码整齐、抽验频次及仓储方式符合要求。管理有序，始终保持受控状态。

（6）采购、供应有计划，消耗有控制。债权债务分解及时，工程成本反映真实。

（7）工完料清，扣、付款手续完结，原始票据完整，查询方便。

三、工程项目物资管理工作流程

（1）项目领导主管项目物资管理工作，确定物资采购模式（招标、议标等），组织成立招标委员会、合格供方评定小组，并主持招标和评定。

（2）组织工程、试验等部门进行结构材料合格供方评定，组织招标采购，选择价格合理、质量符合技术标准、各项参数符合环保及职业健康安全规定的物资，努力降低工程成本。

（3）根据工程部提供的资料和施工队提供的需求计划编制月（季）物资采购（申请）计划并组织采购，根据施工进度做好物资供需衔接，负责委托原材料样品试验和进场原材料抽验工作。

（4）建立物耗过程的各种台账，运用限额发料控制消耗，及时清算劳务队伍费用，进行成本摊销，月末将其传给财务部，确保账物相符、账账相符。

（5）对已完单项工程、单个劳务队工程进行核算，及时对比总结物资消耗情况，形成文字资料提交当期项目成本分析会。

（6）检查指导项目自设水泥库、火工品库、油库的日常账目登记及盘点工作，负责管理现场材料在相应库房及露天的贮存、堆码、标识。

（7）会同相关管理部门办理火工品库的建设、使用等相关手续。

（8）妥善管理物资采购合同，确保物资价格、质量、付款等按合同约定进行。合理安排采购资金，保证物资顺利供应。

（9）及时掌握物资价格波动情况及物资价格信息。

（10）工程部负责提供主材需用量、预算单价、技术标准，协助确定本项目的物资采购方案；配合物设部对所采购原材料的样品、说明书进行评价，确定合格供方；积极推广使用新工艺、新材料、混合材料，在满足设计及业主要求的条件下，优先考虑使用有价格优势的替代产品。

（11）试验室负责在施工前配合物设部对水泥、外加剂、砂石料等供应厂家货源进行取样、检验，协助确定合格供方；负责对进场的原材料及时取样抽检。

（12）财务部负责材料报销的审核把关以及材料成本核算、周转材料摊销等工作，做到未通过物设部传递的材料单据不接收、不入账。

（13）公安管理部门会同物设部办理火工品库的建设、使用等手续，协助物资人员做好火工品的提货、押运工作，检查、监督火工品库的管理工作。

（14）作业班组设专（兼）职材料员及收料员，主要负责编制本劳务队所需物资的需求申请计划，及时反映工程需用物资情况，代表本劳务队领取、接收和保管到达工地的物资，组织合理使用，核算物资消耗情况；负责本劳务队工具、机具、材料管理与养护；协助经理部物资人员进行物资盘点、回收、修旧利废及节约工作。

四、工程项目物资管理实务操作

（一）物资管理策划

（1）工程开工前，物资设备部（以下简称"物设部"）应根据工程部提供的主要物资分工号设计用量、预算单价、技术要求等，对物资管理工作实行策划，确定采购模式、现场管理具体方案，将结果记入项目管理实施规划，经批准后实施。图纸不全时，工程部可先提供标书预算数量。

（2）物设部根据施工组织安排合理设置满足现场要求的临时仓储设施，如水泥库、火工品库、油库、杂料机具库等，将各项制度和仓管人员岗位职责按项目部统一部署置放于醒目位置。

（3）物设部熟悉中标合同及业主对物资供应方式的规定，调查周边资源及市场情况，收集潜在供方资料，协助项目部主管领导确定本项目物资采购方案，成立招标委员会、合格供方评定小组。

（二）供方评定

供方调查、评定内容如下。

（1）法人营业执照、特定产品的认证证书。

（2）合格产品的证明，如产品质量证明书、样品实验报告等；对环境、职业健康安全的说明或方案。

（3）企业信誉、装运能力、供货能力及供货时间。

（4）产品在局内或其他用户使用的情况和效果。

（5）响应物资采购招标的投标人的投标文件。

委托劳务队自行采购的，企业应在物资合格供方名单范围内选择，超出范围的要先按规定程序调查、评定，再进行采购。对供方供应的不合格品，企业应采取拒收、退货、终止合同或取消合格供方资格等方法处置。

（三）物资计划

物设部每年对供方供货质量进行一次综合评价，重点评价供方供货质量、服务质量及调查内容中需年检的证据。根据评价结果填写《供方供货质量分析表》，相关人员提出继续订货或终止订货的建议，经项目部主管领导批准后更新合格供方名单，上报公司物设部存档并重新在项目公布。

一般辅助材料，可由持有上岗证的物资人员在市场上采购。采购的物资必须满足以下要求。

（1）有注册商标、生产厂名、厂址、合格证或合格标记。

（2）符合质量、环境、职业健康安全的相关标准。

（3）名称、规格、型号等无误。

（4）包装完整，外观完好。

（四）物资采购管理

所有物资采购必须实行计划管理。施工过程中，工程部必须于每月根据生产计划安排，编制计算下月物资需用计划交物设部，双方签字确认；遇变更设计、计划调整时及时书面通知物设部。

物资计划是物资管理工作的纲领，包括物资申请计划、采购计划等。企业编制物资计划时要从实际出发，根据施工任务、进度安排、承包合同、概预算规定、物资消耗定额、供应模式、资源分布、价格动态等情况，进行综合分析，统筹安排，周密编制。企业在编制计划的过程中要充分考虑动员库存，修旧利废，加工改制，反对粗估冒算。

（五）采购合同

采购价值大于 2 万元或交货时间长于 3 个月的单批物资必须签订物资采购合同。

物资采购合同由项目经理与供货商负责人共同签字生效，其条款约定不得违反《合同法》。对于供货合同期限超过半年、市场价格波动较大的，对其风险的规避应有相应约定，以减少因市场价格波动给双方造成不必要的损失。

合同中必须明确采购的物资要满足国家、行业及地方对质量、环境、职业健康安全的要求，明确验收方法、违约责任等方面的内容。

禁止采购国家、地方明令禁止的不符合环境保护和违反职业健康安全程序生产出来的产品。

物资采购合同由物设部妥善保管。

（六）物资进货供应管理

物设部根据物资申请计划及现场进度，向供应商发出供货通知。物设部工作人员对产品合格证明进行验证，分工号配送。劳务队有权签收人签字确认，按规定进行堆码、标识。

物设部工作人员登记物资收料记录，当日填试验委托单，附产品合格证原件交试验部门取样抽验，物设部留复印件，并对其编号。

经审查，产品质量证明文件、技术数据和有关技术标准一致。试验结果合格后，相关人员应标明代表数量、去向，加盖"合格品"图章，并及时将产品质量证明文件分解到试验部门和用料单位，同时做好记录；未经检验或检验不合格的物资，应隔离存放并进行标识，确保不投入使用。

（七）仓库管理

1. 物资进库

（1）物资到达后，仓管人员应认真核对合同计划，确认物资品种、规格、质量、价格、数量、技术证件、进料时间、收料地点等无误后，在 12~24 个工作小时内验收完毕。确因量大或要进行复杂技术检验的物资，经领导批准，可酌情延长。发现有问题的物资应及时填写《验收记录》，将其单独存放、标识，并上报有关部门处理。

（2）需进行抽检、委托检验、复检的物资，由物资人员配合试验人员及时做好检测，杜绝不合格物资进入工程现场。各类进入工程现场的物资经检验合格后按规定保存检验资料，进行账目登记，做好可追溯管理。

2. 物资保管

（1）物资的存放分类编号有序排列在相应的库房、货棚和货场里。仓储物资、待发物资、代保管物资、待处理物资均应划区分开，不得混淆存放。仓库内不得存放无账物资和私人物品。

（2）物资存放要做到正确、整齐、安全、稳固、合理、过目知数、查点方便、料签齐全、标志明显。固定货位存放的物资实行"四号定位""五五堆码"，自由货位存放的物资可参照此标准执行。

（3）管库人员对经管的物资必须按照"六查"内容，即查数、查质量、查保管方法、查计量工具、查安全、查技术，认真自点，循环自点率每月不少于 15%，并有自点记录交物资主管签署意见。自点中发现的问题要求在一周内办理完毕。

3. 物资出库

（1）物资出库时，物设部必须保证凭证齐全、手续齐备、数量准确、质量完好、包装牢固、标志清楚；必须按照先进先出的原则，有保管期限的必须在期限内发放；必须坚持"三检查"，即检查发料凭证是否正确无误，检查发出物资的编码、品名、规格、数量是否相同，检查应附的技术证件和有关凭证是否齐全；必须坚持"三核对"，即发料与物、账、卡核对。

（2）物资出库时，物设部应严格执行回收利旧制度，对规定必须回收的物资应交旧（废）领新；严格执行限额发料制度，发放领用的小额零星物资，除难以分割、拆零的以外，不得随意超发。

（3）发生物资盘盈、盘亏、报废、贬值，物设部须会同财务、安质等有关部门进行鉴定，经项目主管领导批准后，物资部门方可办理相关手续。

（八）物资现场管理

1. 产品标识

（1）对原材料、半成品、成品中外形相似，可能出现错用混用的，有"先进先出"要求或有可追溯性要求的，可能危害人身健康安全、危害环境的物资必须予以标识。

（2）进入现场的产品由接收部门进行标识，投入使用后由使用部门进行管理。分割或分批出库物资时，相关人员应将其技术证件以抄件或复印件加盖印章的形式，对其标识进行转移。

（3）存放在工地、料场的钢材、水泥、地材及大宗物资一律采用挂牌方法标识。标牌尺寸为 400mm×250mm，标牌顶端高度自地面起 1.5m 为宜。在库房内存放的产品（除水泥外）一律用料签标识。

2. 大堆材料管理

（1）大堆材料的收发工作，必须由思想品德好、责任心强的同志组成至少两个人以上的收发小组进行。自己提运的要按单车及时签发《收（运）料三联单》，厂家送料的运料单必须加盖材料收讫章和收料人签名方为有效。收料人应将收料单于当日汇总交物设室，以便结算，隔日送交的无效，未能按时送交造成的一切后果由收料人自负。

（2）砂石料的供应要采取按混凝土成品方量承包供应等不同形式的控制方法，把损耗降低到最低限度。

3. 周转材料管理

（1）周转材料是指在生产过程中可以多次周转使用，并基本保持其物资形态而逐渐转移其价值的材料。常用的有：钢模板、钢脚手架、钢脚手板、可调钢支撑、钢拱架、临时设施、贝雷架、拼装式起重设备等。

（2）周转材料的日租赁费标准最低可按新价的千分之一控制，罕用的周转材料可以适当提高租赁费。

（3）周转材料购入资金应分次摊销进入使用工号：第一次投入使用摊销 50% 价值，以后视使用情况和成色酌情摊销，报废前应留有 10% 的价值，待报废或变卖后再列入使用工号。周转材料在报废前必须保证账物相符。

（九）物资核算

物设部应按规定建立相应的账、卡、记录，保证物耗过程数据清楚；对进出库的物资和备用金必须要做到日清、月结，月末将结算凭证交财务部门核销；财务部门应及时办理核销业务，以确保资产状况和成本情况的真实性。

对材料报销后，出现库存材料金额与财务账面存货金额不相符的，必须在下月查找原因，进行有关业务处理，确保账账、账实相符。

《工程材料报销单》是物资、财务部门核算材料费的主要依据，凡物资方面的消耗必须经物资部门确认并办理相关手续。编制《工程材料报销单》时，钢材、水泥、砂石料等大宗结构材料分规格、数量编制明细，其他物资如配件、工具、劳保可用汇总资金报销。

第五节　工程项目成本核算

一、工程项目成本核算概述

（一）工程项目成本核算的概念

工程项目成本核算分为两级成本核算，即企业的工程施工项目施工成本核算（即工程成本核算）和项目经理部的工程施工项目施工成本核算（即施工成本核算）。

工程成本是施工企业以工程项目为成本核算对象，按一定的方法核算在施工过程中发生的所有生产耗费或要素的价值形态转化，以及要素价值形态转移的总和。

项目施工成本一般是指在工程成本范围内，根据各单位管理要求和项目施工成本责任合同所确定的项目施工成本收支范围的各项年耗费或要素的价值形态转化或转移的货币价值转移。

（二）工程项目成本核算的内容

1. 施工项目成本核算的主要内容

（1）执行国家有关成本开支范围、费用开支标准、工程预算定额和企业施工预算、成本计划的有关规定，控制费用，促进项目合理、节约地使用人力、物力和财力。

（2）正确及时地核算施工过程中发生的各项费用，计算施工项目的实际成本。

（3）反映和监督施工项目成本计划完成情况。

2. 施工项目成本核算的基本要求

（1）划分成本费用支出和非成本费用支出的界限。

（2）正确划分各种成本、费用的界限。

① 划清施工项目工程成本和期间费用的界限。

② 划清本期工程成本与下期工程成本的界限。

③ 划清不同成本核算对象之间的成本界限。

④ 划清未完工程成本与已完工程成本的界限。

（3）加强成本核算的基础工作。

① 建立各种财产物资的收发、领退、转移、报废、清查、盘点、索赔制度。

② 建立、健全与成本核算有关的各项原始记录和工程量统计制度。
③ 制订或修订工时、材料、费用等各项内部消耗定额以及其内部结算指导价。
④ 完善各种计量检测设施，严格计量检验制度，使项目成本核算具有可靠的基础。

（三）工程项目成本核算的特点

（1）成本核算内容繁杂、周期长。

（2）成本核算需要全员的分工与协作，共同完成。

（3）成本核算满足形象进度、施工产值统计和实际成本归集三同步要求难度大。

（4）在项目总分包制条件下，对分包商的实际成本很难把握。

（5）在成本核算过程中，数据处理工作巨大，应充分利用计算机，使核算工作程序化、标准化。

二、工程项目成本核算的对象、基础与程序

（一）工程项目成本核算的对象

（1）建筑工程是按设计图纸在指定地点施工的，施工图预算一般按单位工程编制，所以建筑工程按每一独立编制施工图预算的单位工程为成本核算对象。

（2）一个单位工程如由几个施工单位共同施工，各施工单位都应以同一单位工程为成本核算对象，各自核算自行施工的部分。如果该工程总、分包单位是同一企业的，总部在汇总工程成本时，应按该单位工程予以归并。

（3）规模大、工期长的单位工程，可以将工程分为若干个分部工程，以分部工程作为成本核算对象。

（4）同一建设项目、同一施工地点、同一结算类型、同一施工单位、开竣工时间相接近的若干个单项工程，可以合并为一个成本核算对象。

（5）改建、扩建的零星工程，可以将竣工时间接近、属于同一建设单位的一批单项工程，合并为一个成本核算对象。

（6）土石方工程、打桩工程，可以根据实际情况和管理需要，以一个单项工程为成本核算对象，或将同一施工地点的若干个工程量较小的单项工程合并为一个成本核算对象。

（7）独立施工的装饰工程的成本核算对象，应与土建工程成本核算对象一致。

（8）设备安装工程，可按单位工程或专业项目，如机械设备、管道、通风设备的安装等作为成本核算对象。

（二）工程项目成本核算的基础

1. 建立以项目为成本核算中心的核算体系

项目经理部与企业内部劳务市场、材料市场、机械设备租赁市场、技术市场、资金市场等内部市场主体之间的关系是租赁或买卖关系，一切都以经济合同结算关系为基础。

2. 理顺项目成本核算的工作流程

项目经理部在承建工程项目并收到设计图纸后，一方面要进行施工前现场准备工作，另一方面要组织力量编制施工图预算、施工组织设计，制订降低成本计划及实施控制措施，最

后将项目总成本与各个成本项目、实际成本与预算成本、计划成本对比考核，以分析施工项目成本的降低水平和管理水平。

（三）工程项目成本的确定与核算程序

1. 工程成本的确定

（1）人工费。如工资薪金、工资性津贴、劳保费、福利费等。

（2）材料费。如构成工程实体或有助于形成工程实体的原材料、辅助材料、构配件、零件、半成品的费用，以及周转材料的摊销额和租赁费用等。

（3）机械使用费。如使用自有机械的使用费和租用外单位机械的租赁费，以及施工机械的安装、拆卸和进出场费等。

（4）其他直接费。如二次搬运费、生产工具和用具使用费等。

（5）间接费用。下属单位为组织和管理生产活动所发生的费用，如生产管理人员的工资、办公费、差旅费等。

2. 工程成本核算的程序

（1）总分类核算程序。

工程成本的总分类核算程序是指总括地核算工程成本时一般应采取的步骤和顺序。

施工企业对施工过程中发生的各项工程成本，应先按其用途和发生的地点进行归集。其中，直接费用可以直接计入受益的各个工程成本核算对象的成本中；间接费用则需要先按照发生地点进行归集，然后再按照一定的方法分配计入受益的各个工程成本核算对象的成本中。

（2）明细分类核算程序。

为了详细地反映工程成本在各个成本核算对象之间进行分配和汇总的情况，以便计算各项工程的实际成本，施工企业除了进行工程成本的总分类核算以外，还应设置各种施工生产费用明细账，组织工程成本的明细分类核算。

工程成本的明细分类核算程序应与工程成本的总分类核算程序相适应。施工企业一般应按工程成本核算对象设置"工程成本明细账（卡）"，用来归集各项工程所发生的施工费用。此外，施工企业还应按车间、单位或部门以及成本核算对象分别设置"辅助生产明细账"，按种类或项目设置"待摊费用明细账""预提费用明细账""间接费用明细账"等，以便于归集和分配各项施工生产费用。

三、加强工程项目成本核算的对策

（1）进一步明确成本核算对象。

（2）强化成本核算程序。

（3）优化项目成本分析内容。

（4）加强施工现场管理。

（5）增强全员成本核算意识。

四、工程项目成本核算方法

（1）表格核算法。表格核算法是建立在内部各项成本核算基础上，各要素部门和核算单位定期采用信息填制相应的表格,并通过一系列表格形成项目成本核算体系的方法。

(2)会计核算法。会计核算法是指建立在会计核算基础上,利用会计核算所独有的借贷记账法和收支全面预算的综合特点,按项目成本内容和收支范围,组织项目成本核算的方法。

(3)两种核算方法的并行运用。将工程成本核算和项目成本核算在收入上做到统一,在支出中再利用一定的手段将项目非责任成本的支出单独列出来,其成本收支就成了项目成本的收支范围。

(4)直接比例法。

间接费分配率=当期实际发生的全部间接费用÷当期各合同发生的直接费之和

某合同当期应负担的间接费用=该合同当期实际发生的直接费用×间接费分配率

【案例1】 某建筑公司签订了一项总金额为100万元的固定造价合同,最初预计总成本为90万元。第一年实际发生成本63万元,年末,预计为完成合同尚需发生成本42万元。假定该合同的结果能够可靠地估计。

解析:该公司应在年末时进行如下会计处理。

第一年合同完工进度=63÷(63+42)×100%=60%

第一年确认的合同收入=合同总收入×60%=100×60%=60(万元)

第一年确认的合同毛利=[100-(63+42)]×60%=-3(万元)

第一年应确认的合同费用=收入-毛利=60-(-3)=63(万元)

第一年预计的合同损失=[(63+42)-100]×(1-60%)=2(万元)

其账务处理如下。

借:主营业务成本	630 000
贷:主营业务收入	600 000
工程施工——毛利	30 000

第六节 工程项目结算管理

一、工程结算的概念和意义

(1)工程结算的概念。工程结算是指建筑工程施工企业在完成工程任务后,依据施工合同的有关规定,按照规定程序向建设单位收取工程价款的一项经济活动。

工程结算的主体是施工企业。

工程结算的目的是施工企业向建设单位索取工程款,以实现营业收入。

(2)工程结算的意义。由于建筑工程施工周期较长,占用资金额较大,及时办理工程结算对于施工企业具有十分重要意义。

① 工程结算是反映工程进度的主要指标。

② 工程结算是加速资金周转的重要环节。

③ 工程结算是考核经济效益的重要指标。

二、工程结算的分类

工程款结算是指施工企业在工程实施过程中,依据施工合同中关于付款条款的有关规定和工程进展所造成的工程量,按照规定程序向建设单位收取工程价款的一项经济活动。

工程竣工结算是指施工企业按照合同规定的内容,全部完成承包的单位工程或单项工程,经有关部门验收质量合格,并符合合同要求后,按照规定程序向建设单位办理最终工程价款结算的一项经济活动。

三、工程价款结算方式

1. 按月结算

按月结算指实行旬末或月中预支,月终结算,竣工后清算的办法。

跨年度竣工的工程,在年终进行工程盘点,办理年度结算。

2. 竣工后一次结算

建设项目或单项工程全部建筑安装工程的建设期在 12 个月以内,或者工程承包合同价值在 100 万元以下的工程,可以实行工程价款每月月中预支,竣工后一次结算。

当年结算的工程款应与年度完成的工作量一致,年终不另清算。

3. 分段结算

当年开工,且当年不能竣工的单项工程或单位工程,按照工程形象进度或工程阶段,划分不同阶段进行结算。

分段的划分标准,由各部门或省、自治区、直辖市、计划单列市规定。

分段结算的相关实例如下。

(1)工程开工后,按工程合同造价拨付 40%。

(2)工程基础完成后,拨付 20%。

(3)工程主体完成后,拨付 30%。

(4)工程竣工验收后,拨付 5%。

(5)工程尾留款 5%。

分段结算可以按月预支工程款,当年结算的工程款应与年度完成的工作量一致,年终不另清算。

四、工程预付(备料)款结算

工程预付(备料)款是指工程项目开工前,为了确保工程施工正常进行,建设单位应按照合同规定,拨付给施工企业一定限额的工程预付(备料)款。此预付款构成施工企业为该工程项目储备主要材料和结构件所需的流动资金。

1. 工程预付(备料)款的支付

建设单位向施工企业预付备料款的限额,取决于以下几个因素。

(1)工程项目中主要材料(包括外购构件)占工程合同造价的比重。

(2)材料储备期。

(3)施工工期。

在实际工作中,为了简化计算,预付备料款的限额可按预付款占工程合同造价的额度计算,其计算公式如下。

预付备料款的限额 = 工程合同造价 × 预付备料款额度

预付备料款额度确定依据:包工包料工程的预付款按合同约定拨付,原则上预付比例不低于合同金额的10%,不高于合同金额的30%;对重大工程项目,按年度工程计划逐年预付。

对于材料由建设单位供给的只包工不包料工程,则可以不预付工程备料款。

招标时在合同条件中约定工程预付款的百分比,如果承包人滥用工程预付款,则发包人有权立即收回。

2. 预付备料款扣回

当工程进展到一定阶段,随着工程所需储备的主要材料和结构件逐步减少,建设单位应将开工前预付的备料款,以抵充工程进度款的方式陆续扣回,并在竣工结算前全部扣清。

扣款有以下两种方式。

(1)发包人和承包人通过洽商合同的形式予以确定。

(2)从未施工工程尚需的主要材料及构件的价值相当于工程预付款数额时扣起,按材料及构件比重扣抵工程价款,至竣工之前全部扣清。

工程预付款起扣点可按下列公式计算。

$M=(P-T)\times N$

$T=P-M\div N$

T——起扣点,即工程预付款开始扣回的累计完成工程金额。

P——承包工程合同总额。

M——工程预付款数额。

N——主要材料及构件所占比重。

【案例2】 某项工程合同总额为600万元,工程预付款为合同总额的20%,主要材料和构件所占比重为60%。该工程的工程预付款、起扣点为多少万元?

解析:工程预付款 $M=600\times 20\%=120$(万元)

工程起扣点 $T=P-M\div N=600-120\div 60\%=400$(万元)

当工程完成400万元时,本项工程预付款开始扣回。

五、工程进度款结算

1. 开工前期进度款结算

从工程项目开工,到施工进度累计完成的产值小于"起扣点",这期间称为开工前期。此时,本月(期)结算的工程进度款应等于当月(期)已完成的产值,其计算公式如下。

本月(期)应结算的工程进度款 = 本月(期)已完成产值

= ∑本月已完成工程量 × 预算单价 + 相应收取的其他费用

或

= ∑本月已完成工程量 × 综合单价 + 相应收取的其他费用

2. 施工中期进度款结算

当工程施工进度累计完成的产值达到"起扣点"以后，至工程竣工结束前一个月，这期间称为施工中期。

此时，本月（期）结算的工程进度款，应扣除当月（期）应扣回的工程预付备料款。相关计算公式如下。

本月（期）应抵扣的预付备料款＝本月（期）已完成产值×主材费所占比重

本月（期）应结算的工程进度款＝本月（期）已完成产值－本月（期）应抵扣的预付备料款＝本月（期）已完成产值×（1－主材费所占比重）

对于"起扣点"恰好处于本月完成产值的当月，相关计算公式如下。

"起扣点"当月应抵扣的预付备料款＝（累计完成产值－起扣点）×主材费所占比重

"起扣点"当月应结算的工程进度款完成产值＝本月（期）完成产值－（累计完成产值－起扣点）×主材费所占比重

3. 工程尾期进度款结算

按照国家有关规定，工程项目总造价中应预留一定比例的尾留款作为质量保修费用，又称"保留金"。待工程项目保修期结束后，视保修情况最后支付。相关计算公式如下。

应扣保留金＝工程合同造价×保留金比例

式中，保留金比例应按合同规定计取，一般取5%。

最后月（期）应结算的工程尾款＝最后月（期）完成产值×（1－主材费所占比重）－应扣保留金

【案例3】 某企业承包的建筑工程合同造价为780万元。双方签订的合同规定工程工期为5个月，工程预付备料款额度为工程合同造价的20%，工程进度款逐月结算。经测算该工程的主要材料费所占比重为60%，工程保留金为工程合同造价的5%，各月实际完成的产值如附表6-1所示。该工程如何按月结算工程款？

附表6-1 各月实际完成的产值

月份	3月	4月	5月	6月	7月	合计
完成产值（万元）	95	130	175	210	170	780

解析：（1）由公式可知。该工程的预付备料款＝780×20%＝156（万元）。

由起扣点公式知，起扣点＝780－156÷60%＝520（万元）。

（2）开工前期每月应结算的工程款如附表6-2所示。

附表6-2 每月应估算的工程款

月份	3月	4月	5月
完成产值（万元）	95	130	175
当月应付工程款（万元）	95	130	175
累计完成的产值（万元）	95	225	400

以上3、4、5月累计完成的产值均未超过起扣点（520万元），故不用抵扣工程预付备料款。

（3）施工中期进度款结算。

6月累计完成的产值 = 400+210=610（万元）＞起扣点（520万元）

故从6月开始须从工程进度款中抵扣工程预付备料款。

6月应抵扣的预付备料款 =（610-520）×60%=54（万元）

6月应结算的工程款 =210-54=156（万元）

（4）工程尾期进度款结算。

应扣保留金 =780×5%=39（万元）

7月办理竣工结算时，应结算的工程尾款为 29 [170×（1-60%）-39] 万元。

（5）由上述计算结果可知：各月累计结算的工程进度款 = 95+130+175+156+29=585（万元）；再加上工程预付备料款156万元和保留金39万元，共计780万元。

六、竣工结算

1. 竣工结算的概念

竣工结算是指施工企业按照合同规定，全部完成所承包的单位工程或单项工程，经有关部门验收质量合格，并符合合同要求后，按照规定程序向建设单位办理最终工程价款结算的一项经济活动。

竣工结算是在施工图预算的基础上，根据实际施工中出现的变更签证等实际情况由施工企业负责编制的。

在工程施工过程中，由于遇到一些原设计无法预计的情况，如基础工程施工遇软弱土、流砂、阴河、古墓、孤石等，必然会引起设计变更、施工变更等原施工图预算中未包括的内容。在工程竣工验收后，建设单位与施工企业应根据施工过程中的实际变更情况进行竣工结算。

2. 竣工结算的一般程序

竣工结算的一般程序如附图6-1所示。

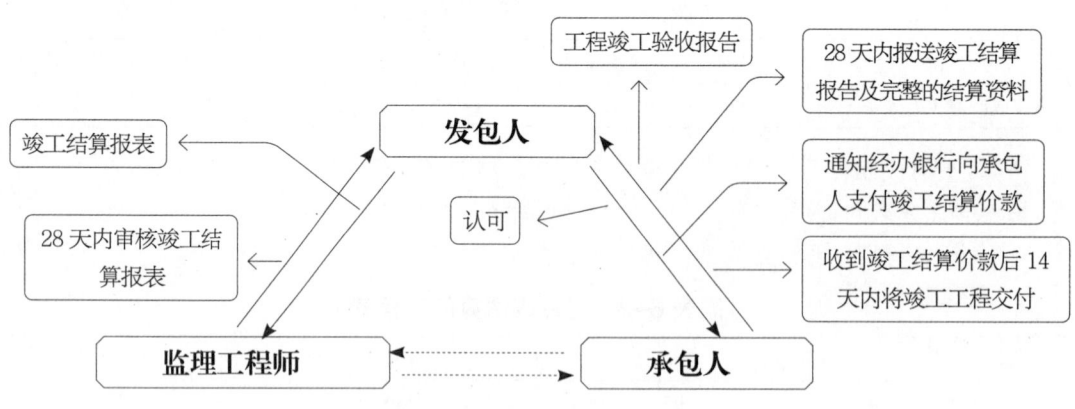

附图6-1 竣工结算的一般程序

3.《建设工程价款结算暂行办法》对竣工结算的规定

相关规定如附表 6-3 所示。

附表 6-3　与工程竣工结算审核时间相关的规定

工程竣工结算报告金额	审查时间
500 万元以下	从接到竣工结算报告和完整的竣工结算资料之日起 20 天内
500~2 000 万元（含）	从接到竣工结算报告和完整的竣工结算资料之日起 30 天内
2 000~5 000 万元（含）	从接到竣工结算报告和完整的竣工结算资料之日起 45 天内
5 000 万元以上	从接到竣工结算报告和完整的竣工结算资料之日起 60 天内

4. 竣工结算的编制依据

（1）工程清单、标底及投标报价。

（2）图纸会审纪要。图纸会审纪要是指图纸会审会议中设计方面有关变更内容的决定。

（3）设计变更通知。必须是在施工过程中，由设计单位提出的设计变更通知单，或结合工程的实际情况，由业主提出设计修改要求后，经设计单位同意的设计修改通知单。

（4）施工签证单或施工记录。凡施工图预算未包括，而在施工过程中实际发生的工程项目（如原有房屋拆除、树木草根清除、古墓处理、淤泥垃圾土挖除换土、地下水排除、因图纸修改造成返工等），要按实际耗用的工料，由承包人登记施工记录或填写签证单，经业主签字盖章后方为有效。

（5）工程停工报告。在施工过程中，因材料供应不上或因改变设计、施工计划变动等原因，导致工程不能继续施工时，其停工时间在 1 天以上者，均应由施工员填写停工报告。

（6）材料代换与价差，必须有经过业主同意认可的原始记录方为有效。

（7）工程合同、施工合同规定的工程项目范围、造价数额、施工工期、质量要求、施工措施、双方责任、奖罚办法等内容。

（8）竣工图。

（9）工程竣工报告和竣工验收单。

（10）有关定额、费用调整的补充项目。

5. 竣工结算的方式

（1）施工图预算加签证结算方式。

该结算方式是把经过审定的原施工图预算作为工程竣工结算的主要依据。凡原施工图预算或工程量清单中未包括的"新增工程"，在施工过程中历次发生的由于设计变更、进度变更、施工条件变更所增减的费用等，经设计单位、建设单位、监理单位签证后，与原施工图预算一起构成竣工结算文件，交付建设单位经审计后办理竣工结算。

这种结算方式，难以预先估计工程总的费用变化幅度，往往会造成追加工程投资的现象。

（2）预算包干结算方式。

预算包干结算，也称施工图预算加系数包干结算，即在编制施工图预算的同时，另外计算预算外包干费。

预算外包干费 = 施工图预算造价 × 包干系数

结算工程价款 = 施工图预算造价 × (1+ 包干系数)

包干系数由施工企业和建设单位双方商定，经有关部门审批确定，在签订合同条款时，预算外包干费要明确包干范围。这种结算方式，可以减少签证方面的扯皮现象，预先估计总的工程造价。

（3）每平方米造价包干结算方式。

该结算方式是双方根据一定的工程资料或概算指标，事先协定每平方米造价指标，然后按建筑面积汇总计算工程造价，确定应付的工程价款。

（4）招、投标结算方式。

招标单位与投标单位按照中标报价、承包方式、承包范围、工期、质量标准、奖惩规定、付款及结算方式等内容签订承包合同，合同规定的工程造价就是结算造价。工程竣工结算时，奖惩费用、包干范围外增加的工程项目费用另行计算。

6. 竣工结算的内容及编制方法

工程竣工结算的内容和编制方法与施工图预算的内容和编制方法基本相同，只是结合施工中历次设计变更、材料价差等实际变动情况，在原施工图预算基础上进行部分增减调整。

（1）工程量差的调整。

工程量差是指原施工图预算所列分项工程量，与实际完成的分项工程量不符而发生的差异。这是编制竣工结算的主要部分，这部分量差主要由以下原因造成。

① 设计单位提出的设计变更。

工程开工后，由于某种原因，设计单位要求改变某些施工方法，经与建设单位协商后，填写设计变更通知单，将其作为结算增减工程量的依据。

② 施工企业提出的设计变更。

此种情况比较多见。由于施工方面的原因，如施工条件发生变化、某种材料缺货需改用其他材料代替等，要求设计单位进行设计变更。经设计单位和建设单位同意后，填写设计变更洽商记录，将其作为结算增减工程量的依据。

③ 建设单位提出的设计变更。

工程开工后，建设单位根据自身的意向和资金筹措情况，增减某些具体工程项目或改变某些施工方法。经与设计单位、施工企业、监理单位协商后，填写设计变更洽商记录，将其作为结算增减工程量的依据。

④ 监理单位或建设单位工程师提出的设计变更。

此种情况是因为监理单位或建设单位工程师发现有设计错误或不足之处，经设计单位同意提出设计变更。

⑤ 施工中遇到某种特殊情况引起的设计变更。

在施工中，由于遇到一些原设计无法预计的情况，如开挖后遇到古墓、枯井、孤石、流砂、阴河等，需要进行处理。设计单位、建设单位、施工企业、监理单位共同研究，提出具体处理意见，填写设计变更洽商记录，将其作为结算增减工程量的依据。

计算分部分项工程增减工程量的直接费，通常采用本地区规定的表格进行，也可按附表6-4形式进行计算。

附表 6-4　工程增减工程量统计

编号	洽商记录	定额编号	工程或费用名称	单位	增加部分					减少部分				
					数量	工料单位	工料合计	其中		数量	工料单位	工料合计	其中	
								人工单价	人工合计				人工单价	人工合计

（2）材料价差的调整。

材料价差是指因工程建设周期较长或建筑材料供应不及时，造成材料实际价格与预算价格存在差异，或因材料代用发生的价格差额。

在工程结算中，材料价差的调整范围应严格按照当地的有关规定办理，不允许擅自调整。

由建设单位供应并按材料预算价格转给施工企业的材料的价格，在竣工结算时，不得调整。材料价差由建设单位单独核算，在编制工程决算时摊入工程成本。

由施工企业采购的材料进行价差调整，必须在签订合同时予以明确。材料价差调整的方法有单项调整和按系数调整两种。一般工程中常用的主材采用单项调整方法。

辅材价差一般采用系数调整方法。这属于政策性价差调整。对于调整系数，不同地区、不同时期都有不同的规定，应严格按各地区的规定执行。

因材料供应缺口或其他原因发生的以大代小等情况所引起的材料价差，应根据工程材料代用核定通知单计算。材料价差调整计算表如附表 6-5 所示。

附表 6-5　材料价差调整计算表

建设单位：　　　　　　　　　　　　　　　　　　　　　　　　　第　页　共　页

工程名称：

序号	材料名称	规格	单位	数量	定额消耗量	材料差价（元）		单价差计算式
						单价差	价差合计	
1	玻璃砖地面	190mm×190mm×80mm	100m²	5.2	2 900	3.36	50 668.80	16.52−13.16=3.36（元/块）
	合计						50 668.80	

（3）费用调整。

费用调整是指以直接费或人工费为计费基础，计算的其他直接费、现场经费、间接费、计划利润和税金等费用的调整。

工程量的增减变化，会引起措施费、间接费、利润和税金等项目的增减。这些费用应按当地费用定额的规定进行相应调整。

各种材料价差一般不调整间接费，因为费用定额是在正常条件下确定的，不能随材料价格的变化而变动。但各种材料价差应列入工程预算成本，按当地费用定额的规定计算计划利润和税金。

其他费用，如属于政策性的调整费、因建设单位原因发生的窝工费用、建设单位向施工企业支付的清工和借工费用等，应按照当地规定的计算方式在结算时一次清算。

另外，施工企业在施工现场消耗的水、电费用，也应按规定在工程结算时退还建设单位，做到工完账清。

7. 单位（单项）工程竣工结算书的编制

目前，竣工结算书没有统一规定的表格，有的用预算表代用，有的则根据工程特点和实际需要自行设计表格。

竣工结算书通常包括下列内容。

（1）竣工结算书封面，封面形式与施工图预算书封面相同，要求填写工程名标、结构类型、建筑面积、造价等内容。

（2）编制说明。主要说明施工合同有关规定、有关文件和变更内容等。

（3）结算造价汇总计算表，竣工结算表形式与施工图预算表相同。

（4）汇总表的附表。附表包括工程增减变更计算表、材料价差计算表、业主供料计算表等。

（5）工程竣工资料。工程竣工资料包括竣工图、各类签证、核定单、工程量增补单、设计变更通知单等。

8. 竣工结算时工程价款的确定

竣工结算时，若因某些条件变化，使合同工程价款发生变化，则需按合同规定对合同价款进行调整。

合同收入包括以下两部分内容。

（1）合同中规定的初始收入，即建造承包商与客户在双方签订的合同中最初商定的合同总金额。它构成了合同收入的基本内容。

（2）因合同变更、索赔、奖励等构成的收入，即在执行合同过程中由于合同变更、索赔、奖励等原因而形成的追加收入。

七、国内设备、工器具款结算

发包人对订购的设备和工器具一般不预付定金，只对制造期在半年以上的大型专业设备和船舶的价款，按合同分期付款。

发包人收到设备和工器具后，要按合同规定及时结算付款，不应无故拖欠。

延期付款，要支付一定的赔偿金。

八、进口设备、工器具款结算

1. 进口标准机械设备的结算

进口标准机械设备的结算分为以下两个阶段。

首次合同付款：当采购货物装船，卖方提供所需的文件和单证后，即可支付合同价款的 90%。

最终合同付款：货物在保证期截止时，卖方提供所需的单证后，即可支付余款，余款一般为合同总价的 10%。

2. 专制设备的结算

专制设备的结算一般分为以下三个阶段。

预付款：在合同签订以后、开始制造前，买方向卖方提供合同总价的 10%~20% 的价款。

阶段付款：按照合同条款的规定，以设备加工制造到关键部位作为阶段划分，分阶段验收并按设备合同总价的一定百分比付款。

最终付款：在保证期结束时的付款。

3. 进口设备、工器具的出口信贷结算方式

进口设备、工器具常利用出口信贷的形式来进行。通过借贷资本的输出带动商品的输出。出口信贷又分为买方信贷和卖方信贷。

买方信贷的两种形式如附图 6-2 所示。

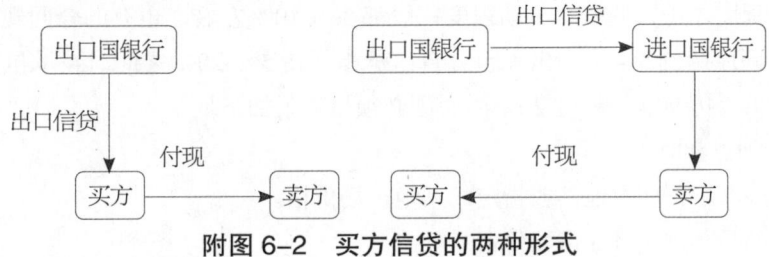

附图 6-2　买方信贷的两种形式

九、建设安装工程价款的动态结算方法

1. 实际价格结算法

实际价格结算法是指对承包人的主要材料价格按实际价格结算的方法。

有些地区规定对钢材、木材、水泥等三大材的价格采取按实际价格结算的办法，工程承包商可凭发票按实报销。

这种方法比较方便，但有副作用：一方面，由于是实报实销，因而承包商对降低成本不感兴趣；另一方面，在现今不规范的市场经济条件下，发票价格也可以作假。为了避免该方法产生副作用，地方基建主管部门要定期公布最高结算限价，同时合同文件中应规定建设单位或工程师有权要求承包商选择更廉价的供应来源。

2. 调价文件结算法

甲、乙双方采取按当时的预算价格承发包，在合同工期内按照物价管理部门调价文件的规定，进行抽料补差（在同一价格期内按所完成的材料用量乘以价差）。

有的地方部门定期发布主要材料供应价格和管理价格，甲、乙双方应按规定对这一时期的工程进行抽料补差。

3. 竣工调价系数法

竣工调价系数法是指施工合同双方采用当时的预算价格承发包，在合理工期内按照工程造价管理部门规定的调价系数（以定额直接费或定额材料费为计算基础），对原合同造价在合同价格的基础上，调整由实际人工费、材料费、机材费等费用上涨及工程变更等因素造成的价差，并对承包人给予调价补偿。

计算公式如下。

工程实际结算款 = 工程合同价 ×（竣工时工程造价指数 ÷ 签订合同时工程造价指数）

4. 调值公式法（动态结算公式法）

在发包方签订的合同中明确规定了调值公式。

根据国际惯例，对建设项目工程价款的动态结算，一般采用这种方法。

调值公式法的应用过程如下。

（1）确定计算物价指数的品种。

一般来说，为便于计算，品种不宜太多，只确立那些对项目投资影响较大的因素，如设备、水泥、钢材、木材和工资等。

（2）要明确以下两个问题。

① 合同价格条款中，应写明经双方商定的调整因素；在签订合同时，要写明考核几种物价波动到何种程度才进行调整。波动程度一般都在 ±10% 左右。也有的合同规定，在应调整金额不超过合同原始价 5% 时，由承包方自己承担；在 5%~20% 之间时，承包方负担 10%，发包方（业主）负担 90%；超过 20% 时，则必须另签附加条款。

② 考核的地点和时点。

地点：一般在工程所在地，或指定的某地市场价格。

时点：指的是某月某日的市场价格。

这里要确定两个时点价格，基准日期的市场价格（基础价格）和与特定付款证书有关的期间最后一天的 49 天前的时点价格。

十、设备、工器具价款的动态结算

设备、工器具价款的动态结算主要根据国际上流行的货物与设备价格调值公式来计算。

$$P_1 = P_0 \left(a + b \frac{M_1}{M_0} + c \frac{L_1}{L_0} \right)$$

P_1——应付给供货人的价格或结算款。

P_0——合同价格（基价）。

M_0——原料的基本物价指数，取投标截止前 28 天的指数。

L_0——特定行业人工成本的基本指数，取投标截止日前 28 天的指数。

M_1, L_1——在合同执行时的相应指数。

在上列公式中，将合同 P 分解为 3 个部分。

（1）a 代表管理费用和利润占合同价的百分比。这一比例是不可调整的，因而称之为固定因素。

（2）b 代表原料成本占合同价的百分比。

（3）c 代表人工成本占合同价的百分比。

a、b、c 的关系如下。

$a+b+c=1$

a 的数值可因货物性质的不同而不同，一般占合同价的 5%~15%。

b 是根据设备制造中消耗的主要材料的物价指数进行调整的。

c 通常是根据整个行业的物价指数调整的（如轧钢行业）。

十一、工程变更价款的确定

第一种工程变更价款的情况如下。

（1）如果此项工作实际测量的工程量比工程量表或其他报表中规定的工程量的变动大于10%。

（2）工程量的变化与该项工作规定的费率的乘积超过了中标的合同金额的 0.01%。

（3）由此工程量的变化直接造成该项工作单位成本的变动超过 1%。

（4）这项工作不是合同中规定的"固定费率项目"。

第二种工程变更价款的情况如下。

（1）此工作是根据变更与调整的指示进行的。

（2）合同没有规定此项工作的费率或价格。

（3）由于该项工作与合同中的任何工作没有类似的性质或不在类似的条件下进行，故没有一个规定的费率或价格适用。

没有相关的费率或价格可供推算新的费率或价格时，应根据实施该工作的合理成本和合理利润，并考虑其他相关事项后得出。

工程师应在商定或确定适宜费率或价格前，确定用于期中付款证书的临时费率或价格。

十二、工程索赔

（一）承包商向业主的索赔

1. 工程变更的索赔

在进行工程变更索赔时，一定要注意具有工程变更价款的索赔权。

若工程变更是由非承包商原因造成且由业主或其授权代表工程师发出变更指令以后进行的，则承包商具有对工程变更价款的索赔权。

如果承包商按照其他人的指示进行工程变更，则将失去得到此项变更的经济补偿的权利。而且在我国，如果承包商在双方确定变更后 14 天内不向工程师提出变更工程价款报告，则该项变更可被视为不涉及合同价款的变更。

2. 工程延误的索赔

在施工中，常常由于各种原因而导致工程的实际进度落后于进度计划，如果延误的责任在业主方面或应由业主承担风险，则承包商有权就此延误提出索赔要求。

承包商索赔的要求通常包括以下两个方面。

一是承包商要求偿付由于非承包商原因或其风险而导致工程延误而造成的损失。（纯属业主方面原因）

二是承包商要求延长工期。（属于客观原因、业主也无法预见到的情况）

3. 现场物质条件变化的索赔

现场物质条件是指承包商在现场施工时遇到的自然物质条件、人为的和其他物质障碍和污染物，包括地下和水文条件，但不包括气候条件。

由于物质条件比招标文件中所描述的更为困难和恶劣，是一个有经验的承包商也无法预见到的，从而增加了施工的难度，导致承包商的成本增加和工程拖期，就此情况承包商可提出工期索赔和费用索赔。

4. 加速施工的索赔

（1）由于非承包商原因造成工期延误，业主为了能够按时接收工程，由工程师发出指示，要求承包商采取加速施工措施。

（2）工程按进度计划进行，并未发生拖期现象，但考虑到市场等原因，业主希望工程能提前交付使用，与承包商协商采取加速施工措施。

由以上情况造成费用损失，承包商有权索赔。

5. 不可抗力的索赔

由于战争、政变、非承包商及其分包商人员的罢工以及战争军火和自然灾害等不可抗力所造成的工程延误或费用损失，承包商有权索赔。

但在战争和自然灾害情况下，承包商只能要求工期延长，不能要求费用补偿。

6. 业主风险的索赔

工程承包施工是一项高风险的事业，任何合同条件中都包含有关风险分配的条款。

在工程实践中如果发生了应由业主承担的风险，则承包商有权就此风险造成的工期拖期和费用增加提出索赔。

7. 工效降低的索赔

在施工过程中，恶劣的气候条件和地质条件、其他承包商的干扰、工程变更等多种因素的影响，会造成实际施工工效低于承包商投标报价时所依据的工效水平，从而造成承包商的工程成本增加，实际施工进度落后于计划进度。承包商通常就此提出索赔，希望弥补自己的损失。

8. 物价上涨的索赔

在工程施工承包实践中，由于建设项目的施工周期长，物价变动通常对工程造价带来很大的影响。对于工期在一年以内的项目，可能采用固定价格合同，物价上涨的风险由承包商承担。但是，对于工期在一年以上的项目，物价上涨可能会引起工程成本的大幅提高，所以，通常在合同条件中都规定有物价调整的条款。

9. 业主拖期付款的索赔

通常在施工合同中都有关于工程款支付方面的条款，而且一般规定有时间范围。如果拖期付款，承包商有权对工程款和延期支付期间的利息进行索赔。

10. 承包商暂停施工或终止合同的索赔

在施工合同中通常规定，由于业主拖期付款，承包商有权暂停施工或放慢施工速度。

由于其他非承包商方面的原因按照工程师的指示暂停施工，或者业主严重违约，或业主破产等原因，承包商有权终止合同。

以上几种情况，承包商均有权向业主提出索赔。

11. 业主违约的索赔

施工合同中明确规定有业主方和承包商方的合同义务，如果业主没有履行合同义务，就构成了合同违约。如果这种违约行为造成承包商的损失，则承包商就有权就此索赔。

12. 政府法令变化的索赔

通常在合同中均规定在投标书递交截止日期前 28 天之后，工程所在国的政府法令如果发生变化导致承包商的工程成本增加，则承包商有权向业主提出索赔。

例如，工人工资的法令性增加，就会导致人工费增加。

（二）业主向承包商的索赔

1. 工期延误索赔

在工程项目的施工过程中，由于多方面的原因，往往使竣工日期推后，影响到业主对该工程的利用，给业主带来经济损失。

承包商支付误期损害赔偿费的前提是这一工期延误的责任属于承包商方面。

施工合同中的误期损害赔偿费，通常是由业主在招标文件中确定的。

2. 质量不满足合同要求索赔

当承包商的施工质量不符合合同的要求，或使用的设备和材料不符合合同规定，或在缺陷责任期未满以前未完成应该负责修补的工程时，业主有权向承包商追究责任，要求补偿所受的经济损失。

如果承包商在规定的期限内未完成缺陷修补工作，业主有权雇佣他人来完成工作，发生的成本和费用由承包商负担。

如果承包商自费修复，则业主可索赔重新检验费。

3. 承包商不履行的保险费用索赔

如果承包商未能按照合同条款指定的项目投保并保证保险有效，则业主可以投保并保证保险有效，业主所支付的必要的保险费可在应付给承包商的款项中扣回。

4. 对超额利润的索赔

如果工程量增加很多，使承包商预期的收入增多，但因工程量增加承包商并不增加任何固定成本，则合同价应由双方讨论调整，业主可收回部分超额利润。

5. 对指定分包商的付款索赔

在承包商未能提供已向指定分包商付款的合理证明时，业主可以直接按照监理工程师的证明书，将承包商未付给指定分包商的所有款项（扣除保留金）付给这个分包商，并从应付给承包商的任何款项中如数扣回。

6. 业主合理终止合同或承包商不正当地放弃工程的索赔

如果业主合理地终止承包商的承包，或者承包商不合理放弃工程，则业主有权从承包商手中收回由新的承包商完成工程所需的工程款与原合同未付部分的差额。

第七节　施工企业财务会计核算基础知识

一、工程料、工、费核算

工程施工过程所发生的直接成本费用通过"工程施工——合同成本"科目核算。该科目根据施工项目确定成本核算对象，进行辅助核算，按照成本项目进行明细核算。

工程施工过程中所发生的间接费用通过"间接费用"科目核算。如有多个项目，应在项目间进行分配。

1. 材料费

领用的自购材料的费用，根据领料单或出库单等单据，计入合同成本中的材料费。

2. 人工费

根据工资清单，所发生的工资和计提的福利费等费用计入合同成本中的人工费。

3. 分包工程费用

根据合同协议约定支付预付款。

根据与分包企业确认的结算通知单，首先根据合同协议约定扣减预付账款，其差额确认应付的工程款。

支付已经办理结算的款项。

4. 机械作业和机械使用费

（1）使用自有施工机械和运输设备为承包工程进行机械作业所发生的人工费、燃料及动力费、折旧及修理费、其他直接费、间接费用等各项费用，记入"机械作业——承包工程"明细科目。机械作业科目应遵循"工程施工——合同成本"科目核算原则。

（2）上述对本单位承包工程所发生的各项机械作业费用如果金额较小，也可以直接记入"工程施工"科目中的"机械使用费"明细科目。

（3）从外单位或本企业其他内部独立核算的机械站租入施工机械，支付或负担的机械租赁费，直接记入"工程施工"科目。

5. 其他直接费用

设计和技术援助费用、施工现场材料的二次搬运费、生产工具和用具使用费、临时设施摊销、检验试验费、工程定位复测费、工程点交费用、场地清理费用、水电费等，记入"其他直接费用"科目。

6. 间接费用

项目部的管理人员的工资、奖金、职工福利费、劳动保护费，固定资产折旧费及修理费，物料消耗，低值易耗品摊销，取暖费，办公费，差旅费，财产保险费，工程保修费，排污费等费用，应首先记入"间接费用"科目。月末，施工间接费用应转入施工成本中的间接费科目。如果是多个项目，应按照一定比例进行分配。

二、工程结算

（1）对于开工预付款。业主按开工预付款比例进行支付：按合同价格（不含暂定金额）

的8%分3次支付，第一次支付开工预付款的2%，第二次、第三次支付开工预付款的3%。开工预付款在工程进度达到20%之前不予扣回，在达到合同价格20%之后，分期等值从各月的期中支付证书中扣回，全部金额在完工前3个月时扣完。

（2）材料、设备预付款。业主除沥青外按材料款的75%支付材料、设备预付款，其条件如下。

① 材料、设备符合规范要求并经监理工程师认可。

② 承包人已出具材料、设备费用凭证或支付单据。

③ 材料、设备已在现场交货，且存储良好，监理工程师认为材料、设备的存储方法符合要求。

（3）中期支付。监理工程师在收到中期支付证书28天内，业主中期支付工程款未达到工程进度20%之前时，不扣开工预付款；监理工程师在收到中期支付证书28天内，业主中期支付工程款达到工程进度20%时，扣开工预付款。

（4）最后支付。监理工程师签发最后支付证书后42天内支付价款。

（5）中期支付、最后支付未按期支付，按招标文件规定业主应支付利息的，未付款额按同期中国人民银行公布的短期贷款利率（不计复利）进行计息。财务部门应设置未付款利息备查簿，备查簿要载明应付款金额、应付款日期、应付款利率、应付款利息等。

（6）保留金。保留金有限额（合同价的5%），期限24个月。业主在支付工程款时，在未达到保留金限额时扣留10%保留金。

（7）保留金退还。在整个工程缺陷责任期满并发给缺陷责任终止证书后14天内，监理工程师签发保留金支付证书，将保留金退还给承包人。

（8）保险费支付。根据保险公司的保单经监理工程师签证后支付保险费。如果由业主统一与保险公司办理上述两项保险，则业主扣回费用。

（9）竣工文件。在监理工程师验收合格后一次支付。

（10）施工环保费。施工环保费用每1/4工期支付总额的20%。交工证书签发之后，支付总额的20%。

（11）临时设施费。临时用地、临时道路工程（含临时构筑物），供水、供电与排污设施的费用按总额分期支付，建成并经监理工程师验收合格后，支付所报总额的80%，余20%在承包人已经拆除、恢复原状，使监理工程师满意后予以支付。

三、合同收入、合同费用和税金核算

（一）各合同段的合同收入

合同收入应当包括下列内容。

（1）合同规定的初始收入。

（2）因合同变更、索赔、奖励等形成的收入。

合同变更，是指业主为改变合同规定的作业内容而提出的调整。合同变更款同时满足下列条件的，才能构成合同收入。

（1）业主能够认可因变更而增加的收入。

（2）该收入能够可靠地计量。

索赔款，是指因业主或第三方的原因造成的、向业主或第三方收取的、用于补偿不包括在合同造价中成本的款项。索赔款同时满足下列条件的，才能构成合同收入。

（1）根据谈判情况，预计对方能够同意该项索赔。

（2）对方同意接受的金额能够可靠地计量。

奖励款，是指工程达到或超过规定的标准，业主同意支付的额外款项。奖励款同时满足下列条件的，才能构成合同收入。

（1）根据合同目前完成情况，足以判断工程进度和工程质量能够达到或超过规定的标准。

（2）奖励金额能够可靠地计量。

（二）合同收入与合同费用的确认

1.《企业会计准则》确认的合同收入与合同费用

需要分情况，建造合同的结果能够可靠估计的，应当根据完工百分比法确认合同收入和合同费用。

建造合同的结果不能可靠估计的，应当分别针对下列情况进行处理。

（1）合同成本能够收回的，合同收入根据能够收回的实际合同成本予以确认，合同成本在其发生的当期确认为合同费用。

（2）合同成本不可能收回的，在发生时立即确认为合同费用，不确认合同收入。

2. 合同收入确认的会计政策

各合同段确定合同完工进度采取累计实际发生的合同成本占合同预计总成本的比例的方法。

按累计实际发生的合同成本占合同预计总成本的比例确定合同完工进度，累计实际发生的合同成本不包括下列内容。

（1）施工中尚未安装或使用的材料成本等与合同未来活动相关的合同成本。

（2）在分包工程的工作量完成之前预付给分包单位的款项。

合同收入确定标准：以监理公司审定的工作量作为统计工作量和工程结算收入的确认标准。

3. 合同收入与合同费用的计算

在资产负债表日，应当按照合同总收入（合同规定的初始收入加上因合同变更、索赔、奖励等形成的收入）乘以完工进度扣除以前会计期间累计已确认收入后的金额，确认为当期合同收入；同时，按照合同预计总成本乘以完工进度扣除以前会计期间累计已确认费用后的金额，确认为当期合同费用。

当期合同收入 =（初始收入 + 合同变更、索赔、奖励收入）× 完工进度 - 以前会计期间累计已确认收入

当期合同费用 = 合同预计总成本 × 完工进度 - 以前会计期间累计已确认费用

（三）计提增值税金及代扣增值税

计提增值税税金 = 当期自营工程合同收入 ÷（1 × 9%）× 9%

应代扣增值税 = 当期分包工程合同收入 ÷（1 × 9%）× 9%

四、临时设施核算

（一）临时设施的分类

临时设施主要有施工人员的临时宿舍、拌和站、堆料场、材料机具棚、储水池，以及项目管理部在现场的临时办公室等；施工过程中应用的临时给水、排水、供电、管道、临时道路；现场施工和警卫安全用的小型临时设施；保管器材用的小型临时设施，如简易料棚、工具储藏室等；行政管理用的小型临时设施。

（二）临时设施核算的会计政策

在固定资产科目下设置"临时设施"明细科目，各种购建的临时设施按实际成本计价。

在固定资产清理科目下设置"临时设施清理"明细科目，用于核算施工企业因出售、拆除、报废和毁损等原因转入清理的临时设施价值，及其在清理过程中所发生的清理费用和清理收入等。

第八节 案例分析

【案例4】

一、工程概况

A项目作为某公路的一个标段，主要承建大桥和与之相接的路基工程，全长2.5km，工程量总计1.2亿元，其中土方工程3 580万元。

二、项目成本管理的组织

（1）重视成本管理意识的培养。

（2）建立了完善的成本管理保障体系。

三、成本管理实施

1. 目标成本的确定

结合项目的实际状况和当前的市场价格，重新做出施工预算，确定施工项目的预算成本，如附表6-6、附表6-7、附表6-8、附表6-9所示。（以路基工程为例）

附表6-6 A项目目标成本

单位：万元

工程项目	工程量总计	企业下达10%的利润	企业成本目标	施工预算成本	项目目标成本
路基土方	3 583	358.3	3 224.7	2 973.9	2 809.2
总计	12 012	1 201.2	108 108	10 367.4	10 126.6

附表 6-7 分项工程目标成本

单位：万元

工程名称		人工费	材料费	机械费	其他成本	总目标成本	备注
路基工程	清表	3.2		6.7	2.3	12.2	
	路基填筑	42.8	1 194.3	313.1	337.9	1 888.1	
	路基开挖	5.6		51.6	10.3	67.5	
	软基处理	48.2	602.9	100.5	59.8	841.4	
	小计	99.8	1 797.2	471.2	440.3	2 809.2	

附表 6-8 基础工程实际成本与目标成本对比

成本项目	目标成本（万元）	实际成本(万元）	实际成本降低额(万元）	实际成本降低率（%）	备注
人工费	138.9	147.5	−8.6	−6.2	
材料费	1 474.5	1 419.9	54.6	3.7	
机械费	317.9	292.8	25.1	7.9	
其他费用	205.8	211.3	−5.5	−2.7	
合计	2 137.1	2 071.5	65.6	2.7	

附表 6-9 A 项目实际成本汇总

单位：万元

成本目标	预算成本	目标成本	实际成本	实际与预算节（+）超（−）	实际与目标节（+）超（−）	备注
人工费	607.6	575.4	598.6	9	−23.2	
材料费	6 903.5	6 846.3	6 755.9	147.6	90.4	
机械费	1 657.9	1 561.5	1 532.2	125.7	29.3	
其他费	1 198.4	1 143.4	1 159.8	38.6	−16.4	
合计	10 367.4	10 126.6	10 046.5	320.9	80.1	

2. 目标成本的阶段控制与分析

目标成本的确定与分解是对公司成本管理的总体规划，而真正使目标成本指标在各层次和个人都具有约束力，并准确及时予以反馈及控制，就必须实现成本全过程的动态管理。下面以 A 项目基础工程为例进行分析，如附表 6-8 所示。

基础工程施工成本分析：基础工程的实际成本比目标成本降低了 65.6 万元，下降 2.7%。

在基础工程的施工中，人工费超过目标成本较多，主要是由于天气原因，影响了施工的进度。A 项目为了保证基础工程能按进度计划完成，不影响整体工程的进度，不得不加班赶工，工人加班费用上升，导致人工费成本超支。

另外，在成本管理的过程中，每月按费用进行成本归集，并将其与目标进行比较，分析原因，采取相应的改进措施。A 项目就每项成本的节超进行了分析，找出了原因，并针对找出的原因，采取了相应的措施，对成本项目及其影响因素进行综合分析，改进和完善，使其更具有可控性。

3. 项目实际成本核算与分析

A项目实际成本汇总表如附表6-9所示。由该表可以看出，A项目的总成本比预算成本降低了320.9万元，比目标成本降低了80.1万元。人工费比目标成本超支23.2万元，主要原因有以下两个。

一方面是因为人工费上涨引起的人工费单价差，在确定目标成本时，对此影响考虑得不到位。

另一方面是因为赶工期间，人工加班工资要比平时高，而且对一些临时用工的控制仍然不够严格。

材料费比目标成本降低了90.4万元，主要原因是与主材料供应商达成长期合作的协议，使得材料的价格上涨幅度比计划的要小得多；同时，A项目对材料的管理也做得较好，避免了许多不必要的浪费，在很大程度上节约了材料费用；另外，A项目还重视对新型材料的应用，在功能不变的情况下，用量相对减少，使得材料费用相应减少。

机械费比目标成本降低了29.3万元，在燃油费上涨的条件下，机械费用仍然降低的原因，主要是项目部加强了对机械的管理，尤其是对机械配置结构的优化，提高了机械的利用率，降低了机械成本。

其他费比目标成本超支了16.4万元，主要是受到物价的影响，现场经费有所增加，同时项目部管理费用也有超支。在项目经理部全体管理人员的共同努力下，采取的成本管理方法和手段得到了有效的实施。

A项目发生的工程实际成本为10 046.5万元，比预算成本10 367.4万元降低了320.9万元，比项目目标成本10 126.6万元降低了80.1万元，实现了总体成本降低的目的。

【案例5】

事实描述：甲项目部与乙材料商签订了碎石购销协议，合同约定采用称重计量方式，以地磅的过磅单作为对乙材料商结算的依据。甲项目部在对拌和站地材核算过程中，发现碎石数量严重超支。经查阅过磅单，发现过磅单中有大量的虚假磅单，与地磅直接打印出来的字迹相仿但有细微不同。最后经进一步调查发现，乙材料商与收料员孙某之间串通，以虚假磅单方式获取非法利益，然后两个人之间私分。作为管理者，您认为应采用何种措施来规避该管理漏洞？

解析：现在收料大多数采用称重计量，材料商也会采用"增虚减实"的手段获取超额利润。采用同车材料多次称重，或者如案例中提到的用虚假的地磅单冒充。这当然需要内部人员的"配合"。

采取措施如下。

（1）在地磅前后各设置一个摄像头，能够看到称重车辆的前后车牌号。有摄像头，而看不清其车牌号，仍然有同车材料多次过磅的可能性。

（2）收料员应将所有称重的材料都记在流水台账上，当月台账随地磅单交物资部。一个供货商经常使用的车辆相对固定，从台账的分析上，可以看到是否符合这一规律。一台车从取货点到工地的时间基本上也有规律可循。

（3）物设部要对照视频监控和流水台账抽查其中1~2天的记录，核实流水台账的真实性,并在台账上注明所抽查的日期和核实人。工作复核的方式采取视频和台账对照抽查。这样,收料员不知道会抽查哪一天,也就不敢冒险了。

(4)物设部将核实过的流水台账随地磅单报给财务部门,财务部门对于未提供流水台账和抽查情况的不予接收。如果这个台账只有物设部知道,则物设部也有可能作弊,而将台账报给财务部门可以起到监督复核的作用。

财务部门应将台账原件放入一个供应量较大的材料商的账务中,因为账本一般是不会丢的,并且要求保存一定的年限。